北京市“三农”网络舆情报告 2018

北京市城乡经济信息中心　编

中国农业出版社
北　京

图书在版编目（CIP）数据

北京市“三农”网络舆情报告.2018 / 北京市城乡经济信息中心编.—北京：中国农业出版社，2019.6
ISBN 978-7-109-25674-3

Ⅰ.①北… Ⅱ.①北… Ⅲ.①三农问题—互联网络—舆论—研究报告—北京 Ⅳ.①F327.1

中国版本图书馆 CIP 数据核字（2019）第 138496 号

中国农业出版社
地址：北京市朝阳区麦子店街 18 号楼
邮编：100125
责任编辑：魏兆猛　　文字编辑　刘金华
版式设计：杜　然　　责任校对：刘丽香
印刷：化学工业出版社印刷厂
版次：2019 年 6 月第 1 版
印次：2019 年 6 月北京第 1 次印刷
发行：新华书店北京发行所
开本：700mm×1000mm　1/16
印张：13.25
字数：230 千字
定价：60.00 元

编　委　会

主　　编　刘军萍

副 主 编　白　晨　朱　林

参编人员　王晓丽　韩　姣　张　珊　李婷婷
蔺育华　张　琳　刘文硕　刘海潮
张文静　马　妍

前　言

随着新媒体的快速发展，我们已经走进大众麦克风时代，网络舆论场量能迅速放大，逐渐成为传递民意、汇聚民声的重要平台。与此同时，互联网舆论传播给社会稳定、经济发展带来的影响日益凸显。在媒体融合发展推动下，“三农”舆情的全媒体报道趋向常态化、多元化的发声渠道使网络空间正能量充沛。为更好地掌握网络舆情、接受舆论监督，利用舆论促进“三农”工作发展，及时全面地收集各级各类新闻媒体的涉农报道并积极加以应对，2013年开始，北京市城乡经济信息中心依托专业的全媒体新闻舆情监测服务系统，积极开展北京市“三农”舆情监测分析与应对工作。

2018年，北京市牢牢把握首都城市战略定位，紧扣北京“大城市小农业”“大京郊小城区”的特点，坚持农业农村优先发展，按照产业兴旺、生态宜居、乡风文明、治理有效、生活富裕的总要求，以城乡融合发展、农业绿色发展、农民全面发展为主线，以建设美丽乡村为抓手，稳步推进都市型现代农业发展，推动农业农村发展和改革，为决胜全面建成小康社会和建设国际一流的和谐宜居之都提供坚实保障，相关舆情成为社会关注热点。

2018年，北京市“三农”舆情总体走势较为平稳，9月舆情量陡升，达年度舆情峰值，新闻媒体、微信、微博是舆情传播主力。北京乡村振兴战略实施、美丽乡村建设、都市型现代农业发展成绩、庆祝首届中国农民丰收节、集体土地建设租赁住房、防控非洲猪瘟疫情等方面热点受到舆论积极关注，有机农产品造假、“泔水猪”等问题引发舆论热议。全年共监测到包括生态环境、农村社会事业、都市型现代农业、农村土地、农产品市场、产业扶贫等15类北京“三农”舆情信息16.4万条，并按要求形成小时报、日报、月报和专题报告，为各级领导及时掌握舆情动态、准确研判舆情走势、果断有效处置突发事件、推动“三农”重点工作有序开展，提供了有力支撑。

本书分为三部分：第一部分为2018年北京市“三农”网络舆情分析及2019年热点展望；第二部分为2018年1～12月月度分析报告；第三部分为包括通州“泔水猪”和“有机蔬菜有玄机”“北京市农民丰收节”“非洲猪瘟”四篇重点舆情专题分析报告。

编　者

2018年12月

目　录

第一章　年度报告

2018 年北京市“三农”网络舆情分析及 2019 年热点展望

摘　要：2018 年北京市“三农”网络舆情总体走势较为平稳，9 月舆情量陡升，达年度舆情峰值，新闻媒体、微信、微博是舆情传播主力。北京乡村振兴战略实施、美丽乡村建设、都市型现代农业发展成绩、庆祝首届中国农民丰收节、集体土地建设租赁住房、防控非洲猪瘟疫情等方面热点受到舆论积极关注，有机农产品造假、“泔水猪”等问题引发舆论热议。

关键词：乡村振兴　美丽乡村　都市型现代农业　农业嘉年华　农民丰收节

2018 年，北京市牢牢把握首都城市战略定位，紧扣北京“大城市小农业”“大京郊小城区”的特点，坚持农业农村优先发展，按照产业兴旺、生态宜居、乡风文明、治理有效、生活富裕的总要求，以城乡融合发展、农业绿色发展、农民全面发展为主线，以建设美丽乡村为抓手，稳步推进都市型现代农业发展，推动农业农村发展和改革，为决胜全面建成小康社会和建设国际一流的和谐宜居之都提供坚实保障，相关舆情成为社会关注热点。

一、舆情概况

1. 舆情总量概要分析

2018 年，共监测到北京“三农”网络舆情信息 16.4 万条（含转载），同比增长 31.01%。其中，新闻舆情 5.14 万条，占舆情总量的 31.36%；微信帖文 5.02 万条，占 30.66%；微博 4.16 万条，占 25.37%；客户端 1.25 万条，占 7.65%；论坛和博客分别为 7 109 条、1 013 条，合计 4.96%（图 1）。

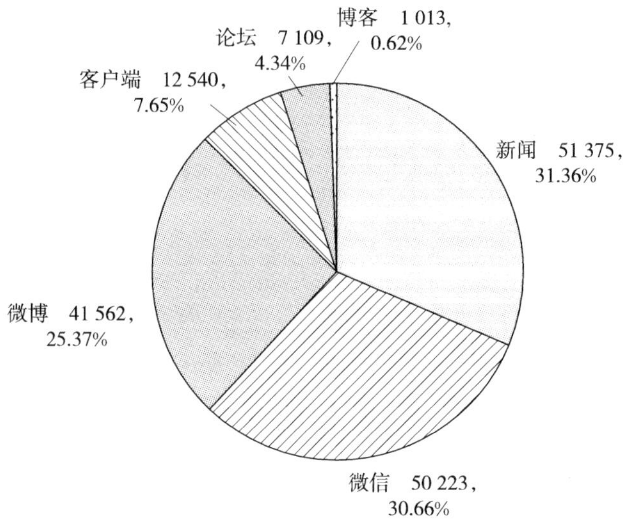

图 1 2018 年北京市“三农”网络舆情传播渠道分布（单位：条，含转载）

从传播特点看，新闻媒体、微信、微博是舆情传播的主力，新闻媒体是优质和原创内容的主要提供者，为受众提供话题，引导舆论走向。从传播趋势看，2018 年北京市“三农”网络舆情整体走势较为平稳，9 月，在首届中国农民丰收节等事件影响下，舆情量陡升至 39 908 条，成为年度舆情峰值（图 2）。

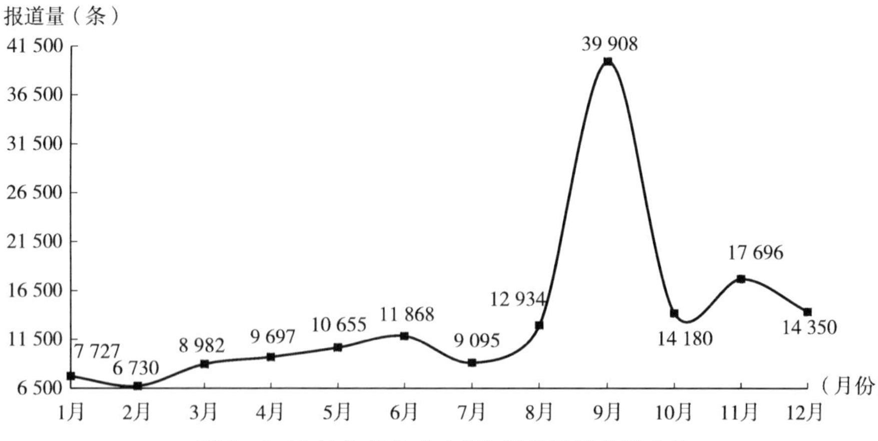

图 2 2018 年北京市“三农”网络舆情传播走势

2. 舆情内容概要分析

从舆情话题分类看，北京生态环境是全年舆论关注的重要话题，舆情量居于首位，占比为 17.46%；农村社会事业话题占比为 17.39%，其中庆祝首届中国农民丰收节等一系列农事庆祝活动是舆论关注焦点；都市型现代农业话题占比为16.37%；此外，农村土地、农产品市场、产业扶贫、农产品质量安全等话题的舆论关注度也较高，信息量占比均在5%以上（图3）。

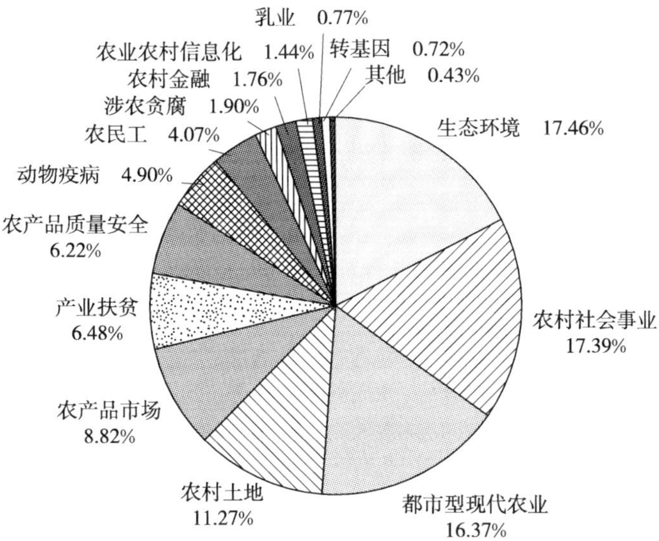

图3 2018年北京市“三农”网络舆情话题分类

3. 2018年北京“三农”网络舆情热点事件排行

在对2018年1～12月北京“三农”网络舆情热点事件的新闻、帖文进行监测和统计的基础上，我们通过加权计算得出热点事件的舆情热度，进而整理出排名居前20位的热点事件（表1）。

表1 2018年北京市“三农”网络舆情热点事件TOP20

序号	事件主题	月份	首发媒体	舆情热度
1	北京市农业专家精准帮扶44村 立足产业造血帮扶	1月	《北京日报》	9 936
2	2020年北京市基本完成美丽乡村建设任务	1月	《北京商报》	9 930
3	北京庆祝首届中国农民丰收节	9月	农业农村部官网	7 481
4	北京4年间将有800公顷集体土地建租赁房	1月	新华网	7 467
5	北京排查整治“大棚房”	6月	《朝闻天下》	4 400
6	北京市房山区、通州区、顺义区排查出非洲猪瘟疫情	11月	农业农村部官网	3 261

（续）

序号	事件主题	月份	首发媒体	舆情热度
7	北京举办第六届农业嘉年华	3月	《北京日报》	2 968
8	北京各村镇办起乡情博物馆 望得见山看得见水留住文化根儿	1月	《北京晚报》	1 507
9	有机农产品作假被曝光	5月	《焦点访谈》	1 325
10	首都“煤改电”用户突破百万	1月	人民网	1 051
11	北京市农业局副局长马丽英：北京编织安全“菜篮子”	1月	《人民政协报》	703
12	通州区北堤寺村用泔水喂猪	4月	微信公众号“重案组37号”	646
13	东城一崇礼“土豆接力”活动	10月	微信公众号“东城基层党建”	615
14	北京市举办第二届中国（北京）休闲大会	9月	人民网	582
15	《北京市传统村落修缮技术导则》发布	10月	北京市住建委官网	457
16	北京突击检查水果批发市场	5月	中国新闻网	398
17	寿光水灾后北京部分蔬菜价格上涨	8月	《新京报》	378
18	昌平区举办第十五届苹果文化节	10月	《北京晚报》	295
19	农业部与北京市共建农产品绿色优质安全示范区	1月	中国农业新闻网	236
20	《关于实施乡村振兴战略的措施》发布	5月	首都之窗	188

注：北京“三农”网络舆情话题热度＝新闻量×0.6＋微信量×0.2＋微博量×0.1＋论坛量×0.05＋博客量×0.05。

根据统计分析结果，全年有10个事件的舆情热度超过1 000。其中北京对内、对外帮扶工作及美丽乡村建设工作两个话题贯穿全年，舆情热度将近10 000，成为舆论重点关注内容；9月，北京庆祝中国首届农民丰收节，相关活动被舆论大量报道，成为舆论焦点，舆情热度达7 481；北京集体土地建租赁房、建设乡情博物馆、实施煤改清洁能源以及“菜篮子”工程四个话题舆论关注持续时间长，舆情热度分别位列第4位、第8位、第10位、第11位。“大棚房”整治工作也持续吸引舆论目光，市委书记蔡奇亲自督查被媒体积极报道，舆情热度达4 400，位居排行榜第5位；11～12月，北京市房山区、通州区、顺义区先后被排查出非洲猪瘟疫情，舆论称“非洲猪瘟杀入京”，相关舆情热度高达 3 261；一年一度的北京农业嘉年华活动仍然保持较高热度，舆情热度达 2 968；央视《焦点访谈》曝光有机农产品作假事件也引发舆论热议，舆情热度达 1 325。

二、2018 年北京市“三农”网络舆情传播特点

总体来看，本文整理的排行前 20 的北京市“三农”网络舆情热点事件涵盖了 2018 年北京“三农”网络舆情的各个领域。结合以上热点事件，可以总结出全年北京“三农”网络舆情传播的以下 4 个特点。

（一）农事庆祝活动引发舆论聚焦，推动“三农”网络舆情热度上涨

2018 年北京“三农”网络舆情走势整体平稳上升，9 月舆情量陡增。其中，北京农事庆祝活动相关舆情引发高度聚焦，成为推动北京全年“三农”网络舆情热度上涨的重要因素。特别是首届中国农民丰收节的举办，北京作为主会场，相关活动受到舆论重点关注，舆情热度高达 7 481，也助推 9 月北京“三农”网络舆情热度达到年内峰值。当月，第二届中国（北京）休闲大会的成功举办也引发舆论积极关注。此外，第六届北京农业嘉年华、昌平区第十五届苹果文化节也位列 2018 年北京市“三农”网络舆情热点事件 TOP20。农事庆祝活动从以往单纯的庆祝或纪念型活动，演变成为有助于推动地方经济效益与社会效益双丰收的活动，其在旅游、休闲、文化产业、区域经济发展中的作用和影响越来越被政府部门重视。

（二）主流媒体积极参与北京市“三农”新闻宣传，助力构建“三农”舆论良好生态

2018 年，主流媒体对北京“三农”领域突显出高度关注热情，在北京“三农”网络舆情传播和舆论生态构建中发挥了重要作用。其中，新闻媒体继续承担着北京“三农”新闻舆论中坚力量的角色。在 2018 年北京“三农”网络舆情热度排行前 20 位的热点事件中，由新闻媒体首发的有 14 个，占首发媒体总量的 70%（图 4）。在北京扶贫帮低、美丽乡村建设等话题中，主流媒体也积极宣传报道，成为北京“三农”故事的忠实记录者和传播者。

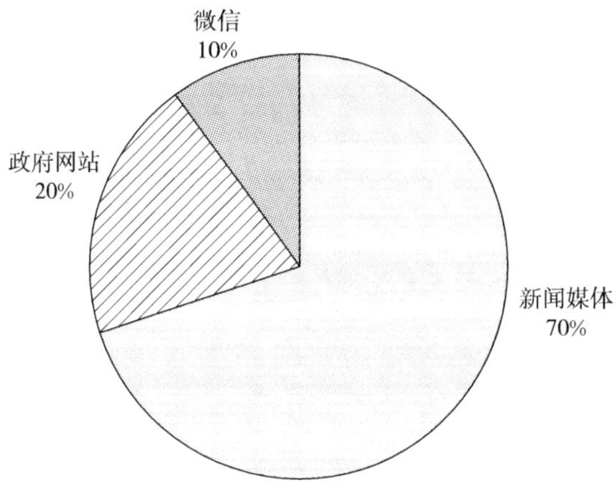

图4　2018年北京市“三农”网络舆情热点话题（TOP20）首发媒体分布

（三）政府部门涉农新闻舆论工作更加主动有效，营造北京市“三农”舆论理性氛围

从政府部门新闻舆论工作角度看，在各类舆情事件及关注热点中，政府部门的应对举措及有益探索，均受到了舆论高度聚焦。政府部门适时而动，充分利用官方媒介，积极回应社会关注，增强与公众的互动，舆情应对更加及时有效。在北京排查出非洲猪瘟疫情事件中，农业农村部及时发布信息，北京市、区政府积极响应，科普非洲猪瘟，第一时间稳定民心，获得舆论好评。

（四）微信平台成为涉农舆情重要源头，推动北京市“三农”舆论声势不断壮大

随着新媒体技术的普及应用，微信平台成为北京涉农舆情发布的重要源头。通州区北堤寺村用泔水喂猪事件通过微信公众号曝光，“土豆接力”活动通过微信公众号发布，相关舆情在微信平台大量传播。总体上，微信平台传播内容日趋细化，且更加鲜活，在“三农”网络舆情发酵中的作用也日益突显。

三、热点话题舆情分析

1. “四梁八柱”初步搭建，乡村振兴的北京答卷备受舆论期待

2018年是实施乡村振兴战略的开局之年，一年来，北京市坚持首善标准，

稳步推进，逐步破译首都实施乡村振兴战略的成功密码，开创了全面实施乡村振兴战略的良好开局。在北京两会期间，乡村振兴也成为热议话题，代表委员纷纷建言献策，其中35名代表就“乡村振兴”联名提议，支持有条件的乡村创建以农民合作社为主要载体，集自然、观赏、休闲、康乐于一体的田园综合体，让农民充分参与并受益，被舆论广泛报道。1月24日，陈吉宁市长在北京市第十五届人民代表大会第一次会议上做政府报告，提出2018年北京市将编制乡村振兴战略规划，并把城乡统筹、区域协调放到京津冀协同发展大格局中谋划。有舆论称赞北京把乡村振兴放到京津冀协同发展大格局中谋划，期待北京发挥“一核”作用，深入推进京津冀协同发展。3月28日，2018年北京市农村工作会议召开，研究实施乡村振兴战略。舆论表示，今年北京“五指攥成拳”槌响全市乡村全面振兴的新征程，“乡村振兴”将是北京农业未来几年的最热名词。4月起，蔡奇书记连续两个季度带领四套班子主要领导，围绕实施乡村振兴战略、低收入村户增收、农村人居环境整治、美丽乡村建设等“三农”工作重要课题，开展市级领导大调研，深入13个涉农区进村入户，看生态、查环境、访民生、问产业、促增收、找问题，有力推动了乡村振兴战略向纵深推进。5月5日，北京市委市政府印发《关于实施乡村振兴战略的措施》，提出三个阶段的目标任务：到2020年，乡村振兴取得重要进展，制度框架和政策体系基本形成；到2035年，乡村振兴取得决定性进展，城乡融合发展的体制机制全面完善，农业现代化、农村现代化、乡村治理体系和治理能力现代化基本实现；到2050年，乡村全面振兴，农业强、农村美、农民富全面实现①。《北京日报》、人民网、千龙网等多家媒体予以报道。舆论普遍认为该措施高质量的主题表现得非常清晰，点赞其是高起点、高标准、高要求。《农民日报》称，这不仅为全市实施乡村振兴制定了具体的时间表和路线图，更是搭建了乡村振兴的“四梁八柱”。乡村振兴的大考已拉开，北京将书写一份什么样的答卷，人们充满期待②。12月，《北京市实施乡村振兴战略规划（2018—2022年）》基本完成编制工作，北京市气象局出台《北京市气象局贯彻落实乡村振兴战略气象保障服务实施方案（2018—2022）》，两个文件的完成、出台，推进北京乡村振兴工作快速有序开展。《京郊日报》称赞道，

---

① 《北京市委市政府印发〈关于实施乡村振兴战略的措施〉》，北京市农业农村局官网，http://www.bjnw.gov.cn/zfxxgk/fgwj/zcxwj/201805/t20180521_398575.html。

② 《搭建北京乡村振兴的“四梁八柱”》，《农民日报》2018年5月30日第8版。

乡村振兴奔小康，北京快步向前行。北京卫视称，乡村振兴战略有序起步，建好首都“后院”。

2. 美丽乡村建设提升京郊颜值，农村人居环境整治吸引舆论目光

美丽乡村建设是实施乡村振兴战略的重要载体，2018 年，北京确定启动建设 1 000 多个美丽乡村、71 个市级试点村，相继发布《实施乡村振兴战略扎实推进美丽乡村建设专项行动计划（2018—2020 年）》《关于深化美丽乡村创建活动进一步加强农村精神文明建设的实施方案》《关于征集规划师、建筑师、设计师下乡参与美丽乡村建设的倡议书》《美丽乡村建设导则》《村庄规划导则》等一系列计划、工作导则等配套文件，抓紧推进村庄规划和实施方案编制，召开多场会议部署美丽乡村建设，多次开展美丽乡村建设调研工作，多措并举，打造美丽乡村建设的北京样板被舆论广泛报道。10 月 8 日，农业农村部官网公布了 2018 年中国美丽休闲乡村名单，北京市房山区东村、顺义区北郎中村、密云区金叵罗村、门头沟区赵家台村、怀柔区对角沟门村 5 村位列其中。《农民日报》称，一座座生态优、环境美、产业兴、人气旺、民风淳的美丽乡村正在建设——三年后且看北京美丽乡村的新发展①！舆论表示，美丽乡村建设是打好北京乡村振兴战略的“第一枪”和首张“王牌”，也是北京广大农村正在经历深刻嬗变的一个缩影。也有舆论提出北京美丽乡村建设存在同质化趋向、盲目追求建设发展进度、公共基础设施还不完备、乡村规划师未深入村庄等问题，建议要加大费用投入，充分发挥农民在美丽乡村建设中的主体作用，既努力提升乡村“颜值”又注重保留文化“内涵”，既培养绿色“潜力股”又增强群众“获得感”，让“美丽”由外到内全覆盖。

作为美丽乡村建设的重点任务之一，农村人居环境整治工作取得重要突破。舆论对朝阳区推进农村地区“厕所革命”、房山区党建引领推进环境整治、怀柔区腾退 395 个禽畜养殖场等人居环境整治工作的举措、成效予以报道。据统计，2018 年，全市农村地区已有 1 081 个村庄完成人居环境整治任务。各区累计清理各类积存垃圾 33.6 万余处；推进 231 个村的生活污水治理，94%的行政村生活垃圾得到处理；5 200 余座公厕纳入统一管护、累计完成卫生户厕改造 101.8 万余户；新完成 450 个村“煤改清洁能源”、累计完成 2 963 个村

① 《北京着力实现美丽乡村全覆盖》，《农民日报》2018 年 5 月 16 日第 8 版，http：//szb. farmer. com. cn/nmrb/html/2018－05/16/nw. D110000nmrb _ 20180516 _ 1－08. htm？ div=－1。

庄，惠及约111万户，平原地区基本实现了“无煤化”①。舆论称，一批批村庄呈现出崭新的面貌，美丽成为京郊乡村的符号和招牌。其中，北京“煤改清洁能源”工作被舆论广泛关注，“‘煤改电’全面完工”“今冬逾百万农户采暖不烧煤”“31座郊区集中供热中心无煤化”“全天候保障村民过暖冬”等信息被舆论集中关注。舆论称，煤改清洁能源共谱美丽乡村新图画。此外，也有网民反映供暖季到来采暖设备未及时到户、煤改气迟迟未通、采暖设备不好用、用电量大容易跳闸、售后保障工作不到位等问题。

3. 都市型现代农业持续“调转节”，舆论点赞科技创新支撑北京农业提质增效

在疏解整治促提升的大背景下，北京市持续深入推进农业“调转节”，传统农业进一步缩减，农业内部结构进一步调整。据北京市统计局消息，2018年，全市实现农林牧渔业总产值296.8亿元，扣除价格因素，同比下降4.0%②。在种植业方面，2018年，全市设施农业占地面积20.8万亩③，同比下降7.1%，设施农业和种业分别实现收入51.7亿元和12.4亿元。在减量的同时，设施农业种植结构进一步优化，效益水平有所提升。舆论还对北京种植艾草、平谷区实施“互联网+大桃”工程等内容予以关注。在农业科技方面，北京几项农业科技成果被舆论聚焦。舆论称，“耘境”卫星数据智慧农业服务系统实现了从“看天吃饭”到“知天而作”；黄萎病和根肿病精准抗性鉴定评价技术，攻克了大白菜产业痛点；农机跑进温室施展拳脚，实现“机器换人”；蔬菜工厂化生产实现新突破，带动设施蔬菜生产提质增效；第八届北京（通州）国际都市农业科技节上的“50余种新品种，100余项新技术，20余种新设施新设备，20余项新栽培模式”等新品种、新技术、新成果被媒体重点报道。舆论称赞，科技创新支撑北京农业提质增效。在休闲农业和乡村旅游业方面，2018年，全市观光园和民俗旅游经营进一步规范，总收入和接待人次有所下降。全市1 172个农业观光园实现总收入27.3亿元，同比下降8.9%，接待人次1 897.6万人次，同比下降9.9%。2018年全市民俗旅游总收入13亿

---

① 《北京1081个村完成人居环境整治》，《农民日报》2019年1月26日第6版，http://szb.farmer.com.cn/nmrb/html/2019-01/26/nw.D110000nmrb_20190126_3-02.htm?div=-1。

② 《2018年北京农林牧渔业总产值同比下降3.7%》，北京市统计局网站，http://tjj.beijing.gov.cn/zxfb/201901/t20190123_415588.html。

③ 亩为非法定计量单位，1亩≈667米²。

元，同比下降 8.2%；接待人次 2 042.3 万人次，同比下降 8.5%[①]。《北京日报》先后刊发《京郊民俗游缘何陡现双下降》《诗和远方为京郊游蹚开新路》两篇报道，对北京民俗游的现状和未来发展予以关注。舆论指出，“千村一面”、遍地开花导致客源分流，同质化竞争加服务水平不高，民俗旅游文化内涵普遍缺失，现代经营人才的稀缺等是造成民俗游阶段性乏力的重要因素。报道指出，减少无效和低端旅游产品供给，扩大有效和中高端旅游产品供给，是京郊民俗旅游供给侧结构性改革的题中应有之义。中新网称，首都旅游业应积极开发高端定制化产品。国庆假日期间，113 个“北京最美的乡村”、千亩彩叶观赏景点、10 条精品农业休闲旅游线路迎来大批游客驻足观赏，被舆论广泛报道。乡村旅游的发展，同时也带火了高端民宿。舆论点赞精品民宿产业发展迅速，称高端民宿浓郁的乡村风味和富有乡愁的生活方式，成为游客向往的生活体验，也成为乡村旅游接待的一张新的名片。在会展农业方面，第六届北京农业嘉年华的多重亮点备受关注。舆论称，农业嘉年华是一场农业盛宴，也是中国高科技农业的集中展示，还是一种新型“农旅综合体”，对推动乡村振兴有积极作用。第四届北京鲜食玉米节、第二届中国（北京）休闲大会北京国际大桃嘉年华、北京香逸葡萄文化节、第十八届采育葡萄旅游文化节、苹果文化节、溪河稻作文化节等节日被舆论广泛关注。舆论称，这是北京农业“调转节”成果的一个缩影，是北京都市型现代农业服务首都市民、富裕京郊农民的重要体现。

4. 北京市庆祝首届中国农民丰收节吸引舆论热情关注，丰收喜悦场景霸屏网民朋友圈

9 月 23 日，首届中国农民丰收节的隆重举办为金秋收获季增添了浓墨重彩的一笔。主场活动在北京全国农业展览馆举行，北京市各区也精心准备多场庆祝活动，引发舆论广泛关注。在舆情传播上，“丰收节”形成了全媒体融合报道、多媒介技术宣传、全民参与话题互动的良好态势。北京作为全国主会场，活动盛况引发舆论热议。中共中央政治局委员、国务院副总理胡春华出席活动并致辞，56 个民族优秀农民代表、农民劳模代表、北京市农民代表齐聚北京，共庆丰收。北京市举办的 29 项丰收节活动展示了京郊农村改革发展的巨大成就。精彩纷呈的文艺表演、让人驻足围观的品质农产品展、各种农业非

① 《北京市 2018 年国民经济和社会发展统计公报》，北京市统计局网站，http://tjj.beijing.gov.cn/zxfb/201903/t20190320_418991.html。

物质文化遗产等被媒体大量报道。杨幂、侯明昊、李兰迪等北京明星响应中国共青团号召，借此契机为宣传家乡、推介农产品积极发力，相关微博被网民海量转发；微信中也出现大量阅读量超过 10 万次的文章，网民晒丰收霸屏朋友圈。舆论盛赞，金秋庆丰收，喜悦满京城。新华网称，这是最年轻的一个节日，也是一份最古老的牵念。农视网称，史上最牛的农产品嘉年华！众多高大上农产品集体亮相。月内，北京各区也相继举办文艺作品汇报演出、特色农产品展卖、生态农业丰收大集、农耕体验、乡村休闲旅游等各种活动共庆丰收。“延庆展示特色美食体验金秋采摘”“平谷展剪纸、刺绣等非遗文化”“密云游客体验推磨碾谷农耕乐”等内容被舆论集中关注。平谷大桃、平谷欧李、延庆胎菊、大兴西瓜、怀柔板栗、密云贡梨等特色农产品也被舆论积极报道，网民也纷纷发言为北京特色农产品点赞。“丰收节”的舆情传播效果整体呈现了欢乐祥和、重农亲农的舆论氛围，点赞节日、致敬农民成为核心表达。据报道，节日期间，北京市推介 30 项“北京乡村特色好活动”、40 个“北京乡村休闲好去处”，此外，还评选出 20 名“京郊农业好把式”和 30 个“北京农业好品牌”。其中，“北京市第 29 届农民艺术节”和“房山区秋收节”两项重点活动被列入首届“中国农民丰收节”全国系列活动①。舆论称，丰收佳节欢乐开场，金色丰收舞动园艺之都。

5. 精准帮扶举措见实效，北京对内“脱低”、对外援助脱贫成绩受舆论积极关注

低收入帮扶工作是北京市打好“三大攻坚战”的一项重点任务。2018 年，北京市实施“六个一批”精准帮扶措施，通过 582 个产业帮扶项目，增强全市低收入村内生发展动力，带动 1.8 万低收入农户长期稳定增收，帮扶工作成效明显。据北京市统计局消息，2018 年，北京市低收入农户人均可支配收入 12 524元，总体水平超过低收入农户认定标准线 11 160 元②。“大兴‘合作社＋扶贫’，规划建设 97 个蘑菇大棚”“延庆发展乡村旅游产业促进低收入农户增收”“小观头村 41 户低收入农户全部实现‘脱低’”“怀柔区桥梓镇落实‘三包五帮扶’”“顺义区高丽营镇建立‘1＋2＋3’工作模式实现 100％‘脱低’”等内容被舆论集中关注。北京市还将 2018 年确定为低收入帮扶作风建设

---

① 《首个丰收节北京推介 40 乡村游好去处》，《新京报》2018 年 9 月 24 日 A01 版，http://epaper.bjnews.com.cn/html/2018-09/24/content_732907.htm? div=-1。

② 《2018 年全市低收入农户人均可支配收入增长 17.1％》，北京市统计局网站，http://tjj.beijing.gov.cn/zxfb/201901/t20190123_415590.html。

年，进一步强化帮扶责任，加强帮扶工作干部队伍建设。舆论称，北京对扶贫领域问题线索“大起底”。在对口援助帮扶方面，据《北京晚报》报道，2018年北京安排财政资金65.16亿元、实施928个扶贫项目，与西藏、新疆、青海、河北、内蒙古等地的89个县级地区签订了“携手奔小康”行动协议，助力受援地25个县摘帽，69万贫困人口脱贫，其中拉萨市还实现了整体脱贫①。在众多帮扶模式中，“门头沟区开展‘网络扶贫战’，打造‘网上家乡’等网络帮扶品牌”“北京青年互联网协会赴张家口尚义开展精准扶贫”等“互联网+”扶贫模式被舆论重点关注。舆论认为，开展“互联网+扶贫”是助力精准扶贫的创新方式和重要内容，能有效对接贫困地区的资源、产品与市场，有助于将贫困地区的劳动力优势和资源优势转变为经济发展优势。6月20日，北京召开“互联网+”精准扶贫推进会，北京互联网企业发出的“互联网+精准扶贫”倡议，将首都资源对接受援地区，促进农村电商、远程医疗发展。舆论称，互联网扶贫“正规军”正式集结，要共同打造首都资源精准对接受援地区的“高速路”。

6. 北京多措并举盘活闲置农地，大棚房整治行动受到舆论聚焦

2018年，北京多项闲置农地盘活举措获舆论关注。4月8日，北京市政府印发《关于规范引导盘活利用农民闲置房屋增加农民财产性收入的指导意见》，从范围确定、经营方式、规范管理、权益保护等方面为农民闲置房屋盘活利用划出“红线”。舆论表示，北京为盘活农民闲置房屋立规矩，并期盼改革配套细则尽快落地。有媒体还对北京农村发展民宿盘活闲置农房的具体实践予以关注和思考，“共享农庄”通过“互联网+”与城市租赁需求对接，探索出盘活闲置农房的新路径被舆论广泛关注。舆论称，北京农村闲置资产变“香饽饽”，“共享农庄”盘活闲置资源值得尝试。也有舆论建议开发建设要冷静找准定位，各地要充分考虑当地消费环境和市场基础，切忌盲目冒进、“贪大求贵”，一味走高端高档路线或扎堆上项目。北京将集体土地建设租赁住房项目作为盘活农地的重要举措，成为贯穿全年的热点话题。从2018年度情况看，全市实现集体土地租赁住房用地供应209.2公顷，完成率为105%。到2021年，将供应1 000公顷农村集体土地用于租赁住房②。北京市丰台区、大兴区、石景山区等

---

① 《北京助力受援地69万人脱贫》，《北京晚报》2019年2月26日第4版，http://bjwb.bjd.com.cn/html/2019-02/26/content_7793830.htm。

② 《集体土地租赁房已供地72公顷》，《北京日报》2019年3月13日第9版，http://bjrb.bjd.com.cn/html/2019-03/13/content_10391981.htm。

多个集体土地建设租赁房项目开工被舆论重点关注。舆论称，集租房建设将盘活农村资产，让乡村共享租房时代的红利。有专家表示，农村集体建设用地建设租赁住房，增加了住宅用地来源和租赁住房供给，扩展了集体经营性建设用地的居住和产业发展功能，对盘活低效集体建设用地、解决城市周边外来务工人员居住问题、改善城郊经济社会环境等方面，发挥了积极作用。同时，这项改革还拓宽了集体经济组织和农民增收渠道，农民获得长远稳定收益①。

6月2日，央视新闻频道《朝闻天下》栏目播出题为《变了味的农业大棚》的报道，曝光昌平区崔村镇六合成观光园擅自在农业大棚内违法建设居住屋舍，并包装成“私家农庄”“田园庭院”对外租售，此种现象在京津冀均被发现曝光。新华网、央广网、中国新闻网等权威媒体纷纷发文报道。“变了味”“阴阳合同”“私家庄园”成为报道关键词。舆论指出，“大棚房”屡禁不止的原因，一则在于强烈的利益驱动，二则与项目开发者的“精明”不无关系，三则与监管失察有关系，四则与农民的“守土有责”意识淡薄有一定关系。舆论普遍认为“大棚房”的存在危害重大，不仅违规改变了土地用途，涉嫌骗取国家补贴资金，也很容易制造出消费纠纷。建议不合法的“大棚房”当严管。央视报道发出后，北京市委、市政府对此高度重视、迅速部署。6月14日，市委书记蔡奇赶赴昌平区，现场督察督办大棚房问题整改工作。市委副书记、市长陈吉宁主持召开专题会，布置专项整治方案。“截至6月20日，有关区对大棚房的上报整改到位率达88.9%”“六合成观光园拆除违建逾两万平方米”“4宗违法占地案由市里立案查处”等排查整治工作获得舆论认可。8月初，北京市规划和国土资源管理委员会制定发布了《大棚类设施农业项目违法违规用地整改标准》，对大棚类设施农业项目的各个细节进行全方位规范。各区据此认真组织整改。“场内道路禁超6米宽”“耳房不得超15米^2”等数字被媒体大量报道。8月21日，自然资源部召开“大棚房”问题专项整治媒体吹风会，通报了14起“大棚房”问题重大典型案件，其中包括北京市昌平区、大兴区、密云区、延庆区四地四起“大棚房”案件，北京市对昌平区5个党组织和20名相关责任人问责获舆论肯定。此外，为进一步做好设施农业集中清理整治工作，8月15日，北京市农村工作委员会、北京市农村合作经济经营管理办公室联合发函，要求开展设施农业用地合同清理和整改工作。央广网、中国农业

① 《农村集体土地建租赁房试点探索提速》，《经济参考报》2018年8月21日第1版，http://dz.jjckb.cn/www/pages/webpage2009/html/2018-08/21/content_46197.htm。

新闻网、《京郊日报》等媒体从函告中提出的法律法规及政策依据、规范合同的主要内容及订立程序、整改工作原则、整改工作规范等方面予以报道。

7. 农产品绿色优质安全示范区创建保障百姓舌尖上的安全，“泔水猪”、非洲猪瘟引发热议

2018 年，北京农产品质量安全问题受到舆论关注。1 月 16 日，农业部和北京市人民政府召开座谈会，签署《农业部　北京市人民政府共建北京农产品绿色优质安全示范区合作协议》，舆论给予积极评价。舆论表示，此次部市共建为全国“农业质量年”拉开了序幕。共建北京农产品绿色优质安全示范区，既是农业部推进“农业质量年”的序幕和前奏，也是北京市全面提升绿色供给能力，形成放心消费环境的大好契机。北京要努力打造农产品绿色优质安全标杆样板①。10 月 22 日，北京市委、市政府发文部署开展质量提升行动，要求强化农产品供给质量安全，创建国家农产品质量安全市，建设北京农产品绿色优质安全示范区。大力推进农业标准化生产和农产品“三品一标”认证，舆论对此予以关注。5 月，北京市有机蔬菜质量安全问题引发舆论高度关注。5 月 6 日晚，央视《焦点访谈》栏目播出“有机蔬菜有玄机”的报道，曝光了北京某超市售卖的有机蔬菜使用化肥，打着“有机标”的蔬菜无法确认具体来源，多种蔬菜检出使用禁用农药等问题。报道一出，北京市快速做出反应，第一时间召开专题会研究部署，并在全市安排专项排查。舆论从多角度对该事件展开讨论，相关部门的监管缺失被舆论诟病。舆论表示，对有机食品认证之后的监管严重缺失是问题症结所在，有法不依，监管失灵，导致“投机食品”层出不穷，建议认证机构要当好有机食品“守门人”，让虚假的“有机”食品无机可乘。

年内，北京“泔水猪”、非洲猪瘟事件引发舆论热议。4 月 15 日晚，新京报微信公众号“重案组 37 号”刊发泔水猪调查，曝光北京市通州区北堤寺村有多处大院用泔水喂数千头猪。央视法制频道《热线 12》、北京卫视《北京新闻》《特别关注》《都市晚高峰》等栏目对相关信息进行了播报。4 月 16 日，通州区农村工作委员会、区动物检疫站、区环保局等多部门联合调查发现，该村有 14 家养殖户用泔水喂猪，涉事养猪场生猪存栏超 3 000 头。多家媒体以“泔水猪是怎样养成的”为题对泔水私运并用于生猪饲养的情况进行报道。《衡

① 《发展引领：打造农产品绿色优质安全标杆样板》，微信公众号“农安政策”，https://mp.weixin.qq.com/s/W0kc4rl4SnmqxFTUIRl75g。

阳日报》《半岛都市报》《江海晚报》等10余家地方报刊发表评论文章。舆论分析禁令之下“泔水猪”“狂奔”不止的根源在于监管疲软。“泔水猪”不仅是被违规养殖的养殖户养大，还是被失于监管的餐饮服务单位、监管乏力的相关部门及存在漏洞的相关监管制度“养肥”。舆论认为“运动式执法”会让泔水猪“春风吹又生”，建议相关部门探索建立厨余垃圾无害化处理的长效机制。“加强源头治理”“全面出击”“多方施策”“扎紧法律围栏，开对方子”“亟待提升防控能效”等成为媒体建议的关键词。

8月以来，国内发生多起非洲猪瘟疫情。11～12月，农业农村部官网先后通报北京市房山区、通州区、顺义区排查出非洲猪瘟疫情，引发舆论广泛关注。央视《新闻直播间》《朝闻天下》《中国财经报道》《中国新闻》等栏目对此予以播报。“北京首发两起”“非洲猪瘟进北京”“猪瘟杀入京”“首都沦陷了”“形势严峻”“北京又一例”等语句广泛出现在报道标题中。疫情发生后，市委、市政府高度重视，市委书记蔡奇立即做出批示，要求全面排查，迅速做好疫情管控，防止扩散。市长陈吉宁连夜召开专题会议，部署防控措施并赴现场指挥调度。北京市启动应急响应机制，果断有效处置，严防疫情扩散获舆论肯定。在有效处置疫情的同时，北京市全面强化了养殖、屠宰、运输等环节车辆消毒、人员进入养殖场所管控等措施，切实阻断病毒的传播链条，持续开展每日疫情排查报告，强化区域和部门联防联控力度，构建有效防控非洲猪瘟的长效工作机制。同时启动京津冀非洲猪瘟联防联控机制，将疫情及时通报天津市、河北省以及联防片区①。人民网、《光明日报》《新京报》等多家媒体对处置情况予以关注，“坚决果断”“全力以赴”“处理妥当”等成为报道关键词。此外，12月11日，北京市政府召开会议，认真贯彻全国加强非洲猪瘟防控工作电视电话会议精神，对北京市非洲猪瘟防控工作进行再部署。采取加强全市进京路口及疫区进出口管控、全面强化疫情排查、加强京津冀联防联控等措施，并督导相关区有效落实。《北京日报》等媒体对此予以报道。《新京报》援引市长陈吉宁的话称，北京要进一步压紧压实防控责任，落实属地责任，落实部门监管责任，强化驻区督导。网民纷纷发表评论，为北京迅速、果断处置非洲猪瘟疫情点赞。

---

① 《北京市农业农村局：坚决果断处置房山非洲猪瘟疫情》，新京报网，http：//www. bjnews. com. cn/news/2018/11/23/524242. html? tdsourcetag＝s _ pcqq _ aiomsg。

四、2019 年北京市“三农”热点网络舆情展望

2019 年是决胜全面建成小康社会第一个百年奋斗目标的关键之年，做好“三农”工作对有效应对各种风险挑战、确保经济持续健康发展和社会大局稳定具有重大意义。2019 年年初，《北京市实施乡村振兴战略规划（2018—2022 年）》发布，为未来北京乡村如何发展提供了依据。展望 2019 年，北京市“三农”网络舆情热点或将来自以下几个方面。

（一）推进乡村振兴战略实施将成为舆论关注核心

实施乡村振兴战略，是党的十九大做出的重大决策部署，是新时代做好“三农”工作的总抓手。北京作为全国乡村振兴的先行者和探路者，开创了全面实施乡村振兴战略的良好开局。《北京市实施乡村振兴战略规划（2018—2022 年）》的印发受到舆论高度关注。根据规划，2019 年，北京将在每个区重点培育 10～15 个乡村振兴示范村，全市创建 100 个左右示范村，努力培育形成一批突出首善标准、代表首都水平、展现北京特色的乡村振兴样板，丰富的实践探索和多模式的案例启示将成为媒体争相报道的舆情素材。

（二）北京美丽乡村建设将被给予厚望

近年来，北京将美丽乡村建设作为实施乡村振兴战略的主要抓手，经过多年努力，北京乡村发生了翻天覆地的变化，京郊农民的安全感、获得感和幸福感得到持续提升。2019 年，北京将再推进 1 000 个村的人居环境整治工作，为建设美丽乡村、实现乡村全面振兴奠定坚实基础。相关举措、成效等将成为舆论关注焦点。

（三）都市型现代农业将继续受到舆论关注

2018 年，都市型现代农业相关话题引发良好舆情效应，种植业、种业发展、农业科技、休闲农业等领域被舆论广泛关注，北京举办的第六届农业嘉年华、庆祝中国农民丰收节等农事活动成为年度热点话题。2019 年，北京继续推进都市型现代农业发展，相关话题也将一如既往受到舆论关注和讨论。

(四) 集体土地建租赁房工作继续吸引舆论目光

作为建立“租售并举”住房体系中的一项重要改革，农村集体建设用地建设租赁住房试点正在加大探索力度。北京作为全国13个试点之一，到2021年，将供应1 000公顷农村集体土地用于租赁住房。北京市规划和自然资源委员会表示，将进一步加强协调调度，按照职住平衡要求，加快供地节奏，力争提前完成2019年全市集体土地租赁住房供地任务。相关政策、实践将继续吸引舆论目光。

第二章　月度分析报告

1月"三农"网络舆情分析报告

【舆情概况】

据监测，1月北京"三农"网络舆情信息量共计7 727条。其中，微信舆情信息量3 477条，占舆情总量的45%，涉及的微信公众号有微观三农、密云头条、BTV美丽乡村等；新闻媒体舆情信息量1 767条，占22.86%，涉及的网络媒体有人民网、新华网、央广网等，涉及的报刊媒体包括《北京日报》《北京晨报》《北京晚报》《北京青年报》等，涉及的电视媒体包括北京卫视《北京新闻》《北京您早》等；微博消息1 590条，占20.58%，涉及的主要微博账号有凤凰网财经、中国经济网、北京发布等；论坛帖文764条，占9.89%；博客帖文129条，占1.67%（图1）。

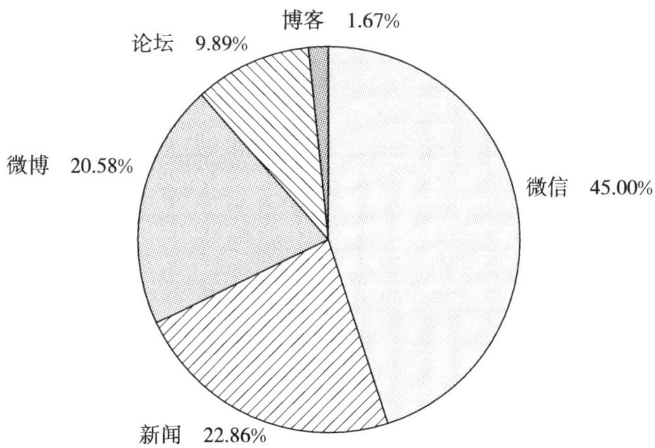

图1 1月北京"三农"网络舆情传播渠道

新闻舆情方面，1月整体走势起伏明显。峰值出现在24日，相关新闻舆情量达210条（图2）。当日热点新闻有：中央纪委监察部网站发文《97户低收入农户有75户不符合评定条件 北京狠纠扶贫领域作风问题》，环球网、搜狐网等媒体转载58次；《北京日报》发文《市政府召开常务会议 研究本市第三次全国农业普查工作等事项》，人民网、新华网等媒体转载38次。在各大主题领域中，有关“都市型现代农业”的新闻数量最多，占比达 17.49%（图 3）。主要新闻标题有《密云农业打造“十百千万”工程培育高端农业品牌》《北京休闲农业 20 年》等。从全月新闻媒体报道内容看，关注点较为广泛，新闻排行榜 TOP10 中涉及农民工讨薪、农产品质量安全、美丽乡村建设、农产品价格等各个方面（表 1）。

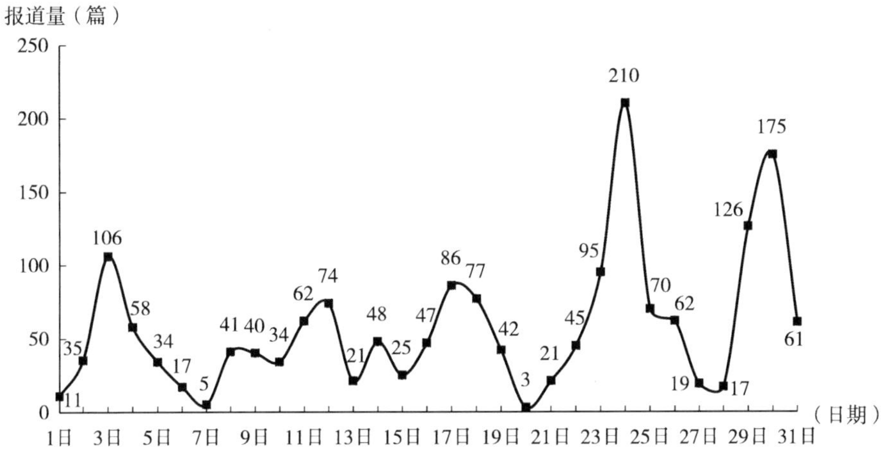

图 2　1 月北京“三农”新闻舆情走势

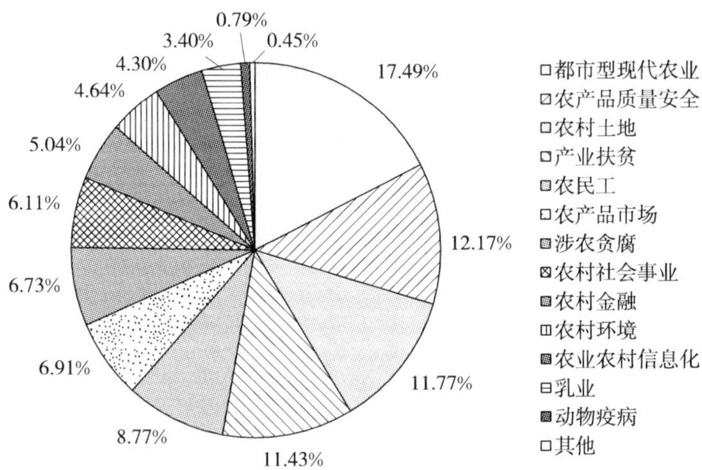

图 3　1 月北京“三农”新闻舆情话题分类

微博舆情走势起伏明显，峰值出现在 12 日，当日微博量达 121 条（图 4）。主要帖文有：《北京将推出一批最长使用年限 20 年土地》《北京“高精尖”产业试点土地弹性出让》《海淀 26 个村将推进美丽乡村建设！》《重磅！

北京首次破冰　土地使用年限试点将缩至 20 年》等。各大主题领域中，“都市型现代农业”领域微博数量最多，占比达 23.71%（图 5）。内容包括：《我市畜牧业“调、转、节”成效突出》《北京农作物播种面积减少近半》《北京市羊肚菌示范点进入采菇期》等。从帖文内容看，微博排行榜 TOP10 中的信息涉及美丽乡村建设、农产品市场、农民工工资等各个方面，关注点较为广泛（表 2）。

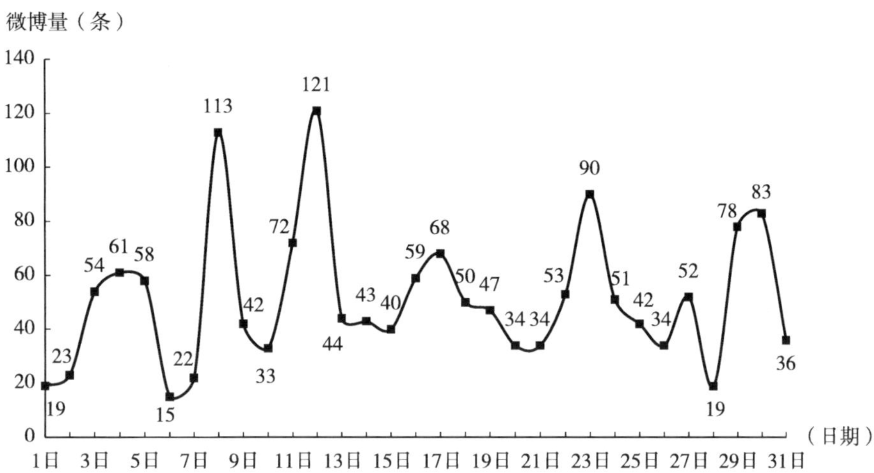

图 4　1 月北京“三农”微博舆情走势

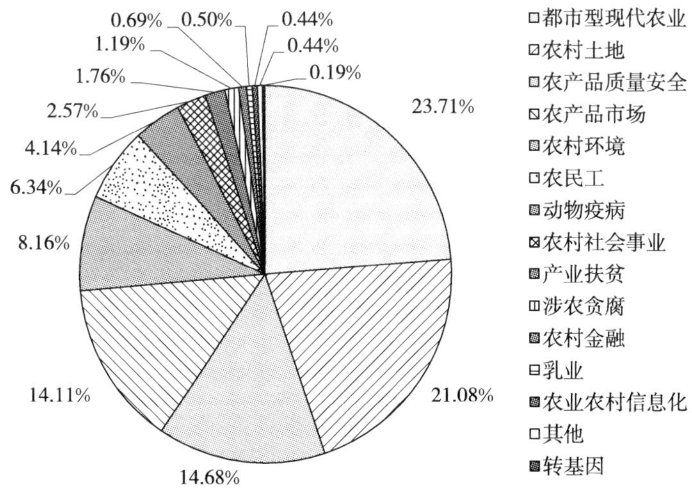

图 5　1 月北京“三农”微博舆情话题分类

微信方面，排行榜 TOP10 中涉及农村土地、农民工、农产品质量安全、美丽乡村建设等话题（表 3）。论坛方面，网民关注点较为广泛，涉及农村环境、农产品质量安全、农村土地等各个方面（表 4）。

【热点排行】

表 1　2018 年 1 月北京“三农”热点新闻 TOP10

排名	标　题	来源	时间（月-日）	转载
1	农业部与北京市共建农产品绿色优质安全示范区	中国农业新闻网	1-17	112
2	密云法院 9 天调解农民工讨薪 127 万元	《新京报》	1-22	112
3	2020 年北京市基本完成美丽乡村建设任务	《北京商报》	1-11	64
4	97 户低收入农户　有 75 户不符合评定条件　北京狠纠扶贫领域作风问题	中央纪委监察部网站	1-24	58
5	北京去年农产品价格创近年最大跌幅	《北京青年报》	1-23	52
6	密云农业打造“十百千万”工程培育高端农业品牌	千龙网	1-11	39
7	市政府召开常务会议　研究本市第三次全国农业普查工作等事项	《北京日报》	1-24	38
8	2017 年 1～4 季度通州区农业生产情况	首都之窗	1-23	35
9	北京市第三次全国农业普查　13 万户农户拥有商品房	《北京青年报》	1-30	33
10	北京九成以上主要超市能追溯肉菜信息	北京晨报网	1-22	30

表 2　2018 年 1 月北京“三农”热点微博 TOP10

排　名	标　题	账号	时间（月-日）	转发	评论
1	北京将推出一批最长使用年限 20 年土地	凤凰网财经	1-12	114	41
2	驴肉火烧之乡用猪肉马肉充当驴肉　大量运往北京	中国经济网	1-8	68	259
3	顺义区木林镇陈各庄多名村民举报猪场污水污染环境乱排放	好人一生平安的窝-888	1-7	36	0
4	北京海淀区对口帮扶河北赤城县：小土豆摆进北京大超市	海淀在线	1-22	32	10

（续）

排名	标　题	账号	时间（月-日）	转发	评论
5	农民工遭欠薪殴打　嫌疑人被警方刑拘	祁国建 A	1-7	29	10
6	北京平谷今年将打造农业科技创新区	千龙网中国首都网	1-16	29	0
7	为食品安全把关，北京建 1 000 个食品监测点，可能就在你家门口！	人民法院报	1-7	19	3
8	北京今年创建 1 000 个美丽乡村	北京发布	1-15	7	3
9	北京草莓套种蔬菜提质增效	首都农经	1-16	6	10
10	市民对话一把手：聚焦“大城市病”治理和美丽乡村建设	千龙网中国首都网	1-27	5	9

表 3　2018 年 1 月北京“三农”热点微信 TOP10

排名	标　题	公众号	时间（月-日）	阅读量	点赞
1	重磅！土地使用年限缩至 20 年！北京土地新政释放重大信号	沙漠的风	1-13	6 660	22
2	周其仁：北京，你这样驱赶农民行不行？	世纪名家讲堂	1-4	4 215	70
3	北京鸡肉中又被检出抗生素？3 年来农业部已禁了 8 种！	新禽况	1-30	3 266	5
4	世界最贵农田，就在北京三环内，曾给中国带来百亿元财富	全球农业趣闻	1-29	2 511	21
5	农业质量年丨农业部与北京市签署合作协议共建北京农产品绿色优质安全示范区	微观三农	1-16	2 361	19
6	平谷发展新方向，着力打造北京农业的“中关村”	平谷大帝国	1-18	2 300	6
7	北京“美丽乡村”怎么建？	首都之窗	1-10	1 285	9
8	密云法院 9 天调解农民工讨薪 127 万元	密云头条	1-25	1 003	11
9	房山农村地区迎来重大利好：北京市房山区被民政部确认为全国农村社区治理实验区！	房山同城生活	1-8	587	7
10	北京休闲农业 20 年	BTV 美丽乡村	1-19	432	10

表 4　2018 年 1 月北京“三农”热点网帖 TOP10

排名	标　题	来源	时间（月-日）	点击	回帖
1	北京市第三次全国农业普查：农作物播种面积减少近半	发展论坛	1-30	5 595	6
2	【通州】副中心周边村庄我最脏乱差	八通社区	1-17	4 428	8
3	农业部与北京市共建北京农产品绿色优质安全示范区	发展论坛	1-17	3 869	7
4	北京首次破冰！将推出一批最长使用年限 20 年的土地	八通社区	1-12	3 106	1
5	为什么北京控制人口总会失败	凯迪社区	1-24	2 455	1
6	北京大兴火灾事故地点将建集体宿舍　不能做饭动火	八通社区	1-26	1 174	2
7	村霸父子合谋侵吞集体资产、诈骗国家钱财仍胡作非为	天涯论坛	1-23	539	0
8	从北京“被离开”，到回家支持共享农场	强国论坛	1-16	289	12
9	多地打响“污染防治攻坚战”任务目标分解量化	发展论坛	1-31	231	0
10	北京清霞建设有限公司倪德清骗农民工保证金	天涯论坛	1-3	39	0

【热点分析】

美丽乡村建设吸引舆论目光
北京两会聚焦乡村振兴

1 月，北京召开多场会议部署美丽乡村建设。舆论多以“数读”方式解读北京美丽乡村建设干什么和怎么干。1 月 10 日下午，北京市召开“实施乡村振兴战略推进美丽乡村建设”新闻发布会，正式启动美丽乡村建设三年专项行动。舆论表示，北京市美丽乡村建设“缺什么补什么”，“三步走”推进美丽乡村建设，“清脏、治乱、增绿”六个字抓好农村环境整治。1 月 22 日，北京市召开新农村建设领导小组（扩大）会议，传达中央农村工作会议精神，总结 2017 年工作，部署 2018 年重点工作安排。舆论表示，北京重视“三农”工作，紧扣三大特点，写好四篇文章，做好五方面工作。1 月 27 日下午，北京市十五届人大一次会议举行“城市精细化管理和美丽乡村建设”主题新闻发布会。北京市委农村工作委员会书记、市农村工作委员会主任孙文锴，首都文明办公室主任滕盛萍分别从“硬件”及“软件”两个方面，详细介绍了美丽乡村建设。《北京日报》、千龙网、搜狐网、首都之窗微信公众号等媒体转发发布会相关内容。千龙网表示，三年三个大步跨越，逐渐将美丽乡村建设全部覆盖，为北京描绘了美丽乡村的图景。

1月22日至30日，北京进入两会时间，乡村振兴成为热议话题，代表委员纷纷建言献策。24日，陈吉宁在北京市第十五届人民代表大会第一次会议上做政府报告，提出2018年北京市将编制乡村振兴战略规划，实施乡村振兴战略，促进城乡融合发展，把城乡统筹、区域协调放到京津冀协同发展大格局中谋划。千龙网24～25日发布题为《这是首次！北京把乡村振兴放到京津冀协同发展大格局中谋划》《京津冀协同发展迈进中期目标北京将有怎样的新作为?》的报道，对深入推进京津冀协同发展，提高城乡区域协调发展水平和充分发挥北京“一核”作用，推动雄安新区与城市副中心两翼联动，带动城乡统筹和一体化发展等政府工作报告内容予以关注。《北京日报》26～30日梳理汇总代表委员意见并发表多篇报道。报道称，代表们主要聚焦乡村规划、产业发展、农村人才资源三个方面，其中35名代表就“乡村振兴”联名提议，支持有条件的乡村创建以农民合作社为主要载体，集自然、观赏、休闲、康乐于一体的田园综合体，让农民充分参与并受益。

农业部与北京市共建农产品绿色优质安全示范区
多部门共述农产品质量安全成绩

1月16日，农业部和北京市人民政府召开座谈会，签署《农业部　北京市人民政府共建北京农产品绿色优质安全示范区合作协议》，舆论给予积极评价。《中国食品安全报》表示，此次部市共建为全国“农业质量年”拉开了序幕。微信公众号“农安政策”指出，共建北京农产品绿色优质安全示范区，既是农业部推进“农业质量年”的序幕和前奏，也是北京市全面提升绿色供给能力，形成放心消费环境的大好契机。北京要努力打造农产品绿色优质安全标杆样板。

此外，北京市多部门共述农产品质量成绩吸引舆论关注。1月16日，在2018年北京市食品药品安全委员会第一次全体会议上，东城、西城、海淀、顺义四区被正式命名为“北京市食品安全示范区”。舆论以“喜报”“喜大普奔”等字眼为四区点赞。《北京商报》1月18日报道，据北京市商务委员会消息，2017 年北京市共建设猪肉追溯节点 1 778 个、蔬菜追溯节点 2 383 个，均覆盖了本市 90%以上的主要大中型连锁超市。2018 年，全市猪肉追溯和蔬菜追溯节点数覆盖范围将进一步扩大到 1 900 个和 2 600 个。1 月 27 日，北京两会期间，市人大代表、市食品药品监督管理局局长丛骆骆表示，2018 年北京将制定“进京食用农产品标准”，该标准不低于国家标准，主要给进京食品的供货商以及批发市场提供参考，引导其从中选择优质产品进京。人民网、《北京青年报》等多家媒体以《今年将制定“进京食用农产品标准”》为题进行转发。

京津冀奏响菜篮子协同发展合奏曲

京津冀协同共建菜篮子成为 1 月舆论关注的热点话题。新华社 1 月 21 日报道表示，随着京津冀食品安全领域协作的不断深入，津冀两地食用农产品“进京”之路愈发畅通。目前，北京市的牛羊肉供应近八成来自津冀地区的屠宰企业。市食品药品监督管理局相关负责人表示 2018 年将扩大津冀食用农产品供京区域和品种。北京市政府工作报告也提出，要深入推进京津冀协同发展，推进环首都 1 小时鲜活农产品流通圈建设。舆论表示，津冀农产品“进京”之路更畅通，北京“菜篮子”更加丰盛了！还有舆论称，搭乘协同发展的便车，京津冀将农产品做大做强，不仅丰富了北京市民的“菜篮子”，而且使津冀农民的“钱袋子”鼓起来，这是一曲协同发展的动人合奏曲。

北京扶贫工作“内外兼修”

北京市扶贫工作成绩引发舆论积极关注。1 月 19 日，北京市统计局网站消息称，2017 年北京低收入农户人均可支配收入突破万元，达到 10 698 元，同比增长 19.4%，明显快于全市农村居民人均可支配收入 8.7%的增速。北京市政府工作报告中提到，低收入农户收入增速连续 7 年快于全市农民。《北京日报》30 日报道表示，帮扶增收，京郊各个村庄都有精彩故事。2017 年，北京通过扶持产业帮扶一批、促进就业帮扶一批、山区搬迁帮扶一批、生态建设帮扶一批、社会保障兜底一批、社会力量帮扶一批的“六个一批”精准帮扶措施，低收入农户人均可支配收入首次突破万元。各郊区特色扶贫工作和成绩也被舆论关注，如顺义区种植中心植保植检站技术专家对接低收入村；怀柔区桥梓镇落实“三包五帮扶”政策，从思想、关爱、就业、项目、救助五方面入手帮扶，助推精准扶贫；门头沟区低收入农户超脱贫标准线 70%等。

此外，舆论还从两个方面关注了北京市对口支援脱贫工作。一是关注外省

（市）贫困地区农产品进京。1 月，重庆奉节脐橙和四川平武山货进京推介取得喜人成果。北京晨报网 8 日表示，重庆奉节脐橙首次大规模进京，将为北京供应 5 万吨产品。绵阳市人民政协网 22 日报道指出，平武县扶贫产品推介会现场销售额达 8.2 万元，签订、达成产销合作协议商家 13 个，签约金额 460 万元。北京市政协委员、国务院扶贫办社会扶贫司巡视员曲天军建议，在市便民商业网点设立“扶贫协作地区”特色农产品展销专区，探索一条电商扶贫新路子，让“扶贫协作地区”特色产品“走”出来。二是建议调动更多社会力量参与对口扶贫。政府工作报告明确指出，要认真做好对口支援合作工作，确保财政援助资金 80%以上用于精准扶贫、精准脱贫，支持和培育一批带动贫困户发展的产业合作组织和龙头企业。北京市人大代表许泽玮建议，希望政府更多地让企业和社会力量参与精准扶贫，并给予企业一些鼓励政策，鼓励企业给扶贫对象创造就业机会，带动当地产业发展，变输血为造血，给农民创造致富门路。北京市对口支援和经济合作工作领导小组办公室主任马新明委员表示，过去主要以政府投入为主，现在动员社会力量参与扶贫是重点。

【全国热点】

2018 年 1 月热点新闻见表 5。

表 5　2018 年 1 月热点新闻 TOP10

排名	标　题	来源	时间（月-日）	转载
1	全国耕地质量总体稳定	《人民报》	1-7	601
2	国务院办公厅印发《省级政府耕地保护责任目标考核办法》	新华社	1-18	494
3	新型职业农民超 1 400 万人	《人民报》	1-28	433
4	实现乡村振兴关键在党	《人民报》	1-2	394
5	农村集体产权改革遇难啃骨头：土地权属纷争难解	《经济参考报》	1-8	363
6	30 多名婴儿受感染，选购这些洋奶粉一定要擦亮眼！	新华网	1-25	233
7	两年审计发现扶贫问题金额 70 多亿　“拍苍蝇”成重点	《中国青年报》	1-9	225
8	“下乡资本”跑马圈地“烂尾”频出	《经济参考报》	1-30	217
9	乡村振兴战略绘制“三农”发展新蓝图	央视网	1-3	201
10	南方时论：实施乡村振兴战略的总动员令	《南方报》	1-3	198

中央农村工作会议聚焦乡村振兴战略

中央农村工作会议于2017年年底召开后，如何贯彻落实会议精神被舆论聚焦。总体看，中央级媒体与地方媒体等共同发力、齐头并进，对中央农村工作会议精神开展深入解读和评述，形成强有力的舆论声势。

《人民日报》连发三论，指出乡村振兴是实现中华民族伟大复兴的一项重要任务，关键是走中国特色社会主义乡村振兴道路，必须加强和改善党对“三农”工作的领导。《经济日报》以《实施乡村振兴战略是新时代“三农”工作总抓手》为题，报道了韩长赋部长对中央农村工作会议聚焦乡村振兴战略的解读。《农民日报》从要建设什么样的乡村、怎样建、钱从哪里来、靠什么人、机制如何创新、强大合力如何形成等7个方面，对乡村振兴进行全面评述。舆论指出，中央农村工作会议强调“三农”理论创新，提出了新的工作思路和方法，发出了实施乡村振兴战略的总动员令，要贯彻落实，就要读懂会议所透出的“新”意，准确把握乡村振兴战略的丰富内涵，增强实施乡村振兴战略的使命感。

围绕贯彻落实中央农村工作会议精神，农业部门对2018年农业农村工作的部署给予关注。15日，韩长赋部长主持召开农业部常务会议，安排部署2018年农业农村经济工作；22日，农业部网站消息称，农业部全面启动实施2018年国家农产品质量安全监测计划。此外，吉林、陕西、重庆等地贯彻中央农村工作会议精神，对“三农”工作的相关部署也集中报道。舆论寄望相关政府部门坚定不移地实施乡村振兴战略，推动新时代“三农”工作再上新台阶。

《半月谈》：我国已是抗生素滥用重灾区

1月，《半月谈内部版》第1期发表《控不住的抗生素滥用，输不起的“超级细菌”横行》一文。文章指出，我国是世界上最大的抗生素生产和使用国，同时也是抗生素滥用和细菌耐药性的重灾区，畜牧业领域抗生素滥用尤其严重，目前畜牧业养殖户普遍将饲用抗生素添加到饲料中当保健品来促生长，由此引发的“超级细菌”风险、环境污染加重问题，正在挑战国人健康底线。文章举例，“原本龟鳖的自然生长周期是3～5年，一些养殖户通过使用饲用抗生素，可以将时间缩短到1年”“一些猪仔出现痢疾、瘦弱、咳嗽等病症时，就给它们打针、灌药，药量小了根本不起作用，就使劲灌药，经常打针”。文章指出，我国对抗生素使用的监管取得了显著进步，但仍面临监测成本高、基层人手不足等问题，保险补贴政策滞后加剧兽用抗生素滥用，“养殖户亏不起，动物就死不起，得了病使劲治，没病也要预防性吃药，用药量自然就大”。文章认为，通过“替抗”“低抗”手段遏制滥用，已是未来农牧业发展的大势所趋，国家应从立法上尽快启动有关养殖业用药的法律研究，提高抗生素生产门槛，加强对养殖从业人员科学规范用药的指引和培训。

该文受到舆论广泛关注，“抗生素滥用”“超级细菌”等成为舆论关键词。15 日，《人民日报》、新华社、央视网等媒体微信公众号以《警惕！“超级细菌”开始横行，我们必将为无知付出代价……》为题转发该文，阅读量迅速突破 10 万。新华社客户端的转载引发用户关注，截至 2018 年 1 月末，文章浏览量达 64 万。网易、腾讯、新浪等媒体的转载吸引 5 万余网民参与跟帖评论。有网民建议，强化畜禽养殖监管，加强出栏畜禽抽查，一旦发现抗生素残留就彻底销毁，让违规者付出巨大成本，堵住滥用抗生素漏洞。有网民认为，健康的养殖环境是关键，应重视畜禽健康管理、提高饲养水平，畜禽自身免疫力提高了，自然就少生病了，吃的肉就会更安全。

2月“三农”网络舆情分析报告

【舆情概况】

据监测，2月北京“三农”网络舆情信息量共计6 730条，较上月减少997条。其中，微信舆情信息量2 513条，占舆情总量的37.34%，涉及的微信公众号有北京永存、门头沟京西杂谈、昌平圈等；微博消息2 476条，占36.79%，涉及的主要微博账号有法制晚报、北京昌平、BTV新闻频道等；新闻媒体舆情信息量972条，占14.45%，涉及的网络媒体有人民网、新华网、央广网等，涉及的报刊媒体包括《北京商报》《北京日报》《北京晚报》《新京报》等，涉及的电视媒体包括北京卫视《北京新闻》《北京您早》等；论坛帖文719条，占10.68%；博客帖文50条，占0.74%（图1）。

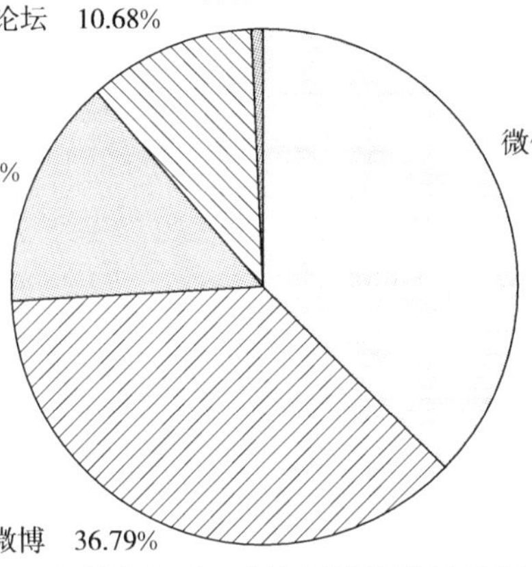

图1 2月北京“三农”网络舆情传播渠道

新闻舆情方面，2月整体走势起伏明显。“1月份北京CPI同比上涨1.4% 部分菜价跌至五年最低点”和“北京大兴：备好农资忙生产”等信息助推2月13日和2月27日出现两次新闻舆情峰值，两日新闻舆情量分别为75条、85条（图2）。中国新闻网12日发布的《1月份北京CPI同比上涨1.4% 部分菜价跌至五年最低点》，在13日被大量转发；《北京日报》13日发文《北京市平谷区乡镇书记党建述职晒家丑》被转载14次；《经济日报》27日发文

《北京大兴：备好农资忙生产》被转载 24 次。在各大主题领域中，有关“都市型现代农业”的新闻数量最多，占比达 26.52%（图 3）。主要新闻标题有《北京市“十二五”建立农业综合节水技术示范区 250 个》《摸清“三农”家底！北京完成第三次农业普查工作获 6 亿笔基础数据》等。从内容看，北京城乡低保标准提升至 1 000 元、2018 年将实现低保家庭“一户一策一档”全覆盖等低保相关举措被舆论关注，新闻排行榜中有 2 条信息与之相关。此外，“北京两个月以来为农民工追发 3 407 万元工资”的消息被《北京青年报》、中国青年网、环球网等权威媒体转发（表 1）。

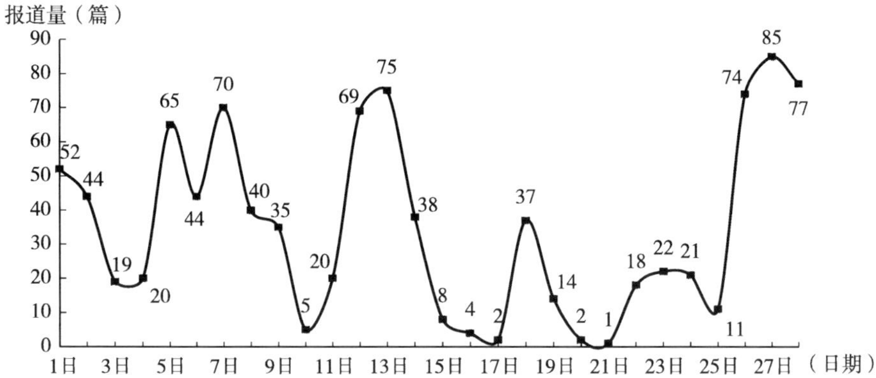

图 2　2 月北京“三农”新闻舆情走势

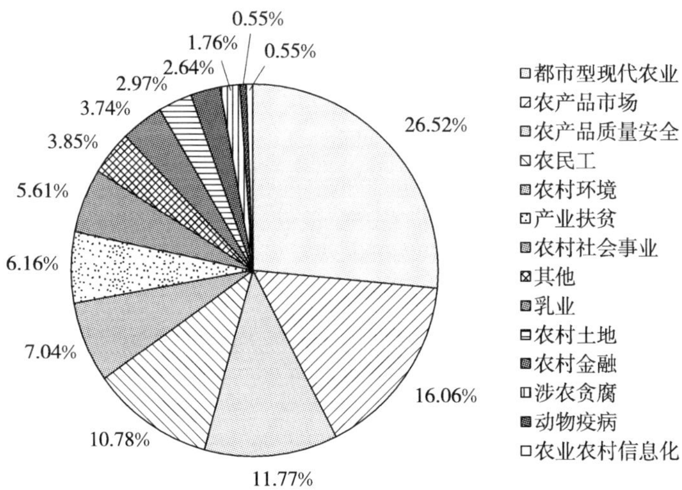

图 3　2 月北京“三农”新闻舆情话题分类

微博舆情走势起伏明显，峰值出现在 13 日，当日微博量达 159 条（图 4）。主要帖文有：《顺义：开展农业转基因生物安全检查》《北京通州每天流入数千斤*猪肉　被检出为注水猪含瘦肉精》《房山窦店小麦不一般，可持续发展道路越走越好!》《大兴区植保站参加农资市场联合检查》等。各大主题领域中，“农民工”领域微博数量最多，占比达 19.59%（图 5)。内容包括:《昌平区三举措落实服务农民工治欠保支工作》《延庆法院春节前夕成功调解一批农民工讨薪案》《北京春节前为农民工讨薪　两月余追发 3 407 万元》《昌平法院开辟绿色通道　13 名农民工领回欠款 23 万余元》等。从帖文内容看，微博排行榜 TOP10 中的信息涉及农产品市场、农产品质量安全等各个方面（表 2)。

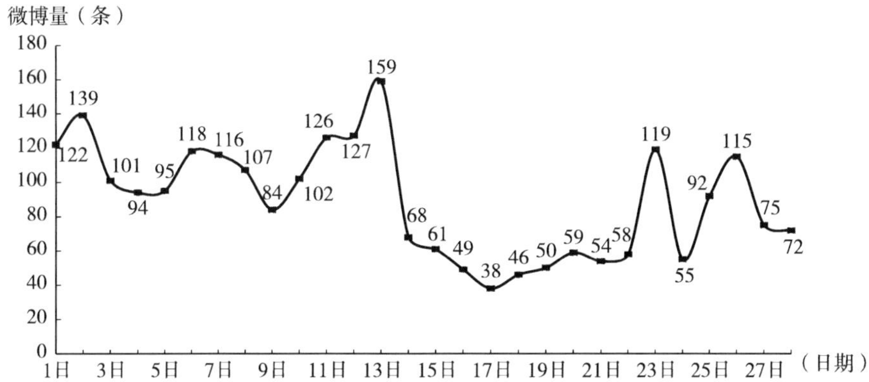

图 4　2 月北京“三农”微博舆情走势

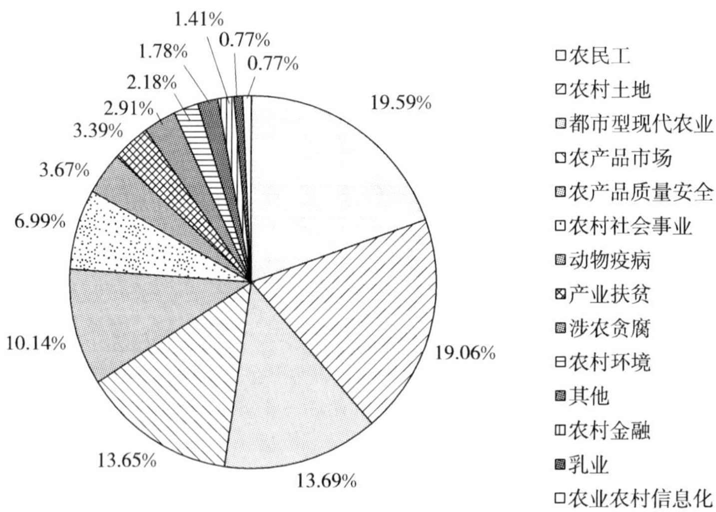

图 5　2 月北京“三农”微博舆情话题分类

* 斤为非法定计量单位，1 斤=0.5 千克。

微信方面，排行榜 TOP10 中有 5 条信息涉及农村拆迁、棚改等话题，3 条信息与北京村官有关（表 3）。论坛方面，网民关注点较为广泛，涉及农民收入、秸秆处理、拆迁等各个方面（表 4）。

【热点排行】

表 1　2018 年 2 月北京“三农”热点新闻 TOP10

排名	标　题	来源	时间（月-日）	转载
1	北京市城乡低保标准升至家庭月人均 1 000 元	新华网	2-7	41
2	1 月北京 CPI 同比上涨 1.4%　部分菜价跌至五年最低点	中国新闻网	2-12	36
3	北京春节前为农民工讨薪　两月余追发 3 407 万元	中国新闻网	2-12	30
4	北京 2018 年将实现低保家庭“一户一策一档”全覆盖	中国新闻网	2-8	27
5	秸秆处理连续三年“零火点”	《北京日报》	2-26	25
6	北京大兴：备好农资忙生产	《经济日报》	2-27	24
7	北京连续 108 天无有效降水	《北京晨报》	2-7	24
8	平谷获评中国特色农产品优势区	《北京日报》	2-7	21
9	北京市平谷区乡镇书记党建述职晒家丑	《北京日报》	2-13	14
10	老陈一块田种出新品两百余种	《京郊日报》	2-28	12

表 2　2018 年 2 月北京“三农”热点微博 TOP10

排名	标　题	账号	时间（月-日）	转发	评论
1	下场雪就这么难？春节前北京下场好雪“希望不大”	北京生活导航	2-7	106	2
2	北京市食品药品监督管理局：庙会羊肉串摊摊必检	法制晚报	2-16	45	216
3	北京太平洋海底世界还不如酒店，斑海豹真够冤的——致信农业部渔业局和北京市农业局	拯救表演动物项目	2-6	21	8

（续）

排名	标　题	账号	时间（月-日）	转发	评论
4	一个管党治党“宽松软”的典型	钟山清风	2-6	18	5
5	京蒙对口支援：特色农畜产品年货展销	北京市东城	2-11	15	10
6	定了，今年昌平区“疏整促”要这么干！	北京昌平	2-27	15	13
7	北京土地“体检”取得阶段性成果	中国国土资源报	2-11	14	0
8	2018年北京粮食流通重点工作	首都粮食	2-24	10	1
9	2018年北京蔬菜比2017年同期更便宜	中国长安网	2-2	10	10
10	北京启动春节期间首都市场蔬菜和家政服务保障供应联合行动	BTV新闻频道	2-2	7	4

表3　2018年2月北京“三农”热点微信TOP10

排名	标　题	公众号	时间（月-日）	阅读量	点赞
1	大局已定！北京农村户口注意啦！我们即将身价暴涨！	北京永存	2-7	30 942	167
2	征地公告！门头沟2镇5村征地补偿 看看你家是多少！	门头沟京西杂谈	2-20	23 037	38
3	昌平这个村的居民有福了，回迁楼市政配套将提级为“七通一平”	昌平圈	2-27	14 303	49
4	2018密云100个重点项目，新农村、刘林池棚改率先启动	密云360网	2-8	10 895	28
5	【全国文明村】农村怎么了？大兴这个村儿就贼厉害	大兴这些事儿	2-12	8 961	14
6	门头沟这个村主任成为全国农业劳动模范！	门头沟京西杂谈	2-2	7 822	32
7	密云棚改新动态，新农村、刘林池项目计划今年6月启动拆迁工作！	密云信息港	2-27	7 039	16
8	门头沟90后“美女村官”的新农村创业梦！	门头沟京西杂谈	2-3	4 585	3
9	密云区召开新农村、刘林池棚户区改造项目现场推进会！	密云信息港	2-8	3 088	18
10	门头沟“小村官”担起“大责任”带领村民创业致富！	京西门头沟	2-1	1 207	4

表4 2018年2月北京“三农”热点网帖TOP10

排名	标题	来源	时间（月-日）	点击	回帖
1	在禁放区晚上十点多放炮，村民制止被打伤，究竟是谁的错？——致北京市延庆区石河营村、小营村村民	凯迪社区	2-2	28462	0
2	北京市城乡低保标准升至家庭月人均1 000元	股吧	2-7	10 799	6
3	2017年北京丰台区农民人均所得增长11.5% 收入保持两位数增长	京华论坛	2-14	6 484	0
4	北京秸秆处理连续三年“零火点”	万户论坛	2-27	4 693	0
5	北京农村的拆迁规划	顺义在线	2-25	3 381	8
6	区种植中心领导检查大兴西瓜智慧气象节水灌溉项目实施情况	爱我大兴社区网	2-12	1 160	0
7	顺义区19家园区获评第三批北京市休闲农业星级园区	顺义在线	2-12	956	0
8	房山张坊镇片上村支书白二柱盗砍成林，盗采河沙	天涯论坛	2-19	147	0
9	区推广站参加北京市农业技术推广工作交流会	爱我大兴社区网	2-5	517	0
10	海淀区如何发展循环农业	强国论坛	2-2	107	0

【热点分析】

北京保障春节期间食品安全
多起食品抽检问题引关注

春节期间，北京市积极做好食品安全保障工作，相关举措和成绩获舆论关注。房山区农村工作委员会2月6日发布消息称，要成立检查组加大市场检查，加大市场供应无公害农产品抽检力度，对高风险、高关注度产品进行重点监测，确保春节期间农产品质量安全。《中国医药报》2月12日报道《北京启用新型食品快检车》称，丰台区率先启用国家食品药品监督管理总局配发的新功能食品安全快速检验车，加大对节日食品抽检力度。新华网2月25日报道，北京市食品药品监督管理部门对庙会、游园会上羊肉串等肉制品“每摊必检”未发现不合格样本，春节7天假期北京食品抽检合格率100%。“北京假期食品安全零事故”成为媒体报道主题。网民表示，庙会羊肉串必须严查，其他食品安全也要严抓。

北京农产品抽检信息也被媒体报道。《北京青年报》2月11日报道《北京近俩月拦截不合格淡水鱼4万千克》称，市食品药品监督管理局表示，2018年以来，顺义区石门农副产品批发市场已拦截4万千克不合格淡水鱼。长江网2月12日发文《拦截下来的不合格淡水鱼去了哪里?》。文章表示，有关负责人只是说“风险活鱼”不能进入北京任何一家市场或超市销售，恰恰没说，这些“不合格”“存在风险”的淡水鱼被拦截在石门批发市场门外之后会不会进入其他地区的批发市场或者超市？对抽检发现的不合格产品，应采取封存、下架、召回问题产品，并督促企业查找原因。这些规定又该由谁来执行?

此外，水产品成为食品安全的“重灾区”。2月2～24日，北京市食品药品监督管理局共发布10期抽检公告，包括6批次皮皮虾镉超标，1批次石斑鱼、1批次钳鱼恩诺沙星超标，同时，其他类农产品也被检测出有不同程度的食品安全问题，包括1批次牛上脑检出克伦特罗，2批次韭菜腐霉利超标，2批次鸡蛋检出恩诺沙星。

春节前后菜蛋价格波动明显
京津冀协同保障市民“菜篮子”“米袋子”

春节前后，北京菜蛋价格波动成为舆论聚焦点。《证券日报》2月14日报道，根据新发地数据显示，2月9日，新发地市场鸡蛋批发价为9.66元/千克，同比上涨97.14%。《北京晚报》15日报道指出，受春节前集中备货影响，鸡蛋需求量有所增加，价格持续处于高位运行，且在前期产能调整、产量增加的前提下，春节期间鸡蛋价格将高位企稳。2月27日，多家报纸对北京菜蛋价格回落予以关注。《北京晚报》表示，春节假期一过，菜价开始回落。菜花、黄瓜等蔬菜的价格下降尤为明显，均超过50%。《证券日报》称，2月中旬鸡蛋价格同比上涨103%。春节假期结束或将为过度火热的鸡蛋价格带来冷静的空间。卓创分析表示，节后消费疲软是价格走低的主要原因。《北京晨报》认为，节后菜价快速回落，也是正常的市场规律。首先是节后对反季节蔬菜的需求量有所下降，价格失去需求的支撑；其次，北方产区春季蔬菜开始陆续上市，南方蔬菜失去了独家优势。

此外，京津冀协同保障市民“菜篮子”“米袋子”也获舆论关注。《北京晚报》2 月 13 日报道《北京市食品供应将制定“北京标准”》称，北京市食品药品监督管理局表示，2018 年，北京将参照供港模式，研究制定食品供应的“北京标准”，将同 20 家外埠主要供京农产品基地探索建立“基地直供、企业直销、全程可溯、标准管理”的新模式。舆论表示，食品供应“北京标准”保“菜篮子”更丰盛安全。2 月 24 日，北京市召开 2018 年北京市粮食流通工作会议。“环京 1 小时成品粮配送圈将建”“打造智能化粮库”“建设环京 4 小时粮食物流圈”成为舆论关注的关键词组。也有网民发帖吐槽，京津冀协同发展，就像这 3 个字一样，北京永远在最前面，河北永远在最后面，河北各地配套设施及产业的不断完善也是为了分担北京的忧愁。

北京农业科技成果获赞　春耕备耕开启

2 月，北京几项农业科技成果被舆论聚焦。新华社 2 月 2 日报道，北京佳格数据团队研发的“耘境”卫星数据智慧农业服务系统，只需打开电脑或智能手机，便可以查看数百公顷农田的温度、湿度、风速、光照、作物生长状况、病虫害情况、未来天气预报等重要信息。报道表示，实现了从“看天吃饭”到“知天而作”。《农民日报》2 月 7 日报道称，北京市农林科学院蔬菜研究中心、北京京研益农科技发展中心等单位联合开展研究，在国内首次建立了黄萎病和根肿病精准抗性鉴定评价技术，实现了大白菜品种的更新换代。新品种较主产区原主栽品种增产 10%以上，减少农药和化肥使用量约 25%，平均每亩节约农药和肥料成本约 90 元，新增社会经济效益 310.58 亿元，已在全国 28 个省市推广 3 181.3 万亩，并远销欧美等国家。报道点赞该技术攻克了大白菜产业痛点。

2 月下旬，北京春耕备耕逐渐展开，相关消息引发舆论关注。《京郊日报》2 月 28 日报道，本该是开启春耕的大忙时节，但京郊农民却很从容。记者走访发现，原先在农田中大显神通的农机，纷纷瘦身跑进温室施展拳脚。大兴区庞各庄镇西南次村的四季阳坤蔬菜种植基地负责人刘福娟表示，2018 年“机器换人”不用再为用工难发愁了。此外，持续百余天的干旱天气对越冬作物极为不利。北京市气候中心统计，自 2017 年 10 月 23 日至 2018 年 2 月 27 日，北京连续 128 天无有效降雨，本年度秋冬已创下历史最旱年份。北京市农业技术推广站技术人员日前对房山、顺义、密云等区的大面积麦田进行旱情调查显示，目前全市麦田平均干土层已达 6 厘米，较常年增加 1 倍左右。专家建议补水保苗。

【全国热点】

2018 年 2 月热点新闻见表 5。

表 5　2018 年 2 月热点新闻 TOP10

排名	标　题	来源	时间（月-日）	转载
1	2018 年中央 1 号文件公布　全面部署实施乡村振兴战略	央广网	2-5	1 411
2	书写中华民族伟大复兴的“三农”新篇章	《人民日报》	2-5	488
3	新华社特约评论员：夯实乡村振兴体制机制保障——三论学习贯彻 2018 年中央 1 号文件精神	新华社	2-6	434
4	最严监管措施确保品质　国产奶粉大幅提升业绩目标	《北京青年报》	2-22	427
5	今年我国粮食生产目标：稳定在 12 000 亿斤以上	新华社	2-16	386
6	我国加大轮作休耕力度	《人民日报》	2-24	382
7	国家农产品质量安全监测计划启动	《人民日报》	2-4	330
8	去年全国深松整地 1.76 亿亩　超额完成年度目标任务	《人民日报》	2-22	314
9	加强东北黑土地保护　推进农业绿色发展（深入学习贯彻习近平新时代中国特色社会主义思想）	《人民日报》	2-5	297
10	定了！中央 1 号文件全面谋划新时代乡村振兴	新华社	2-4	277

中央 1 号文件全面部署乡村振兴
启航“三农”发展新时代

2 月 4 日，新华社受权发布 2018 年中央 1 号文件《中共中央　国务院关于实施乡村振兴战略的意见》，受到国内外舆论的聚焦。短短 3 天时间内，相关新闻达 22 130 篇。《人民日报》、新华社等 3 700 多家大陆媒体，台湾《联合报》、香港中国通讯社等 10 多家港澳台媒体，以及英国路透社、美国《纽约时报》等 10 多家国外媒体展开报道和评论。中央 1 号文件在社交媒体中也被高度关注。2 月 5 日，“中央 1 号文件”登上微信热搜词榜首。截至月末，新浪微话题“中央 1 号文件”的阅读量达到 1 600 万次。

从内容上看，中央 1 号文件提出的实施质量兴农战略、深化农村土地制度改革、加强农村突出环境问题综合治理、强化乡村振兴人才支撑、强化乡村振兴投入保障等，是舆论关注热点。从解读情况看，舆论用通俗押韵的阐释语言，以及“数说”“图解”等“划重点”方式，总结了中央 1 号文件的“金句”“狠话”。有舆论说，中央 1 号文件明确了乡村振兴举什么旗走什么路，要一手抓“钱”，一手抓“地”，要让农民“钱袋子”鼓起来，要为进城农民保留房和地开绿灯，要为城里人去农村买房划红线，要为农村“小微权力”拉清单，要向农村非法宗教活动说“不”。同时，中央 1 号文件的“两个特点”“三个目标”“四大信号”“六大任务”“七个原则”“八个有”“十项举措”等类似形式的总结文章也纷纷出现。这样的解读方式让文件精神传播得更加简洁深入，引发舆论对中央 1 号文件全面部署乡村振兴的高度评价和强烈期待。有舆论说，中央 1 号文件瞄准“一号问题”，发出强农惠农富农的时代最强音，书写中华民族伟大复兴的“三农”新篇章，开启农村建设新时代。

同时，在中央 1 号文件精神的引领下，各地实施乡村振兴的积极举措也受到关注。媒体报道了浙江、贵州、宁夏、江西等地在农村改革、环境改善、特色产业发展等方面取得的成效，“乡村绿了”“大学生回来了”“路好走了”等新气象广受肯定。舆论表示，农民积极性是乡村振兴的“七寸”，要让土地资源“活”起来，让产业兴旺起来，力戒“花架子”和贪大求全。

3月“三农”网络舆情分析报告

【舆情概况】

据监测，3月北京“三农”网络舆情信息量共计8 982条，较上月增加2 252条。其中，微信舆情信息量3 620条，占舆情总量的40.30%，涉及的微信公众号有北京通州发布、门头沟信息港、延庆等；微博消息3 020条，占33.62%，涉及的主要微博账号有央视财经、北京人北京事儿、北京农业嘉年华等；新闻媒体舆情信息量1 486条，占16.54%，涉及的网络媒体有人民网、新华网、央广网等，涉及的报刊媒体包括《北京日报》《北京晨报》《北京晚报》《北京青年报》等，涉及的电视媒体包括北京卫视《北京新闻》《北京您早》等；论坛帖文763条，占8.50%；博客帖文93条，占1.04%（图1）。

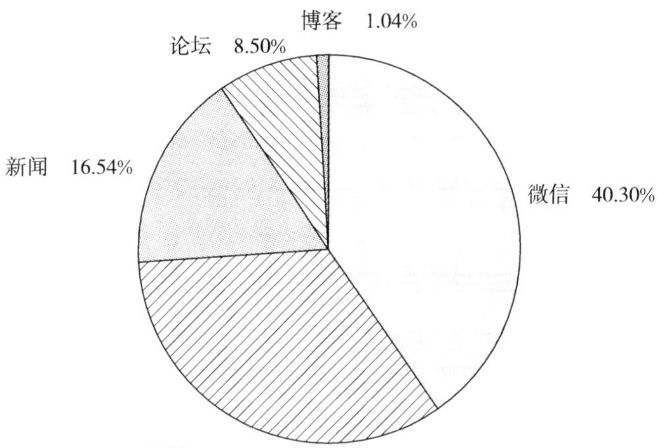

图1 3月北京“三农”网络舆情传播渠道

新闻舆情方面，3月整体走势起伏明显。峰值出现在17日，相关新闻舆情量达145条（图2）。“第六届北京农业嘉年华开幕”和“2018年北京农村工作会议”相关舆情助推3月17日和3月29日出现两次新闻舆情峰值。《北京日报》17日报道《北京农业嘉年华开幕》被转载56次；《北京青年报》17日报道《2017 年北京农民工总量为 72.4 万人月均收入 3 230 元》被转载 27 次。在各大主题领域中，有关“都市型现代农业”的新闻数量最多，占比达 28.50%（图 3）。主要新闻标题有《市区联合开展设施黄瓜生物药剂抗逆促生试验》《第六届北京农业嘉年华开幕　亮点众多精彩纷呈》《北京全面发展都市型现代农业　高耗水作物播种面积下降 65.5%》等。从全月新闻媒体报道内容看，关注点较为广泛，新闻排行榜 TOP10 中涉及北京农业嘉年华、农民工、农产品质量安全等各个方面（表 1）。

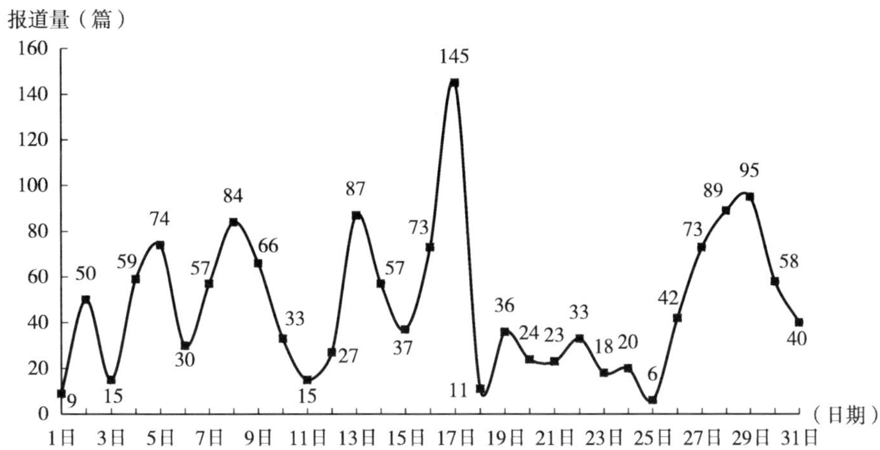

图 2　3 月北京“三农”新闻舆情走势

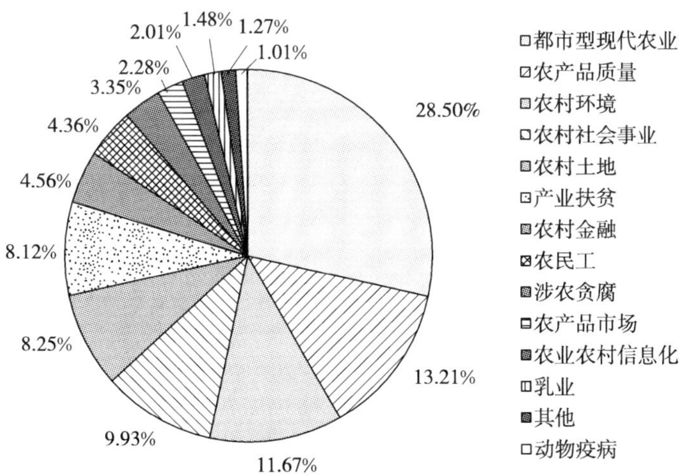

图 3　3 月北京“三农”新闻舆情话题分类

微博舆情走势起伏明显，峰值出现在 17 日，当日微博量达 148 条（图 4）。主要帖文有：《北京粮食作物病虫草害偏轻发生防控形势较严峻》《北京市海淀区渔政监管部门开展“3·15”宣传活动》《第六届北京农业嘉年华，提前剧透!》《北京农民工月平均收入比上年增长 7.7%》等。各大主题领域中，“都市型现代农业”领域微博数量最多，占比达 27.25%（图 5）。内容包括：《大兴农户“玩”转科技，现代农业就是 666》《第六届北京农业嘉年华在昌平开幕》《第六届北京农业嘉年华首个周末接待游客 2.48 万人次》《北京农业嘉年华密云主题日：生态富裕创新和谐美丽新密云》等。从帖文内容看，微博排

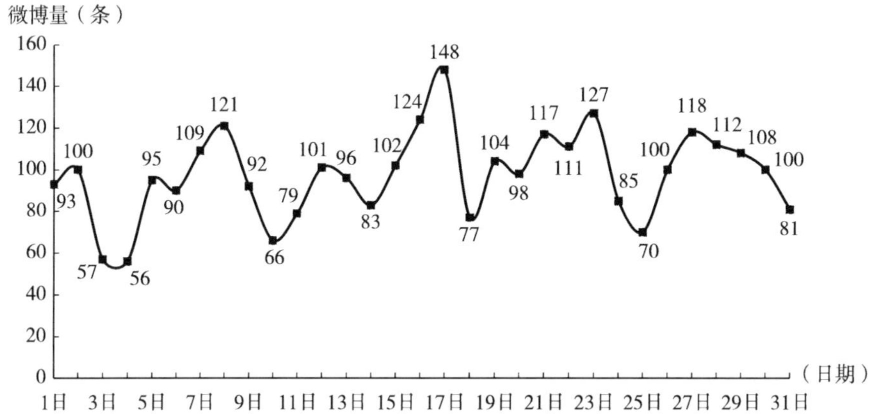

图 4　3 月北京“三农”微博舆情走势

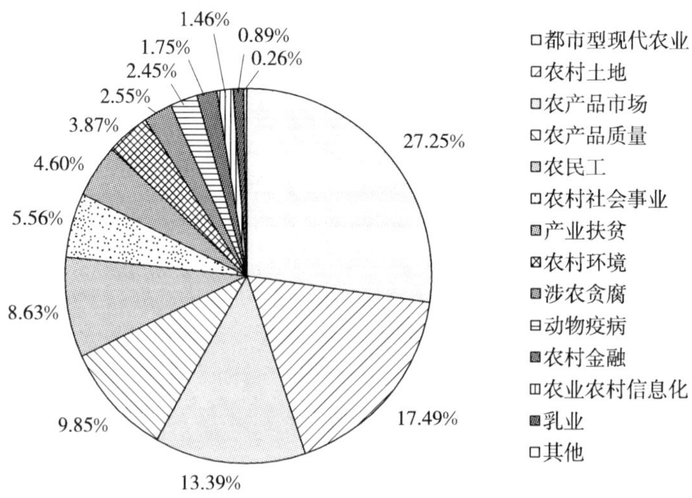

图 5　3 月北京“三农”微博舆情话题分类

行榜TOP10中的信息涉及北京农业嘉年华、煤改气、农民工工资等各个方面，关注点较为广泛（表2）。

微信方面，排行榜TOP10中有3条信息涉及美丽乡村建设，此外，拆迁、腾退、北京农业嘉年华、涉农贪腐等话题也被关注（表3）。论坛方面，网民关注点较为广泛，涉及低收入农户增收、北京农业嘉年华、智慧农业等各个方面（表4）。

【热点排行】

表1 2018年3月北京“三农”热点新闻TOP10

排名	标 题	来源	时间（月-日）	转载
1	北京农业嘉年华开幕	《北京日报》	3-17	56
2	北京启动校园食品安全专项检查 从严监管“五毛零食”	国家食品药品监督管理总局	3-1	55
3	北京非化学农药占推荐名录“半壁江山”	《农民日报》	3-16	46
4	北京：本市驯化羊肚菌新品种	《北京日报》	3-5	37
5	通州取缔“薄脆”黑作坊	《京郊日报》	3-2	29
6	2017年北京农民工总量为72.4万人 月均收入3 230元	《北京青年报》	3-17	27
7	历时一年调查，获市科学建议提名奖：小学生为怀沙河做“体检报告”	《北京日报》	3-13	26
8	怀柔区：千余岗位送到村口	《北京日报》	3-7	24
9	“业余”农民和他的500亩农田	《北京晚报》	3-6	11
10	北京顺义区：买不买看“颜值”您的蔬菜分级了吗?	《京郊日报》	3-6	10

表2 2018年3月北京“三农”热点微博TOP10

排名	标 题	账号	时间（月-日）	转发	评论
1	北京农业嘉年华密云主题日：生态富裕创新和谐美丽新密云	新农密云	3-31	3 376	32
2	第六届#北京农业嘉年华#好玩儿的农业#抢先看!	北京昌平	3-22	1 358	889

（续）

排名	标题	账号	时间（月-日）	转发	评论
3	北京“非法”劳务市场：没活干露宿街头	北京人北京事儿	3-31	111	42
4	女博士在北京农村种地年赚1个多亿！	本帮一	3-11	42	17
5	北京农村“煤改气”调查：取暖省事了比烧煤多花600元	生态环境部	3-29	25	24
6	春风送暖，生机盎然，第六届#北京农业嘉年华#和春天一同来报到	北京农业嘉年华	3-22	25	23
7	2017年北京农民工月均收入3 230元，较上年增长7.7%	央视财经	3-19	23	0
8	2018农业嘉年华抢先看！还记得去年的农业嘉年华吗？	北京昌平	3-5	19	18
9	城乡居民基本医疗保险网上缴费人数近3 600人	北京西城	3-13	18	16
10	2017年北京农民工总量72.4万人，比上年减少2 000人	观察者网	3-18	16	54

表3　2018年3月北京“三农”热点微信TOP10

排名	标题	公众号	时间（月-日）	阅读量	点赞
1	定了！北京这4个区被国家点名，将大力发展！快来支持你家乡！	北京永存	3-31	53 122	92
2	拆拆拆！通州再有4村将要棚改、城镇化，好日子就要盼来了！	通州国	3-6	30 783	58
3	今天，第六届北京农业嘉年华开幕，一步踏入京津冀最美的春天！	昌平圈	3-17	21 382	88
4	延庆镇王泉营村书记被警告处分	延庆	3-28	12 275	59
5	不打招呼直奔问题点位！通州区领导全天拉练检查张家湾“疏解整治促提升”！	北京通州发布	3-4	10 317	53
6	太牛了！通州112村进入北京美丽乡村名单，将这么建设！	通州国	3-30	9 730	22

（续）

排名	标　题	公众号	时间（月-日）	阅读量	点赞
7	重磅！国家第一批试点选在通州！新型城镇化、特色小镇今年将这么建！	北京通州发布	3-30	8 991	35
8	重磅！平谷155个村入选北京美丽乡村建设名单！	平谷人话平谷	3-30	7 474	15
9	昌平86个村庄列入美丽乡村规划编制，这些村子要大变样！	咱昌平的事儿	3-29	6 590	18
10	门头沟军庄镇拆除违法建设近2 000米^2	门头沟信息港	3-28	3 669	7

表4　2018年3月北京“三农”热点网帖TOP10

排名	标　题	来源	时间（月-日）	点击	回帖
1	长哨营满族乡积极探索“造血”式举措　切实推进低收入农户增收	京华论坛	3-21	10 312	0
2	渤海镇多部门搭桥办招聘　就业“春风”吹到百姓家门口	京华论坛	3-9	9 668	0
3	怀柔六渡河村产业升级　京郊“板栗第一村”开民宿	京华论坛	3-10	9 091	0
4	建立多元化纠纷解决机制　创“北京最美乡村”	京华论坛	3-15	8 778	0
5	延庆农民滑雪队　教会5 000人“玩”雪	京华论坛	3-23	8 773	0
6	北京农业嘉年华“昌平全域旅游馆”开馆喜迎3万游客	京华论坛	3-21	8 567	0
7	厉害了！“互联网＋现代农业”在昌平有了超级“代言人”	京华论坛	3-12	8 241	0
8	在房山，这样种菜才叫“智慧农业”	京华论坛	3-6	7 776	0
9	北京唯一一家私企的生猪屠宰厂转让，能否受马云“科技猪”追捧？	天涯社区	3-2	5 072	0
10	北京农民工减少带来的启示	凯迪社区	3-27	766	2

【热点分析】

舆论积极关注北京农村工作会议研究实施乡村振兴战略

3月28日，2018年北京市农村工作会议召开。会议以美丽乡村建设、推动都市农业新发展、农村劳动力转移、大兴人才振兴之风、构建乡村善治格局五项工作为重点，研究实施乡村振兴战略，舆论对此积极关注。舆论表示，2018年北京“五指攥成拳”槌响全市乡村全面振兴的新征程，“乡村振兴”将是北京农业未来几年的最热名词。

从内容上看，舆论关注点主要集中在以下三个方面：一是聚焦美丽乡村建设。舆论表示，美丽乡村建设是打好北京乡村振兴战略的“第一枪”和首张“王牌”。综合《京郊日报》《新京报》等媒体报道，2018年北京1 107个乡村将纳入美丽乡村建设名单，首批71个市级试点村已开始建设“美丽乡村”并于年底建成，三年内要基本完成所有村庄美丽乡村建设。舆论表示，美丽乡村建设是一个载体、一个基础，也是北京广大农村正在经历深刻嬗变的一个缩影。千龙网3月28日发表评论文章《美丽乡村要让“美丽”由外到内全覆盖》称，美丽乡村首先得修“面”，提升乡村“颜值”，整治农村环境，打牢硬件基础是第一步；其次要“面子”更要“里子”，提升乡村的文化内涵，带动乡村旅游等相关产业发展，扩大劳动力就业范围，增加农村居民的收入水平，提升村民获得感。二是关注农村劳动力转移。综合新华网、千龙网等媒体报道，北京市目前还有50余万人从事农业生产经营，其中种养业中的数量仍然偏大。2018年，北京将安排1万名农村劳动力“进城就业”，新增农村转移就业劳动力约4万余人，让有意愿有条件的农民实现转移就业，多措并举切实减少农村“闲人现象”。三是关注北京“三农”五年来的工作成绩。千龙网3月29日报道《读懂北京新农村建设成果　这六个字最关键》表示，现代农业强、乡村建设美、生态环境佳、农民收入增、深化改革实、乡村治理严是北京“三农”近五年来发展情况的六大方面。《北京日报》、国际在线网、新浪网等媒体以《北京全面发展都市型现代农业高耗水作物播种面积下降65.5%》《北京5年累计建设美丽乡村达1 300个》《北京完成农村集体经济产权制度改革单位3 920个》为题晒出北京“三农”发展成绩单。舆论称，“三农”发展成绩单是全市农业农村实现全面发展的表现，依照乡村振兴战略发展蓝图，京郊大地将呈现更加“京”彩的美丽画卷。

舆论点赞第六届北京农业嘉年华多重亮点

3 月 17 日，第六届北京农业嘉年华开幕，多重亮点备受关注。国际在线网 3 月 19 日报道说，本届嘉年华规模达历届之最，国际特色是亮点。法国、俄罗斯、韩国等 12 个国家及 23 个省（自治区、直辖市）参展，参展企业 300 余家。《京郊日报》3 月 20 日报道称，本届嘉年华草莓唱响“主角”，草莓特色场馆、草莓休闲带、草莓高峰论坛等活动围绕昌平草莓做足文章，让游客、农户双受益，创新草莓产业发展。中国商务新闻网 3 月 20 日报道表示，本届嘉年华创新功能定位，注重区域产业联动作用以及对昌平相关产业的辐射带动作用，打造展示农业产业、全域旅游产业、文化创意产业、科技创新产业的优质平台，并通过与农业、旅游、文创、科创等区域优质企业的合作，推动嘉年华特色品牌打造，促进产业发展。新华网 3 月 23 日报道称，本届嘉年华汇集 660 余个农业优新特品种，展示了 80 余项先进农业技术、售卖产品 1 000 余种，不仅成为昌平最具特色的“名片”，也为首都都市现代农业发展增添了一道独具魅力的风景线。

还有舆论关注了农业嘉年华对乡村振兴的推动作用。微信公众号“中农富通城乡规划”3 月 13 日题为《农业嘉年华如何推动乡村振兴?》的文章称，农业嘉年华是一场农业盛宴，也是中国高科技农业的集中展示，还是一种新型“农旅综合体”，对推动乡村振兴有积极作用，主要表现在三个方面：一是推动乡村产业融合发展。农业嘉年华是引爆区域发展的项目，紧紧围绕农村一二三产业融合发展的模式，将科技、“三农”、文化、物流等多种功能连接为一体，形成三产业融合、产城一体、产镇合一的农业综合体。二是促进小农户与现代农业发展有机衔接。农业嘉年华以科技为支撑，汇集国内外各类先进农业技术，集展示、科技推广、教育培训于一体，不仅支持自身园区高效运营，也带动周边农业人才发展。三是推动乡村文化振兴。农业嘉年华将娱乐方式融入农业节庆活动中，是拓展都市农业的一种新探索、新实践，为休闲农业与乡村旅游增添新动能。舆论表示，农业嘉年华能够带动地域现代农业发展，提升地方经济水平，丰富居民生活，提高农民收入水平，是助力乡村发展的重大项目。

北京农民工监测调查报告引关注
各区多措并举支持农民工就业创业获赞

国家统计局北京调查总队 3 月 16 日发布《北京 2017 农民工监测调查报

告》。农民工总量下降趋势减缓、老龄化趋势明显、高学历农民工比例提高及农民工收入情况等成为舆论关注热点。新华网、央视网、央广网等媒体以《2017年北京农民工总量为72.4万人月均收入3 230元》《北京农民工收入年增7.7%》《北京农民工总量趋降 高学历比例提高老龄化显现》等为题对报告内容予以关注。中工网3月30日在题为《北京农民工总量近年来一直呈下降趋势》的报道中分析，北京农民工当下的变化趋势可概括为：就业地点离家乡越来越近、从事行业转变为服务业、即将面临养老问题。北京本地农民工数量下降的原因，除农业户籍人口本身出现下降外，也有乡村发展吸引大量农民工返乡就业带来的用工变化。

舆论还关注了3月北京各区开展的支持农民就业创业的行动和政策。《北京日报》3月6日报道《千余岗位送到村口》称，怀柔区“招聘直通车进农村”，40余家企业提供200余个工种千余个工作岗位，支持农民返乡就业增收。中国新闻网3月20日报道《北京举办特色专场招聘会促农民当地就业》称，2018年北京“春风行动”主动面向有转移就业意愿、创业愿望的农村劳动者，本地区低收入农户劳动者等重点就业困难人员。根据不同群体特点，创新公共就业服务模式，开通“百姓就业超市”互联网平台，开展线上精准招聘、就业指导、用人指导等服务。《北京晨报》3月11日报道《平谷吸引青年返乡创业》称，平谷区启动2018年青年返乡创新创业（农业）奖励政策格外引人关注。鼓励平谷籍大中专毕业生和退役士兵等人员返乡创新创业，年龄在35（含）周岁以下，取得符合标准的业绩，就有机会获得一次性奖励创业补贴5万至20万元。有网民表示，说的真概括，谁能拿到那笔钱？即使有也不知落在谁手里。也有网民表示，平谷有啥业可创？

北京美丽乡村建设成绩喜人 城镇化隐藏问题需警惕

舆论积极关注北京美丽乡村建设，并为此点赞叫好。3月，新华社、《京郊日报》、首都文明网等多家媒体报道了北京各区美丽乡村建设的成绩与目标：密云创建美丽乡村，目前已有140个村通过市级美丽乡村创建验收；平谷推出16项政策惠“三农”建设美丽乡村；怀柔区启动96个“美丽乡村”建设，年底完成11个试点村建设任务；房山区2018年启动150个美丽乡村建设。房山区庙耳岗村完成“煤改电”，村里路面硬了、河水清了、空气净了。舆论表示，农村面貌焕然一新，庙耳岗村小村庄走在了建设美丽乡村大道上。北京通州发布、昌平圈、通州国等微信公众号对各区美丽乡村建设的名单予以关注，“重磅”“太牛了”等感叹词彰显舆论期待。网民纷纷发表诸如“为石景山打 call”“顶我大顺义”“壮我延庆大好河山”等言论为各区发展点赞。也有部分网民爆料一些农村存在的问题。网民“后悔药”说，昌平还有个最脏乡村——兴寿村。网民“布”说，兴寿村的土路下雨没法走，除非家家有船才能出入。网民“故乡的云”说，桃林村和养殖地中间垃圾成堆。

还有舆论关注了北京农村城镇化过程中可能存在的问题。北京永存、平谷人话平谷、北京延庆等多家微信公众号发布了各区农村规划建设的情况，如“未来北京各区村庄的规划”“通州又有 4 村将要棚改、城镇化”“通州拆迁腾退 1 589 亩，多村城市化”等。网民从多角度展开讨论。认可者有之，网民“鸿运士军”说，太好了，百八十户的小村庄全部腾退，该补钱的补钱，该补房的补房，马路也变宽了，这是真正的城镇化。网民“Devin”表示，以后的通州没有耕地了，所以就用不着农民了，节省了大量的农业补贴用于其他事业。担忧者有之，网民“淡定”说，马上就是失地农民了，农转非，宅基地，口粮田，何去何从？质疑者有之，网民“温暖家人”说，城镇越来越美，可是我们梨园北街一条街没有厕所，希望有人给解决一下这个问题。网民“宝贝”说，利国利民的好事，但不要雷声大雨点小。

舆论关注北京两起破坏农村环境事件

北京晨报网 3 月 22 日报道《废弃矿山采石村委会：有过私自采石行为　昌平治沙办介入》称，昌平区阳坊镇后白虎涧村有村民反映，村内有人承包山头不定期雇人开采花岗石出售，而此处的山在几年以前就被封停止采矿。村委会主任梁先生表示，此前确有村民私自采石，至于是否有村民承包山头还需进一步了解。目前，昌平区治沙办已介入调查。网民“d 囧 b”说，这么大的山有没有人采会不知道？别核实了，从村长到书记，一个也跑不了。这种新闻也别发了，保准没下文。网民“球星”说，不曝光就没人管。

北京日报 3 月 30 日报道《百亩农用地竟成渣土场》称，顺义区李桥镇苏庄村村民反映，该村有一块上百亩的农用地，几经转手承包，现在竟然成了堆放建筑垃圾的场地。有村民表示，这些建筑垃圾是春节前才倾倒在这里的，大多在夜间偷倒，之前也倒过好几次，而且偷倒的垃圾更多，占地面积更大。村民表示，这块土地是农民的确权地，每位村民一亩零二分，希望有关部门严厉查处偷倒行为。网民“香草天空”说，这是明面上的秘密，镇里村里的领导不可能不知道。北京和河北交界的地方一般都管理松散，尤其是 2017 年下半年开始大规模腾退拆除后，渣土倒的到处都是，而且渣土车都是晚上倾倒。村里和镇里把上面交代腾退的工作干完，渣土倒哪不管。

【全国热点】

2018年3月热点新闻见表5。

表5 2018年3月热点新闻TOP10

排名	标　题	来源	时间（月-日）	转载
1	2018年中央1号文件公布全面部署实施乡村振兴战略	央广网	2-5	1 411
2	书写中华民族伟大复兴的“三农”新篇章	《人民日报》	2-5	488
3	新华社特约评论员：夯实乡村振兴体制机制保障——三论学习贯彻2018年中央1号文件精神	新华社	2-6	434
4	最严监管措施确保品质　国产奶粉大幅提升业绩目标	《北京青年报》	2-22	427
5	今年我国粮食生产目标：稳定在12 000亿斤以上	新华社	2-16	386
6	我国加大轮作休耕力度	《人民日报》	2-24	382
7	国家农产品质量安全监测计划启动	《人民日报》	2-4	330
8	去年全国深松整地1.76亿亩　超额完成年度目标任务	《人民日报》	2-22	314
9	加强东北黑土地保护　推进农业绿色发展（深入学习贯彻习近平新时代中国特色社会主义思想）	《人民日报》	2-5	297
10	定了！中央1号文件全面谋划新时代乡村振兴	新华社	2-4	277

全国两会“三农”话题舆情热度升温
“乡村振兴”成为热词

3月，全国“两会时间”开启。期间，两会“三农”话题受到聚焦，相关新闻量达1.6万余条，较2017年增长45.5%，舆论关注热度升温态势明显。

从关注内容看，农业绿色发展、农村土地制度改革、脱贫攻坚、农村“双创”等话题引发大量报道，“乡村振兴”最受瞩目。3月8日，习近平总书记在参加山东代表团审议时，就如何实施好乡村振兴战略提出“五个振兴”的科学论断，在代表委员和广大干部群众中引起热烈反响。对此，《农民日报》连续6天在头版推出专题评述，新华社、央视网等媒体也发出大量评论文章，呼吁落实“五个振兴”，谱写新时代乡村发展新篇章。政府工作报告对“大力实施乡村振兴战略”的详细部署也备受期待。舆论表示，政府工作报告中用相当大的篇幅来谈乡村振兴，把实施乡村振兴战略作为2018年政府工作重点，让我们看到了实现农业农村现代化的美好前景，唯有撸起袖子加油干，用实打实的新业绩践行乡村振兴战略。同时，“乡村振兴”也是两会代表委员的热点议题。对此，《新京报》汇总称，在代表发言中，大约有1/4的代表谈及“乡村振兴”，而且几乎每场都有代表就“乡村振兴”做专题发言；大会刚刚开始3天，关于乡村振兴的议案建议就已有10余件。

3月5日，韩长赋部长在两会“部长通道”上就粮食安全、农药化肥减量等热点问题回答记者提问被积极关注。舆论点赞部长的坦率回答，“保证绿色发展”“促农业绿色发展”成为媒体报道的高频关键词组。7日上午韩长赋部长答记者问也是舆论关注的“重头戏”，其中对乡村振兴战略、转基因、农村宅基地、塑料大米等相关问题的回答成为关注热点。7日下午，“农业部答记者问”登上微博热搜榜实时搜索第4位，搜索热度达46万。腾讯视频设置“农业部部长韩长赋答记者问”视频专辑，共发布相关视频17条，累计播放45万次；新华视点发布相关秒拍视频4条，累计播放298万次。

4月“三农”网络舆情分析报告

【舆情概况】

据监测，4月北京“三农”网络舆情信息量共计9 697条，较上月增加715条。其中，微博舆情信息量3 432条，占舆情总量的35.39%，涉及的主要微博账号有北京发布、新京报、北京人的那些新鲜事等；微信3 349条，占34.55%，涉及的微信公众号有北京通州发布、平谷资讯、门头沟信息港等；新闻媒体舆情信息量2 192条，占22.60%，涉及的网络媒体有人民网、新华网、央广网等，涉及的报刊媒体包括《农民日报》《北京日报》《新京报》《北京青年报》《京郊日报》等，涉及的电视媒体包括北京卫视《北京新闻》《北京您早》等；论坛帖文621条，占6.40%；博客帖文103条，占1.06%（图1）。

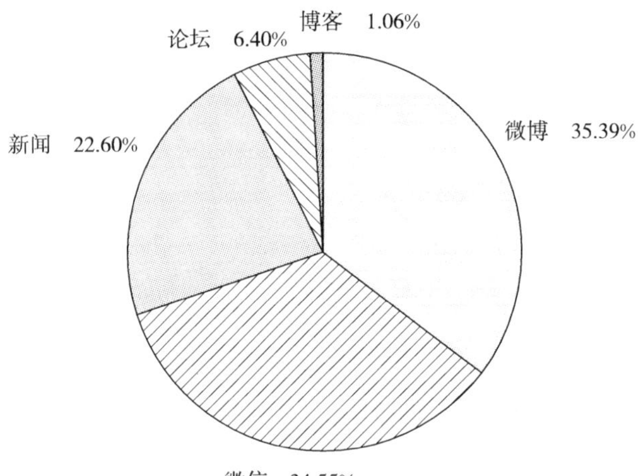

图1 4月北京“三农”网络舆情传播渠道

新闻舆情方面，4月整体走势起伏明显，通州泔水喂猪相关舆情助推4月16日出现本月新闻舆情峰值，新闻报道量达141条（图2）。当日热点新闻有：《新京报》16日报道《泔水猪是如何养成的？暗访：餐馆深夜“直送”供千头生猪食用》，《中国环境报》、搜狐网等媒体转载62次；首都之窗网报道《北京市二季度猪肉价格有望止跌》，人民网、中国农业信息网等媒体转载 31 次；《北京日报》报道《十里河桥下脏成“垃圾场”》，大燕网、大众网等媒体转载 20 次；《京郊日报》报道《平谷卖桃从练地摊到认购的背后》，被转载 13 次。在各大主题领域中，有关“都市型现代农业”的新闻舆情量最多，占比达 24.36%（图 3）。主要新闻标题有《七处农业园区启动开耕季》《第八届现代都市农业高层论坛在京召开》等。从全月新闻媒体报道内容看，泔水猪、猪肉

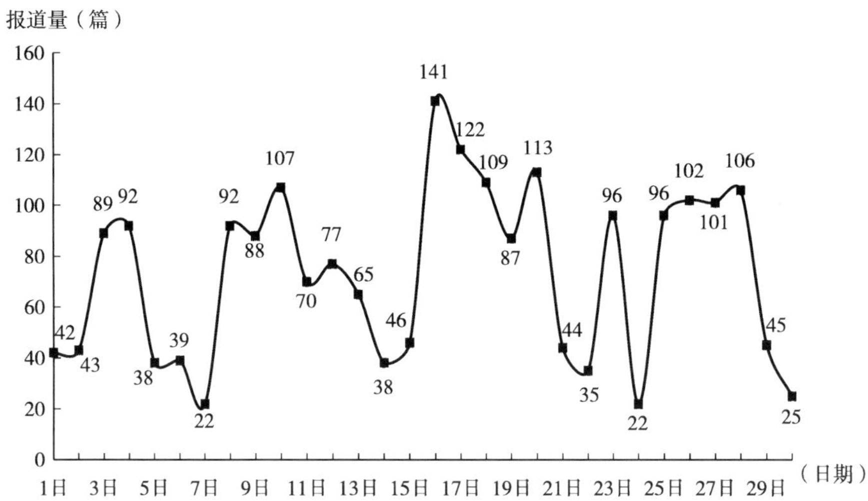

图 2 4 月北京“三农”新闻舆情走势

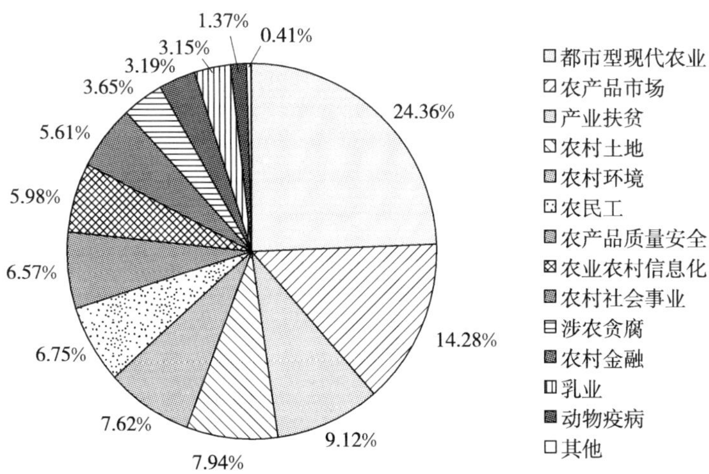

图 3 4 月北京“三农”新闻舆情话题分类

价格、猪肉药残超标等信息是舆论关注重点，新闻排行榜 Top10 中有 4 条信息与之相关。此外，农民闲置房屋、农村环境等信息也被媒体关注（表 1）。

微博舆情整体走势小幅波动，峰值出现在 4 月 27 日，当日微博量达 177 条（图 4）。主要帖文有：《北京 50 亩农田变成非法垃圾场　村民倾倒医疗垃圾》《通州隆重表彰最美农民工、首都劳动奖获得者》《“金菇榜”之密云区食用菌》《把援疆工作深入到村，北京精准扶贫也是拼了》《北京农业嘉年华掠影》等。在各大主题领域中，“都市型现代农业”的微博数量最多，占比达 31.37%（图 5），内容包括：《走出家门一起感受春天——第六届北京农业嘉

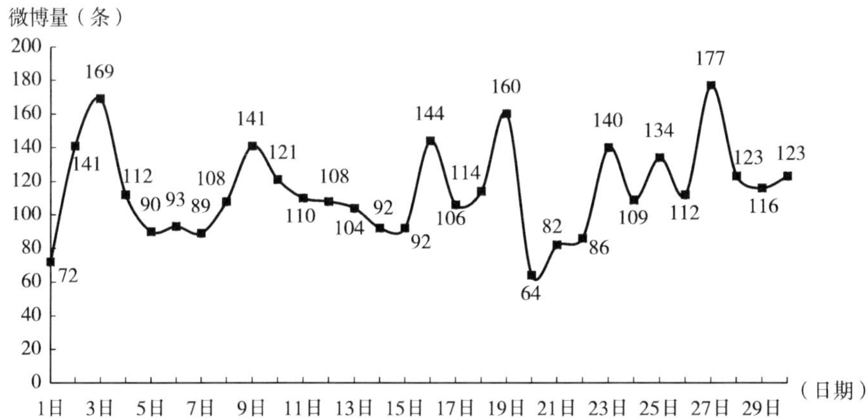

图 4　4 月北京“三农”微博舆情走势

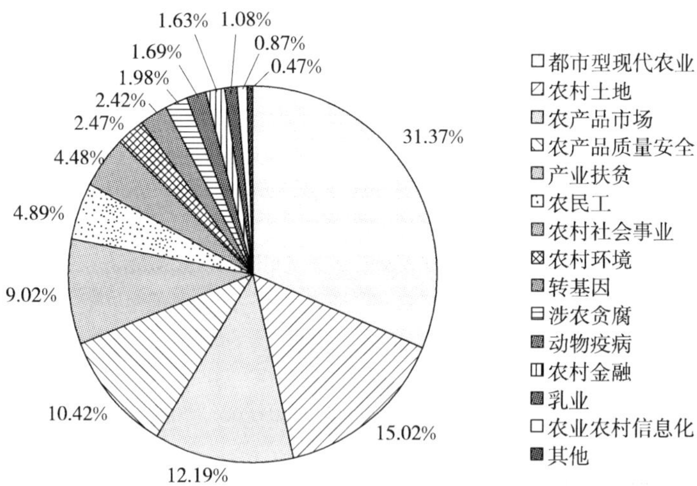

图 5　4 月北京“三农”微博舆情话题分类

年华》《京郊拖拉机“戴口罩”减排》《北京通州：万亩樱桃花海等您来》等。从帖文内容看，北京泔水猪事件是关注热点，微博排行榜 TOP10 中有 4 条信息与之相关，且 4 条信息转载量均达百条以上。此外，北京农业嘉年华、农村环境、扶贫等相关内容也被微博网民关注（表 2）。

微信方面，网民关注点较为广泛。微信排行榜 TOP10 中信息涉及泔水猪、拆迁腾退、农产品价格、农村环境等内容（表 3）。论坛方面，网民关注了房山阎村开古庄村环境恶化、延庆创建国家农产品质量安全区、昌平出台农民商业补充险等内容（表 4）。

【热点排行】

表 1　2018 年 4 月北京“三农”热点新闻 TOP10

排名	标　题	来源	时间（月-日）	转载
1	泔水猪是如何养成的？暗访：餐馆深夜“直送”供千头生猪食用	《新京报》	4-16	62
2	“资源猪肉”被检出药残超标	《北京晚报》	4-18	54
3	北京市食品药品监督管理局：2 批次鸡蛋检出氟苯尼考	千龙网	4-23	47
4	北京为农民闲置房屋盘活利用划“红线”	《农民日报》	4-19	35
5	北京市二季度猪肉价格有望止跌	首都之窗	4-16	31
6	北京通州将取缔泔水猪场多家餐馆被立案调查	《新京报》	4-17	27
7	十里河桥下脏成“垃圾场”	《北京日报》	4-16	20
8	来自首都的支援合作丨京蒙对口支援帮扶合作签 242 亿投资订单	千龙网	4-30	15
9	北京市“三品”认证率居全国第二	《北京日报》	4-3	13
10	平谷卖桃从练地摊到认购的背后	《京郊日报》	4-16	13

表 2　2018 年 4 月北京“三农”热点微博 TOP10

排名	标　题	账号	时间（月-日）	转载	评论
1	第 6 届#北京农业嘉年华#在昌平火热进行中……	北京发布	4-10	549	529
2	实拍北京通州泔水猪查处现场：垃圾遍地豆腐渣遮掩泔水	北京热门生活搜罗	4-17	524	236
3	泔水猪调查追踪：有养殖户表示不知道用泔水喂猪是非法的	新京报	4-16	332	1 115
4	实拍北京通州泔水猪查处现场：垃圾遍地豆腐渣遮掩泔水	新京报	4-17	102	265
5	泔水猪调查追踪：14 家养殖户泔水喂猪养殖场将依法取缔	北京人的那些新鲜事	4-17	101	1
6	触目惊心！饮品店用发黑的芒果榨汁　去年冷库里的苹果继续用	北京人的那些新鲜事	4-30	61	0
7	偷运餐厨垃圾　多家餐馆被罚	北京人的那些新鲜事	4-28	54	0
8	北京今年计划 3 万中学生进行学农教育	北京市教委	4-16	43	27
9	朝阳区东坝三岔河村北马路对面围墙内被违法倾倒巨量生活垃圾	素垃圾	4-6	11	2
10	京保扶贫协作全面提速结对帮扶成果丰	微博保定	4-16	7	20

表 3　2018 年 4 月北京“三农”热点微信 TOP10

排名	标　题	公众号	时间（月-日）	阅读量	点赞
1	涉 16 个村拆除腾退！通州这个地正建 30 000 亩大公园！超美效果图曝光！	北京通州发布	4-9	16 175	35
2	泔水猪是如何养成的？多家餐馆泔水“直送”养猪场	重案组 37 号	4-15	9 695	54
3	爆料！通州这几个社区、村真苦逼：晴天全是土，雨天全是水	通州国	4-25	8 828	14
4	绝不留情！通州这个乡镇将狠拆 80 万米^2 违建，9 月前彻底拆完！	通州国	4-29	8 416	10

（续）

排名	标　题	公众号	时间（月-日）	阅读量	点赞
5	了不起！通州这些劳动者和单位，获全国和首都最高荣誉！名单来啦！	北京通州发布	4-27	6 765	40
6	拆迁腾退1 589亩！多村城市化！通州这里未来不得了！	今日通州	4-10	6 342	9
7	老井说鸡蛋：北京暴跌，偶然中的必然	老井说鸡蛋	4-26	3 172	18
8	曝光！平谷这么大个垃圾堆，还有没有人管？	平谷资讯	4-2	2 873	7
9	门头沟区销毁永定河非法捕鱼地笼1 200余米	门头沟信息港	4-10	2 152	8
10	北七家食品药品监督管理所取缔三个非法加工黑窝点 保障辖区食品安全！	昌平食事药闻	4-18	839	13

表4　2018年4月北京“三农”热点网帖TOP10

排名	标　题	来源	时间（月-日）	点击	回帖
1	13万人“走了”北京还是那个拥挤的北京	凯迪社区	4-8	14 024	53
2	房山阎村开古庄村环境恶化　垃圾多得无处下脚	京华论坛	4-11	8 460	0
3	门头沟启动10万米^{2}拆违6成腾退土地将修复生态	京华论坛	4-1	8 309	0
4	昌平出台农民商业补充险	京华论坛	4-8	8 201	0
5	延庆创建国家农产品质量安全区	京华论坛	4-3	7 951	0
6	延庆优质农产品4.5小时送上市民餐桌	京华论坛	4-2	6 815	0
7	北京：房山农科所食用菌技术人员考察羊肚菌基地出菇情况	京华论坛	4-20	6 059	0
8	农业嘉年华搭建对口帮扶新平台　可与昌平区实现精准对接	京华论坛	4-10	5 881	0
9	平谷卖桃从练地摊到认购的背后	京华论坛	4-17	5 755	0
10	玫瑰枣树搅动门头沟深山经济：精准扶贫　穷村摘帽了	京华论坛	4-25	4 880	0

【热点分析】

北京市对口扶贫获舆论点赞

4 月，北京市对口支援扶贫工作获舆论积极关注。援疆、援藏、京冀产业扶贫等相关扶贫行动被媒体集中报道。4 月 8～10 日，4 月 13～14 日北京分别同内蒙古和河北签署《扶贫协作三年行动框架协议》；4 月 15～17 日，北京市委副书记、市长陈吉宁率北京市党政代表团赴拉萨市进一步推动北京市援藏扶贫工作等扶贫行动被媒体聚焦。央视《晚间新闻》《第一时间》及《北京新闻》《北京您早》《特别关注——北京》《河北新闻联播》《你早京津冀》《西藏新闻联播》《新疆新闻联播》《内蒙古新闻联播》等电视新闻栏目播报了相关消息。北京内蒙古扶贫协作资金增至县均 3 000 万，总额近 30 亿等数字被大量报道。“深化协作”“多领域合作”“精准扶贫升级”成为媒体报道关键词。舆论表示，北京市领导在内蒙古的两天两夜，为内蒙古留下了一纸三年扶贫协议和 30 亿元扶贫资金，并为内蒙古 31 个贫困旗县送去了产业、项目、人才、劳务等 7 个“扶贫大礼包”。舆论称赞，北京对兄弟省市的扶贫坚持首善标准，唱好了“真、实、准”新三字诀，实现真扶贫、精准扶贫。网民“江滩如梦”说，全国援疆，让新疆更快地富起来，具有非常重要的战略意义，北京带了个好头，值得点赞！

月内，北京 16 个区的党政一把手直接到对口帮扶的地区对接工作，签署“携手奔小康”协议，扎实推进结对帮扶工作；河北保定 8 个国定贫困县与北京市区结对帮扶全覆盖等实际行动获舆论点赞。舆论称，北京动真格，把“输血”和“造血”有机结合，为打好精准脱贫攻坚战、实现全面建成小康社会“一个都不能少”的目标输入了“北京力量”，打下了“北京印记”，留下了“北京精神”。也有网民发表了不同看法。网民“xiaozhiyu 清香自来”说，行动的初衷是好的，但有多少人会深入了解农村情况呢？希望有关部门深入了解农村每一个家庭的具体情况，综合平日的花销等情况，进行针对帮扶。网民“王冰原 62000”说，多少扶贫资金富了村官乡官。

北京“唤醒”闲置农地有新招　民宿发展任重道远

4 月，北京多项闲置农地盘活举措获舆论关注。4 月 8 日，北京市政府印发由市农村工作委员会等 7 部门联合制定的《关于规范引导盘活利用农民闲置房屋增加农民财产性收入的指导意见》（以下简称《意见》），从范围确定、经营方式、规范管理、权益保护等方面为农民闲置房屋盘活利用划出“红线”。舆论表示，北京为盘活农民闲置房屋立规矩，宅基地入市要来了，农民朋友们的幸福感又要提升了。也有舆论期盼改革配套细则尽快落地。网民“蒲公鹰飞翔”说，其实农村宅基地使用权交易早搞经济早提振，城里人到乡村建房只有好处，毕竟宅基地所有权属于国家，交易使用权有百利而无一害！也有网民认为，《意见》提出的措施不疼不痒，不如直接放开入市交易。

有媒体对盘活闲置农宅的具体实践予以关注和思考。4 月 11 日，央视《经济半小时》播出题为《唤醒闲置的农宅》的节目，报道了北京延庆区刘斌堡乡下虎叫村、怀柔区田仙峪村等农村发展民宿盘活闲置农房的情况。其中“北京农村闲置农房变民宿成爆款，住一晚竟要 7 000 元”“转让房屋使用权，农民一下子拿到 20 年租金！全村一次性收入 2 300 万！”等信息在网络上广泛传播。舆论称，北京农村闲置资产变“香饽饽”。也有网民质疑，这么高的价格合理吗？管理部门都在干什么呢？这不是比黑龙江的雪乡还黑吗？节目还对北京民宿发展进行了思考，认为缺少社会资本支持、统一的行业标准和管理规范缺失等问题成为民宿经营者的困扰。密云区古北口镇北台村党支部书记李海龙指出，村民将农宅产权流转到合作社，但合作社不能用村民的房产做抵押，成为融资的最大困难。人民网等多家媒体从不同角度进行转载。《中国商报》报道称，当前“民宿火”“农宿旺”，但开发建设还要冷静找准定位。北京周边的民宿发展思路和方式并不具有普遍适用性，各地要充分考虑当地消费环境和市场基础，切忌盲目冒进、贪大求贵，一味走高端高档路线或扎堆上项目。

4 月 24 日，《北京晚报》发表了题为《“共享农庄”把村里空院子盘活了》的新闻。报道表示，截至目前，北京已有超过 2 000 套闲置的农房加入到“共享农庄”平台，分布在房山、密云等 11 个远近郊区，其中 60%位于北京“一小时生活圈”内。舆论表示，“共享农庄”通过“互联网＋”与城市租赁需求对接，探索出盘活闲置农房的新路径。南方网 25 日评论称，“共享农庄”盘活闲置资源值得尝试。但模式虽好，也需要走好“规范路”，地方切忌“牛不吃水强摁头”；要在保障农户权益、规避运营风险、加强监管等配套政策方面下功夫。

针对北京民俗旅游，媒体进行了多角度的报道和分析。《北京日报》先后刊发《京郊民俗游缘何陡现双下降》《诗和远方为京郊游蹚开新路》两篇报道，对北京民俗游的现状和未来发展予以关注。报道称，《北京市 2017 年国民经济和社会发展统计公报》显示，2017 年全市民俗旅游实际经营户 8 363 户，同比减少 663 户；民俗旅游总收入 14.2 亿元，同比下降 1.1 个百分点。其中民俗旅游收入负增长，在北京近 30 年来首次出现。北京市昌平区麻峪房村等曾经“红极一时”的明星旅游村如今基本已经“凋敝”。“千村一面”遍地开花导致客源分流；同质化竞争加服务水平不高；民俗旅游文化内涵普遍缺失；现代经营人才的稀缺等是造成民俗游阶段性乏力的重要因素。报道指出，减少无效和低端旅游产品供给，扩大有效和中高端旅游产品供给，是京郊民俗旅游供给侧结构性改革的应有之义。

舆论聚焦通州区北堤寺村用泔水喂猪

4 月 15 日晚，新京报社微信公众号“重案组 37 号”刊发泔水猪调查，曝光北京市通州区北堤寺村有多处大院用泔水喂数千头猪。报道说，一些餐馆的餐厨垃圾仍交由无资质的个人收运，甚至是卖泔水获利。有餐饮企业自称已签约正规有资质的处理单位，但泔水还是流入北堤寺村大院喂猪。受访养殖户表示，这些泔水猪一般三四个月出栏，然后卖到外地。消息一发布就被舆论广泛关注。央视法制频道《热线 12》、北京卫视《北京新闻》《特别关注——北京》《都市晚高峰》等栏目对相关信息进行了播报。截至目前，腾讯视频相关信息播放量达近 119 万次。网易阅读量达 19 490 次，跟帖评论 779 条。

4 月 16 日，通州区农村工作委员会、区动物检疫站、区环保局等多部门联合调查发现，该村有 14 家养殖户用泔水喂猪，涉事养猪场生猪超 3 000 头。多家媒体以“泔水猪是怎样养成的”为题对泔水私运并用于生猪饲养的情况进行报道。

《衡阳日报》《半岛都市报》《江海晚报》等 10 余家地方报刊发表评论文章。有舆论分析禁令之下“泔水猪”“狂奔”不止的原因。《市场星报》表示，屡屡出现的食品安全问题，根源往往在于监管疲软。“泔水猪”不仅是被违规养殖的养殖户养大，还是被失于监管的餐饮服务单位、监管乏力的相关部门及存在漏洞的相关监管制度“养肥”。《济宁日报》表示，禁令面前，依然有人铤而走险，利益驱使是主因，以超低成本博取灰色收益，是“野蛮”发展的不二法则；而监管疏忽、法不责众，也让一些“精明者”看到了钻空子的可能。在开展泔水猪专项整治行动上，各地有关部门其实没少费心费力。然而，当“运动式执法”如一阵风过去后，泔水猪又悄然回来了。要想让泔水猪不会“春风吹又生”，相关部门就得探索建立厨余垃圾无害化处理的长效机制。有舆论对治理“泔水猪”乱象建言。“加强源头治理”“全面出击”“多方施策”“扎紧法律围栏，开对方子”“亟待提升防控能效”等成为媒体建议的关键词。《京江晚报》表示，泔水倒卖喂猪顽疾之治，表面在智慧，根子在责任。乱象由谁来管，由谁来治，发现后由谁来处理，未有效治理又如何倒逼，唯有回答了这些问题，才能让泔水猪不再成为治理低效的反衬。《衡阳日报》表示，全面完善监管机制，合理调整工作时间和监管力量，打好“夜战”“暗访战”“卧底战”，积极封堵漏洞，清除死角死面。此外，还要探索高效科学的监管方法，如对正规餐厨垃圾处置单位提供补贴，对餐饮单位的泔水收集、销售等行为进行网络监督等。《半岛都市报》表示，立法部门、政府或司法部门有必要进一步扎紧“泔水猪”的法律围栏，监管部门需针对“泔水猪”的活动规律和市场链条，全面完善监管机制，积极封堵漏洞，清除死角。

网民质疑相关部门监管不力。网民“XH”说，问题是货车是如何畅通无阻进入城区的？通行证？还是什么原因？这么大规模的养猪场，村里不可能不知道，不能泔水养猪的规定也不是一天两天的事了，这村没村委会吗？餐饮企业的泔水回收给谁，也不会不知道吧？网民“简简单单”说，这些问题在每个城市普遍存在。政府监管不到位是硬伤。有网民建议严惩相关行为。网民“王天源”说，这种收运泔水的行为必须重罚。网民“露枫”说，说到底还是因为利益太高，那就重拳出击，罚到他们没钱赚。

北京多管齐下保障“菜篮子”安全
农产品抽检不合格被关注

4 月，北京“菜篮子”质量安全获舆论关注。《北京日报》4 月 3 日报道称，北京市菜篮子产品“三品”认证产量共计 179.12 万吨，占同类产品生产量的 60%，认证率位居全国第二。北京市农业绿色食品办公室主任欧阳喜辉说，北京农业既要“京味”浓厚，又要“农味”十足，要打造北京范儿的“三品一标”农产品。东单菜市场等首批 31 家“放心肉菜示范超市”也在同一天授牌。《北京日报》表示，这些超市的肉菜类农产品都有身份证，市民用手机扫商品上的二维码就可以查询供货商信息。超市还建立自检制度，配备快速检测设备对肉菜进行自检。北京卫视《北京新闻》《特别关注——北京》及河北卫视《你早京津冀》等栏目对此进行了报道。舆论称，买放心肉菜去“示范超市”，31 家超市农产品有了“身份证”，产品溯源系统成标配。人民网等媒体则关注了放心肉菜示范超市并不是“终身制”，发生重大食品安全问题随时摘牌的情况。

北京食品、农产品抽检信息也被多家媒体关注。4 月 8 日，北京市食品药品监督管理局发布“关于 2018 年一季度食品安全监督抽检情况分析的公告”显示，一季度北京共完成 31 大类 8 394 批次食品样品抽检，不合格样品 43 批次。其中，食品中超范围、超限量使用食品添加剂的情况约占不合格样品批次的 21%，成为食品安全问题重灾区。4 月 13～20 日，北京市食品药品监督管理局公布 2018 年第 21 期和第 22 期食品安全监督抽检信息公告，在超市和商贸中心抽检共发现 4 批次不合格样品，其中两批次鸡蛋被检出家禽禁用药物氟苯尼考，1 批次猪肉检出恩诺沙星。《北京商报》、人民网、光明网、央广网、中国经济网、千龙网等权威媒体转发了相关信息。网民“精彩黑童话集_618”说，其实超市才是问题食品的重灾区。

【全国热点】

2018 年 4 月热点新闻见表 5。

表 5　2018 年 4 月热点新闻 TOP10

排名	标　题	来源	时间（月-日）	转载
1	习近平近日做出重要指示强调　建设好生态宜居的美丽乡村 让广大农民有更多获得感、幸福感	新华网	4-23	1 552
2	力度升级！生态环境部出“狠招”治理水污染	中国新闻网	4-20	332
3	非法排污几时休	中央电视台	4-18	330
4	打击黑作坊　博罗查获 4 000 斤“毒鸡脚”	《南方日报》	4-9	254
5	国家税务总局：百项税收政策助力脱贫攻坚战	中央电视台	4-28	249
6	空心番茄是打了激素不能吃？辟谣联盟为你压压惊！	新华网	4-8	210
7	西班牙警方查获 8 吨假奶粉　其中大多运往中国	中国侨网	4-22	206
8	“米寿”老人袁隆平：做完这两件事正式告退	中国新闻网	4-14	195
9	农业农村部：我国农村地区线下消费手机支付比例已达 47.1%	新华网	4-22	193
10	今年财政将从八大方面强农惠农	《经济日报》	4-3	166

博鳌论坛传递乡村振兴强音
习近平海南考察“南繁硅谷”成热词

4月8日，博鳌亚洲论坛2018年年会（以下简称博鳌论坛）在海南博鳌盛大启幕，中国改革开放40年取得的辉煌成就引发舆论高度聚焦。作为新时代全面深化改革的重要一环，“乡村振兴”成为博鳌论坛上的热点议题，强音不断。习近平总书记在开幕式主旨演讲上，对“深化供给侧结构性改革”“实施乡村振兴战略”等进行了再次强调，引发强烈共鸣。舆论呼吁以“奋斗者”的姿态书写新时代改革开放新篇章。韩长赋部长在“转型中的农民与农村”分论坛上，提纲挈领式地介绍了农业农村部未来的工作安排，详细阐述了乡村振兴战略的统筹推进举措，全面展望了乡村振兴的美好愿景，引发高度关注。腾讯网就此发出的视频报道，播放量达到1 800万次。媒体纷纷用“五推进一加强”概括了乡村振兴的工作部署，“农民成抢着干的职业”“农村可看山望水忆乡愁”等语句也广泛出现在标题中。与会的国内外专家学者对乡村振兴战略予以充分肯定，并看好中国农村的发展前景，培养农村创业的“绿领”人才、新型城镇化带动发展、发挥金融资本作用等建言引发媒体集中报道。舆论表示，“乡村振兴战略”渐成国际热词，在博鳌上介绍乡村振兴战略，是在为世界介绍中国智慧和中国方案，相信随着乡村振兴战略的实施，不仅可以让中国的农业全面升级、农村全面进步、农民全面发展，也将为世界借鉴中国经验提供良好范式。

4月11～13日，习近平总书记在出席博鳌论坛年会之后考察海南。在国家南繁科研育种基地，习近平总书记对优质水稻品种进行了详细查看，并对民族种业寄予厚望，强调“抓紧培育具有自主知识产权的优良品种”“建成集科研、生产、销售、科技交流、成果转化于一体的服务全国的‘南繁硅谷’”。舆论对此高度关注，央视新闻就此发出的秒拍视频，点击量达到319万，“中国碗要装中国粮”成为热点议题的核心指向。同时，国家南繁科研育种基地也受到聚焦，新华社、《经济日报》《海南日报》、央广网等媒体集中发文，从政策扶持、科研育种成果、农业科研工作者等多个角度展开全面报道，“南繁硅谷”成为网络热词。舆论评价海南是“国际种业岛”，南繁科研育种基地是“走向世界的中国种业硅谷”，呼吁扛起建设“南繁硅谷”的时代担当，用科技创新引领中国种业，为“中国饭碗”筑牢底座。

5月“三农”网络舆情分析报告

【舆情概况】

据监测，5月北京“三农”网络舆情信息量共计10 655条，较上月增加958条。其中，微信舆情信息量3 517条，占舆情总量的33.01%，涉及的微信公众号有大兴这些事儿、北京通州发布、延庆等；新闻媒体舆情信息量3 301条，占30.98%，涉及的网络媒体有人民网、新华网、央广网等，涉及的报刊媒体包括《北京日报》《新京报》《北京青年报》《京郊日报》等，涉及的电视媒体包括北京卫视《北京新闻》《北京您早》等；微博舆情信息量3 107条，占29.16%，涉及的主要微博账号有央视新闻、北京人的那些新鲜事、北京发布等；论坛帖文649条，占6.09%；博客帖文81条，占0.76%（图1）。

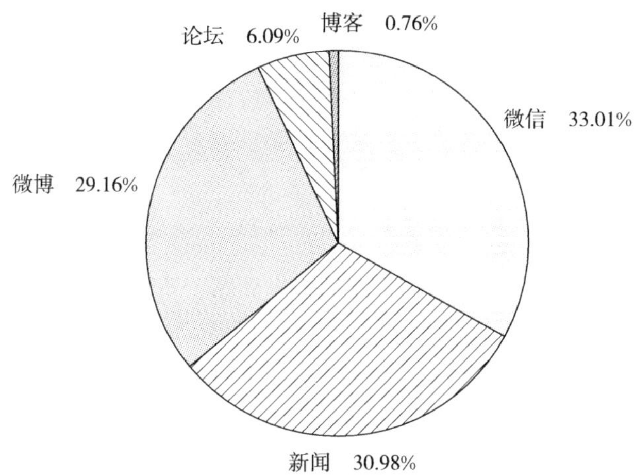

图1　5月北京“三农”网络舆情传播渠道

新闻舆情方面，5月整体走势起伏明显，大兴5 000亩农村集建地将入市和“密云农业”设置奖项支持电商发展等信息助推5月16日出现本月新闻舆情峰值，新闻报道量达208条（图2）。当日热点新闻有：《北京青年报》16日报道《大兴5 000亩农村集建地将入市》，千龙网、北京商报网等媒体转载76次；《北京日报》报道《北京农业嘉年华两月迎客112万》，人民网、中国网等媒体转载36次。在各大主题领域中，有关“都市型现代农业”的新闻舆情量最多，占比达19.02%（图3）。从全月新闻媒体报道内容看，有机蔬菜作假是舆论关注重点，北京市紧急排查行动和舆论反思的报道大量见诸报端。新闻排行榜TOP10中有3条信息与之相关。此外，大兴5 000亩农村集建地将入市、北京突击检查批发市场水果销售、农超对接等信息也被媒体关注（表1）。

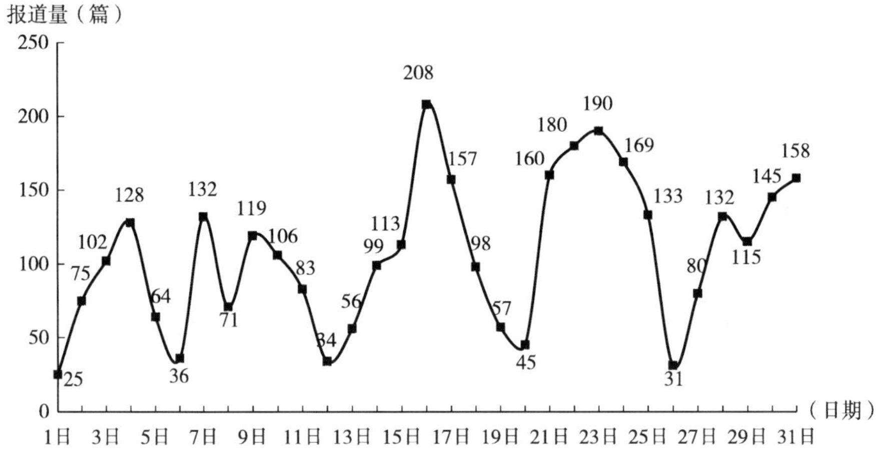

图2 5月北京“三农”新闻舆情走势

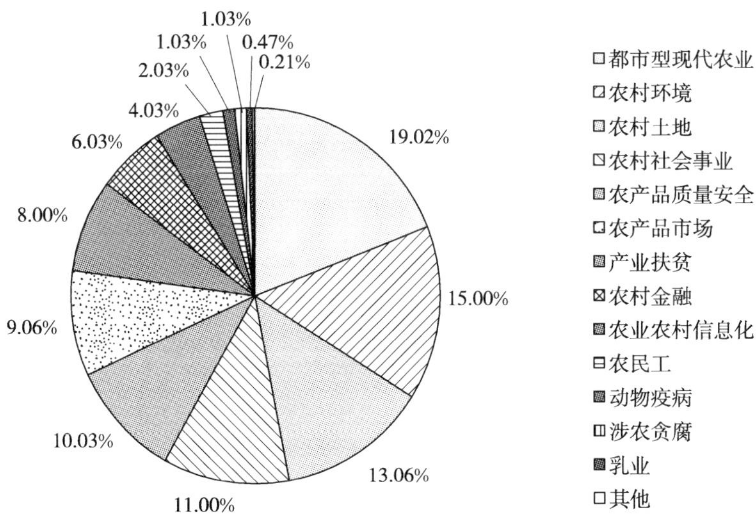

图3 5月北京“三农”新闻舆情话题分类

微博舆情整体走势小幅波动，峰值出现在5月24日，微博量达305条

(图 4)。当日主要帖文有:《大孙各庄农村产权交易额破 8 000 万》《京郊“甜椒工厂”产量翻番》《北京市积极开展休耕轮作试验示范工作》《北京农地土壤 10 年来减少化肥用量近四成》《海淀区第 18 届樱桃文化节开幕　园美果甜生态好》等。在各大主题领域中,“农产品市场”的微博数量最多,占比达 22.69%(图 5),内容包括:《北京新发地菜价晴雨表》《北京“菜篮子”将有价格指数》《北京蔬菜价格继续下降　成品油价格或继续上调》等。从帖文内容看,有机蔬菜作假是关注热点,微博排行榜 TOP10 中有 4 条信息与之相关。其中,央视新闻发布的《央视调查:高价“有机蔬菜”物有所值吗?真的更放

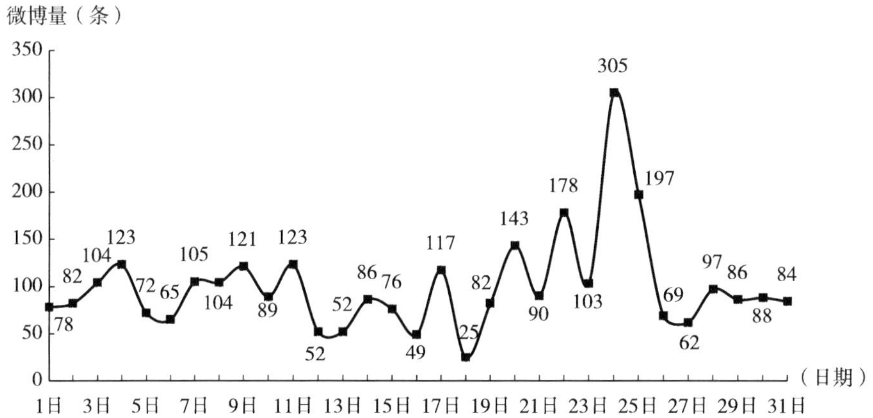

图 4　5 月北京“三农”微博舆情走势

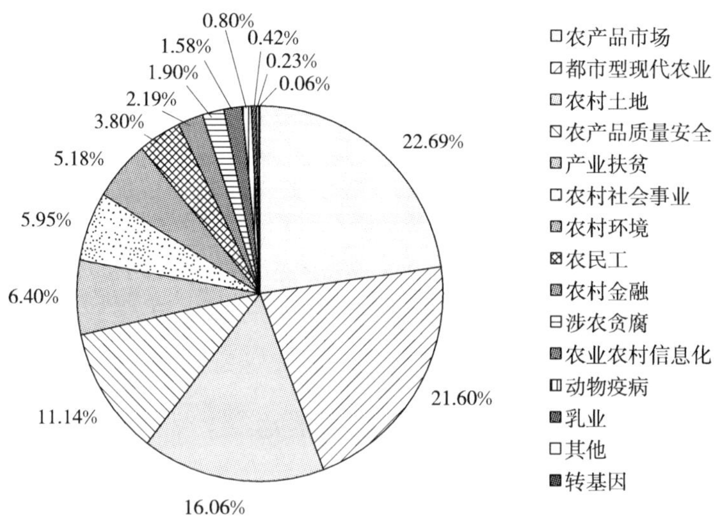

图 5　5 月北京“三农”微博舆情话题分类

心吗?》转评量高达 2 700 余条。此外，北京大兴农村集建地将入市、四家银行试点集体土地租赁房贷款融资方案等相关内容也被微博网民关注（表 2）。

微信排行榜中，通州腾退拆违相关信息占比较大，微信排行榜 10 条信息中有 5 条与之相关，且阅读量均在 5 000 次以上（表 3）。论坛方面，北京各区农业发展成绩占据排行榜半壁江山，“延庆区药材种植打造景观农田”“密云好生态火了民俗游”“昌平进行有机红薯种植试验”等信息位列排行榜（表 4）。

【热点排行】

表 1　2018 年 5 月北京“三农”热点新闻 TOP10

排名	标　题	来源	时间（月-日）	转载
1	大兴 5 000 亩农村集建地将入市	《北京青年报》	5-16	76
2	破损腐烂果蔬流入餐桌？北京突击检查批发市场水果销售	中国新闻网	5-23	74
3	北京饮用水水源地环境问题排查发现 22 个问题 农业面源污染占比大	新京报网	5-7	70
4	有机食品不能沦为“有玄机食品”	《工人日报》	5-9	58
5	有机蔬菜有玄机	《焦点访谈》	5-6	50
6	京津冀西甜瓜产业实现协同发展	《农民日报》	5-31	43
7	北京农业嘉年华两月迎客 112 万人	《北京日报》	5-16	36
8	全时集团开展“北京优农”农超对接	《新京报》	5-29	34
9	北京紧急排查商超有机蔬菜	《北京日报》	5-9	27
10	北京农地土壤 10 年来减少化肥用量近四成	《新京报》	5-24	25

表 2　2018 年 5 月北京“三农”热点微博 TOP10

排名	标　题	账号	时间（月-日）	转载	评论
1	央视调查：高价“有机蔬菜”物有所值吗？真的更放心吗？	央视新闻	5-8	1 634	1 127
2	今晨水政河湖属地街道联合查非法捕鱼 50 米内河段捞出仨地笼	北京人的那些新鲜事	5-10	212	0

（续）

排名	标　题	账号	时间（月-日）	转载	评论
3	京城最贵麦田将迎来收割期　此地房价每平方米 10 万元	北京人的那些新鲜事	5-14	114	57
4	北京公布首批四家银行试点集体土地租赁房贷款融资方案	证券之星	5-9	109	9
5	有机背后有玄机　你上当了吗？	通网资讯	5-16	51	31
6	重磅！北京大兴 14 个地块 5 000 亩农村集建地将入市	北京大兴	5-15	46	28
7	“有机蔬菜”玄机之源	纸上速评	5-8	38	12
8	“焦点访谈”曝光“有机菜”，事关每个人	陕西检察	5-8	34	5
9	【优化营商环境 北京在行动】买菜、理发、买药出门最多走 10 分钟搞定	北京发布	5-12	18	11
10	买菜更便利！北京年内一社区俩菜站将成标配	北京发布	5-14	16	17

表 3　2018 年 5 月北京“三农”热点微信 TOP10

排名	标　题	公众号	时间（月-日）	阅读量	点赞
1	五镇新规划！5 000 亩农村集体建设用地将入市	大兴这些事儿	5-15	13 682	14
2	5 000 亩地！大兴将重点建设这 5 个镇！	爱我大兴社区网	5-15	9 915	102
3	拆！通州这个镇 29 个工业大院已全部腾退！今年再拆违 200 万米^2！	北京通州发布	5-16	9 802	28
4	拆拆拆！通州这 8 个乡镇街道年内违建基本清零！区级拆违计划翻倍！	北京通州发布	5-15	9 105	26
5	让延庆村民月收入从 1 000 元到 6 000 元，是这样做到的！	延庆	5-9	8 466	16
6	重磅！占地 846 亩！通州这个地建北方最大内陆港！最新进展来啦	北京通州发布	5-31	6 861	31
7	通州法院案件猛增！涉及土地承包、棚改拆迁，都是钱闹的	通州国	5-21	5 074	3

（续）

排名	标　题	公众号	时间（月-日）	阅读量	点赞
8	今年的“瓜王”产生了！	大兴新闻	5-26	4 472	14
9	市环保督查组曝光：扬尘、渣土车、黑臭水体，通州这些乡镇被点名！	通州国	5-29	4 264	5
10	重磅！这6镇71村名单来啦！通州将投4.5亿治理80个村，今年全部完成！	今日通州	5-29	3 697	3

表4　2018年5月北京“三农”热点网帖TOP10

排名	标　题	来源	时间（月-日）	点击	回帖
1	延庆区发展药材种植打造景观农田	京华论坛	5-3	8 339	0
2	“密云农业”设置奖项支持电商发展	京华论坛	5-16	7 820	0
3	北京大兴5 000亩农村集体经营性建设用地入市在即——盘活产业用地提升区域品质	京华论坛	5-23	7 763	0
4	平谷区新增3家市级农业信息化龙头企业	京华论坛	5-18	7 226	0
5	好生态火了密云民俗游去年收入9.2亿元	京华论坛	5-2	7 224	0
6	密云区：“三优田”迈上发展新台阶	京华论坛	5-3	7 099	0
7	绿色通道助农民讨薪案件实际调解率达60%	京华论坛	5-10	7 077	0
8	昌平农技推广站进行有机红薯种植试验	京华论坛	5-20	6 730	0
9	平谷140万元助商都“摘帽”	京华论坛	5-18	6 100	0
10	密云6个低收入村“脱低”　集体企业带领全村致富	京华论坛	5-2	5 886	0

【热点分析】

北京市蔬菜工厂化生产获舆论认可
多场农业科技交流会亮点突出

在北京市农技推广站成立京津冀首个蔬菜工厂化生产研发和示范中心一周年之际，多家媒体关注了北京市蔬菜工业化生产一年来的成绩，蔬菜工厂化技术辐射津冀、蔬菜产量提升是报道主要着眼点。千龙网报道称，蔬菜工厂化生产技术推广到河北，实现番茄越冬生产，每平方米产量达20多千克。河北某农业科技公司农艺师表示，不仅产量高而且卖得好，售价从以前的3元/斤卖到了现在的30元/斤。《京郊日报》表示，2017年9月至今，继番茄之后，甜椒工厂化生产模式试验成功，每平方米产量可达20千克，是传统模式的两到三倍。媒体多以“北京蔬菜工厂化生产实现新突破”“蔬菜工厂化家族又添新成员”为题对相关报道予以转载。有舆论称，这是首次工厂化生产甜椒试种成功。《北京晚报》称，密云、大兴、延庆等地正在尝试黄瓜、叶菜无土工厂化种植，目前工厂化生产的系列技术已经开始应用到京郊的普通日光温室里，面积达1 000亩。有舆论分析认为，蔬菜生产机械化、工厂化是高产、高效、绿色生态的现代农业发展模式，不仅改善了劳动者工作环境，也提高了劳动效率和蔬菜生产水平，带动设施蔬菜生产提质增效。

5月，多场农业科技交流会在北京召开，舆论给予积极评价。5月19～20日，为期2天的2018年全国科技活动周暨第八届北京（通州）国际都市农业科技节在北京举办。人民网、新华网、中国网、千龙网等权威媒体均发表了相关报道。“50余种新品种，100余项新技术，20余种新设施、新设备，20余项新栽培模式”等新品种、新技术、新成果被媒体重点报道。舆论称赞，科技节聚焦提质增效。《北京商报》称，从第一届到第八届，经过多年的发展，科技节已成为北京通州引领都市农业科技发展对外开放合作交流的重要窗口。通过这一平台统筹国内外农业科技资源，以农业科技创新与转化为重点，通过“政、产、学、研、用”协同发展，进一步展示国际现代农业尖端科技成果，探讨国际农业科技发展新方向、新思路，促进科技成果转化与应用。还有舆论表示，科技节提升农业科技观光体验，实现农业现代化和可持续发展，吹响了“科技+旅游”集结号，让游客来不仅有看头，有学头，更有玩头。5月26日至6月1日，2018年第七届北京现代种业博览会在北京农科城通州国际种业科技园区举办。“全国200家蔬菜企业2 000多种蔬菜新品种集中亮相”“现场签订了6项协议，为历届之最”等成绩被多家媒体报道。有舆论总结了本届博览会的两大特点，一是参展企业更加多元化，参展企业数量由往届的30余家上升至百余家，“质”“量”均有所提高；二是深化区域合作与精准帮扶，对口支援的内蒙古、西藏、宁夏等地以及与园区有合作关系的外埠重点园区、企业均有参展。舆论称，博览会加速推动北京农科城科技成果转化落地，切实践行产学研用的紧密合作，促进农业发展和民生改善。

北京多管齐下促进农产品产销对接
有机蔬菜认证管理拷问监管责任

5月，北京市农产品产销对接活动获舆论关注。5月9日，北京市农业局、市优质农产品产销服务站和全时集团签署战略合作协议，以农业与超市对接的方式推进现代农业高品质发展。三方将在“农超对接”、品牌建设及市民下乡等方面展开合作。“打造‘北京优农’品牌”成为报道关键词。舆论称，此举是强强联合打造北京优质农产品的表现，实现多方互利共赢。《新京报》、人民网、新华网等权威媒体都予以报道和转载。舆论肯定农超对接的积极意义。中国网指出，此次战略合作是向全国乃至世界展示北京农产品品牌魅力的开始，也将使全时成为北京和中国零售便利店行业的名片。5月25日，第三届京津冀蔬菜食用菌产销对接活动在保定高碑店市开幕。舆论积极评价此次活动，称其是京津冀三地联合举办的最高层次、最大规模的农产品产销对接活动，是促进京津冀三地优势互补、市场相通，落实农业协同发展战略的品牌盛事。河北新闻网称，活动搭建起三地产销信息互通共享平台，推动了“京津冀蔬菜产业联盟”的组建和发展，促成河北一大批蔬菜合作社与京津大型超市紧密合作。直接带动河北果蔬种植基地50万亩，有效解决当地农户“种愁”和“卖难”问题。此外，本次活动首次增加产业扶贫展区。农业农村部发展计划司副司长时以群表示，设立扶贫展区，集中展销环京津28个贫困县的农产品，此举必将促进环京津农业扶贫工作的开展。

5月，北京市有机蔬菜质量安全问题引发舆论高度关注。5月6日晚，央视《焦点访谈》栏目播出“有机蔬菜有玄机”的报道，曝光了某超市售卖的有机蔬菜使用化肥，打着“有机标”的蔬菜无法确认具体来源，多种蔬菜检出禁用农药等问题。报道一出，北京市快速做出反应，第一时间召开专题会研究部署，并在全市安排专项排查。5月7日，北京市的“快速反应”被《北京青年报》《北京晚报》、北京电视台等多家媒体报道。舆论从多角度对该事件展开讨论。相关部门的监管缺失被舆论诟病。《经济日报》援引业内人士观点表示，认证机构在完成认证工作后，不再进行检查，对有机食品认证之后的监管严重缺失是问题症结所在。东方网称，从三聚氰胺到染色馒头，从剧毒蔬菜、病死猪肉再到假“有机蔬菜”，有法不依，监管失灵，导致“投机食品”层出不穷。试问，还有多少“投机食品”，需要记者去发现？《新京报》指出，“重认证、轻管理”是有机食品认证问题频发的主因之一，亟待规范。呼吁加强监管成为舆论共识。《工人日报》称，认证机构要当好有机食品“守门人”，让虚假的“有机”食品无机可乘。《湖北日报》指出，要扎紧有机产品从生产到流通各个环节的篱笆，让有机标签真实可信。也有舆论认为，我国有机市场整体积极向好。中国农业大学食品学院副教授朱毅说，随着国家相关规范的出台，比如新版《有机产品认证管理办法》等，将迫使有机行业重新洗牌，实现优胜劣汰。从长远看，产业发展经历“阵痛”是必然的，高门槛更有利于提升有机行业整体水平。

《2017 年北京市环境状况公报》发布引关注
媒体曝出两起破坏耕地和菜地撂荒事件

5 月 16 日，北京市环保局发布《2017 年北京市环境状况公报》。“全市环境质量稳中有进”“土壤环境质量总体状况良好”“超额完成能源结构清洁化任务”等成绩获舆论认可。有舆论称，本届北京市委交出了这一年治理环境的满意答卷。公报首次增加了土壤质量数据，83 个国控监测点位达标率为 94.6% 的信息被多家媒体转载。《新京报》《京郊日报》、千龙网等媒体报道称，在此基础上，2018 年北京市启动土壤监测的市控点位铺设，力争年底覆盖全市各区的工作部署。《北京青年报》认为，与国控相比，市控监测点覆盖全市各区，并在水源地、农田地等环境风险地区以及畜禽养殖集中地区都设立监测点位，能更加准确、全面地掌握全市土壤环境质量。此外，《北京市饮用水水源地环境问题清单》公布的 22 类问题中，农业面源污染占半数以上的情况，被多家媒体转载。

媒体还关注了两起破坏耕地和菜地撂荒事件。5 月 18 日，央视新闻频道《新闻直播间》报道《京冀交界处非法砂石厂成重污染源》称，在河北省与北京市南部的交界地带，有人非法占地挖土取沙，对周边环境造成严重破坏。知情人士透露，被占土地都是口粮地。据悉，厂子的西边和北边隶属北京市杨庄子村、半壁店村，东边和南边隶属河北省西秧坊村和毛家屯村，执法困难。目前，北京、河北已经联合执法对该厂进行处置。舆论多以“良田变深坑”“敢怒不敢言”等醒目标题转发该消息。《北京日报》5 月 25 日报道《十八里店老君堂村西南角菜地撂荒眼看要变垃圾场》称，群众举报在十八里店乡老君堂村西南角，有一片地原本是高标准菜地，如今已经闲置很长时间。现在菜地里不是垃圾就是荒草。记者调查发现，这里共有 15 个大棚，占地面积在 3 万米^{2}以上，如今均已废弃，在一个大棚内甚至还有腐烂的动物尸体。

北京市推进乡村振兴战略的顶层设计获舆论关注

5 月，北京市委、市政协围绕“提升农村人居环境、推进美丽乡村建设”主题召开多场会议，被媒体关注。8 日，市政协经济委员会召开调研成果交流会；21 日，市委召开动员大会，全面落实乡村振兴战略，部署美丽乡村建设各项任务；24 日，市政协和市委统战部联合召开议政会。代表委员对北京美丽乡村建设积极建议建言被集中报道，如“农村基础设施建设要避免形象工程”“加快集体经济发展激发发展内生动力”“避免农村‘运动式’规划”等。舆论以“建设美丽乡村从‘心’开始”“蔡奇强调必须做到这几点”为题进行转载。

5 月 14 日，北京市委、市政府印发《关于实施乡村振兴战略的措施》（以下简称《措施》），舆论对此积极关注。“重磅发布”“高质量发展”成为舆论的重要表达。宣讲家网制作的《一图看懂北京如何率先贯彻落实乡村振兴战略》的长图被大量转发。“北京拟评‘职业农民’职称”“小城镇将禁搞大规模商品房开发”“京津冀食用农产品拟统一合格证”“深化农村改革”等重点工作部署及“2035 年，乡村振兴取得决定性进展”“2050 年实现乡村全面振兴”等阶段性目标成为舆论关注重点。《农民日报》称，文件不仅为全市实施乡村振兴制定了具体的时间表和路线图，更搭建了乡村振兴的“四梁八柱”。新华网评论称，既努力提升乡村“颜值”，又注重保留文化“内涵”，既培养绿色“潜力股”，又增强群众“获得感”。一座座生态优、环境美、产业兴、人气旺、民风淳的美丽乡村正在建设——三年后且看北京美丽乡村的新发展！有舆论表示，《措施》体现了北京市乡村振兴战略目标定位的高起点、策略体系的高标准、落地创新的高要求。其中构建“新市镇—特色小镇—小城镇”新型城镇发展体系的提法，是对中国小镇建设的一次重大创新，也是根据北京市的具体实践做出的一次高质量的城乡发展模式创新。还有舆论分析表示，从旅游产业链的角度来看，北京市的乡村振兴战略给京津冀旅游产业带来了以下机遇：景观农业将成为京津冀旅游产业的形象亮点；品牌农业将成为京津冀旅游产业的竞争优势；生态旅游将成为首都“大生态”格局的产业支撑；文化旅游将成为京津冀旅游产业的可持续引擎。

【全国热点】

2018 年 5 月热点新闻见表 5。

表 5　2018 年 5 月热点新闻 TOP10

排名	标　题	来源	时间（月-日）	转载
1	李克强主持召开国务院常务会议确定加大困难地区和薄弱环节教育投入等	中国政府网	5-23	464
2	鳟鱼是冒牌三文鱼？专家详解虹鳟鱼和三文鱼啥关系	《科技日报》	5-24	293
3	财政部：撬动更多金融和社会资本投向农业农村	《经济参考报》	5-11	292
4	云南私挖走私冻肉调查：村民与执法人员玩猫鼠游戏	《法制日报》	5-14	281
5	“悲情营销”莫如诚信经营	《人民日报》	5-14	270
6	国务院常务会议出台多项措施加快推进奶业振兴	新华网	5-23	260
7	七问“真假三文鱼”：有无淡水三文鱼？能生吃吗？	中国新闻网	5-27	255
8	抵押物处理成难点农地经营权抵押试点或将延期	《经济参考报》	5-8	243
9	农村承包地确权进入收尾阶段确权面积已达 11.59 亿亩	《人民日报》	5-6	227
10	加速小麦遗传改良我国完成小麦 A 基因组精细图谱绘制	新华社	5-10	214

缤纷气象扮靓国际茶博会　让世界爱上中国茶

5 月 18～22 日，第二届中国国际茶叶博览会（以下简称茶博会）在杭州举行。这场以“茶和世界　共享发展”为主题的盛会，引发了中央媒体、地方媒体、商业门户网站以及社交媒体的热烈关注，“报网端微”的全媒体矩阵以及现场直播、专题报道、专家访谈等多维度报道，实现了全渠道覆盖、全景式展现的良好传播效果。截至 24 日 14 时，茶博会的全媒体报道量共计 1.6 万余篇，其中新闻报道近 2 000 篇，微信 1 000 余篇，新浪微博近 1.3 万条。新浪微话题#第二届中国国际茶叶博览会#阅读量达 20.2 万次。天猫平台对茶博会进行了 3 小时直播，共吸引 250 万人观看，获得 1 400 万个点赞。

从报道内容看，茶博会呈现的新气象、传递的新信号广泛吸引舆论目光。有舆论关注了茶产业的年轻化潮流，称无论是参展的茶商，还是参观的市民，都多了不少年轻的脸庞、时尚的元素，“新茶人”代表了产业的未来。有舆论关注了茶产业的多业态发展趋势，称茶旅融合“卖风景”的茶商越来越多，茶叶食品、面膜、香皂、口罩等“吃茶”“用茶”成为新蓝海。有舆论关注了博览会上的“互联网＋”元素，可溯源西湖龙井的“区块链＋物联网”技术、新零售方式“磨盒购买”“智能云货架”、将茶融入到社交网络的“茶悦”APP等令人耳目一新。还有舆论关注了茶产业对脱贫增收的积极作用。湖北、浙江等地媒体重点介绍了当地帮扶茶产业发展的各项举措，称茶产业是关系到农民精准扶贫的好产业，是撬动乡村振兴的新支点。此外，各地参展企业纷纷亮出王牌和绝活，炒茶、斗茶、茶艺表演等成为吸睛法宝，带动人流如织、展销两旺。茶博会取得的丰硕成果受到高度评价。“30 多个国家和地区参展”“现场交易额突破 1 亿元”“吸引超 15 万人次”等数据频现报道标题。媒体评价茶博会“最权威、最具规模、最有影响力”，网民称赞茶博会“好喝”“好吃”“好玩”。

同时，作为对外交流合作的重要平台，茶博会凸显的专业性和国际性也备受关注。期间召开的“联合国粮农组织政府间茶叶工作组 23 届会议”、发布的“中国茶产业杭州指数”等引发广泛报道。中国茶整体呈现的“大而不强、大而不精、大而不彰”态势也引起舆论注意，“中国茶如何更好地融入世界竞争格局”引发深度思考。有舆论建议，把“中国茶”作为国家形象提炼其核心价值，挖掘、提升“中国茶”的文化性，以产地为基础构建中国茶产业的“集群品牌”，利用“一带一路”政策实施精准营销。有舆论表示，盛世兴茶，这是历史规律，也预示中国茶叶的未来，相信随着中国综合实力的提升，中国茶必将重拾历史辉煌，继续扮演中国与世界进行文化交流的载体角色。

6 月“三农”网络舆情分析报告

【舆情概况】

据监测，6 月北京“三农”网络舆情信息量共计 11 868 条，较上月增加1 213条。其中，微信舆情信息量 4 201 条，占舆情总量的 35.40%，涉及的微信公众号有北京晚报、顺义人网、大兴这些事儿等；新闻 3 812 条，占 32.12%，涉及的网络媒体有人民网、新华网、央广网等，涉及的报刊媒体包括《农民日报》《经济日报》《证券时报》《北京青年报》等，涉及的电视媒体包括北京卫视《北京新闻》《北京您早》等；微博舆情信息量 3 228 条，占 27.20%，涉及的主要微博账号有头条新闻、澎湃新闻、财新网、北京日报等；论坛帖文 566 条，占 4.77%；博客帖文 61 条，占 0.51%（图 1)。

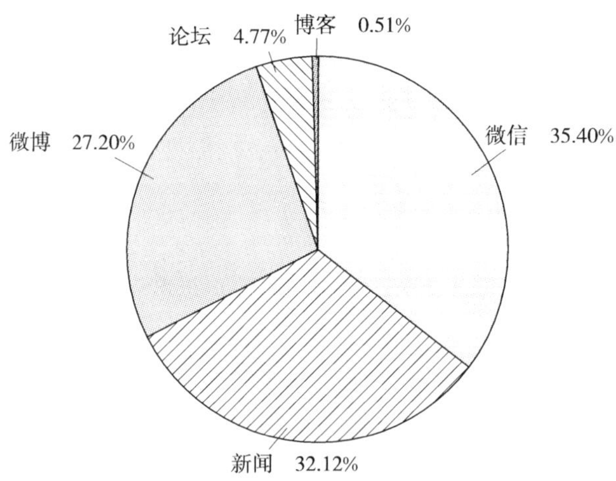

图 1　6 月北京“三农”网络舆情传播渠道

新闻舆情方面，6 月整体走势起伏明显。蔬菜大棚变私家庄园相关消息是舆论关注重点，北京市排查整治行动报道和媒体评论大量见诸报端。22 日，“大棚房”整治相关报道将新闻舆情推向峰值，新闻报道量达 248 条（图 2)。当日，《北京日报》发文《蔡奇现场督办大棚房整改 20 名相关责任人被问责》，中国网、中国青年网等媒体转载 75 次。在各大主题领域中，“大棚房”所属领域“农村土地”的新闻舆情量最多，占比达 23.01%（图 3）。媒体报道的主要标题有《变了味的农业大棚：利益驱使 违规“大棚房”屡禁不止》《躲避监管“大棚房”里有玄机》《不合法的“大棚房”当严管》《整治“大棚房”需加强执法推进土地制度改革》等。新闻排行榜 TOP10 中有 3 条信息与“大棚房”相关。此外，平谷、通州等地拆除违建以及北京乡村环境治理等信息也被媒体关注（表 1）。

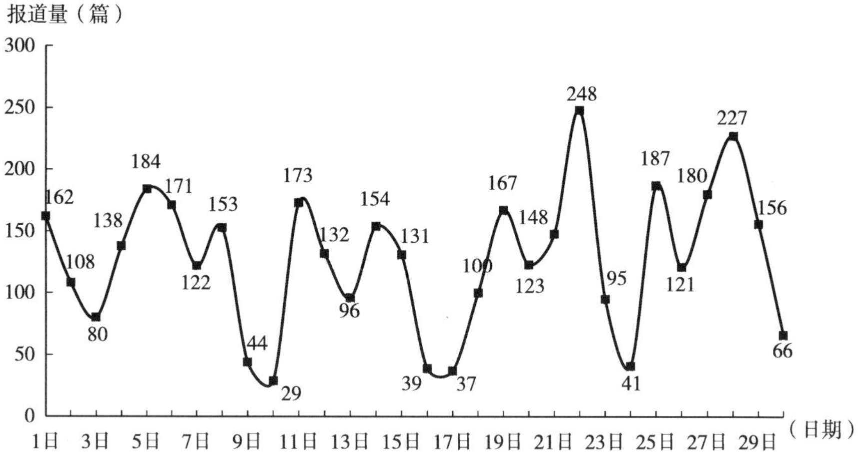

图 2 6 月北京“三农”新闻舆情走势

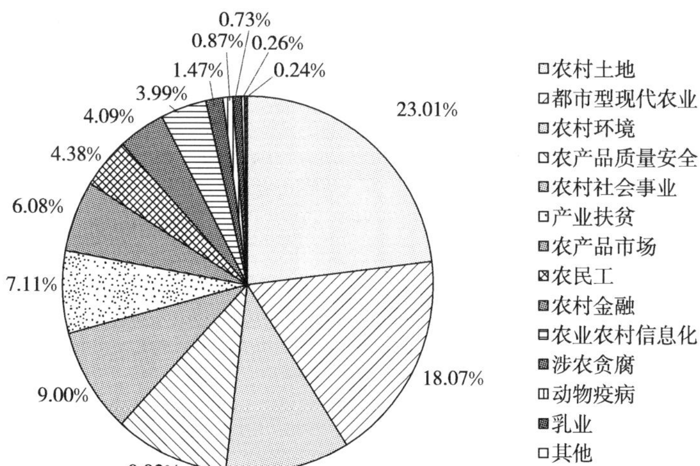

图 3 6 月北京“三农”新闻舆情话题分类

微博舆情峰值出现在 6 月 20 日，微博量达 161 条（图 4）。当日主要帖文有：《北京精准扶贫“触网”推动农村电商、远程医疗等发展》《养殖场臭气熏天该怎么解决》《北京最贵麦田开始收割》《北京市农业局推进市级自然保护区“绿盾2018”专项行动》《延庆拉网式全覆盖核查“大棚房”》等。在各大主题领域中，“都市型现代农业”的微博数量最多，占比达22.65%（图5），内容包括：《北京市农业科技成果现场观摩培训会》《北京多彩新品种西甜瓜进上市期》《北京农业“奇迹”的科技密码》等。从帖文内容看，微博排行榜TOP10中有4条信息涉及“大棚房”。此外，北京大兴蔬菜大棚起火、北京集体土地房屋拆迁管理办法等相关内容也被微博网民关注（表2）。

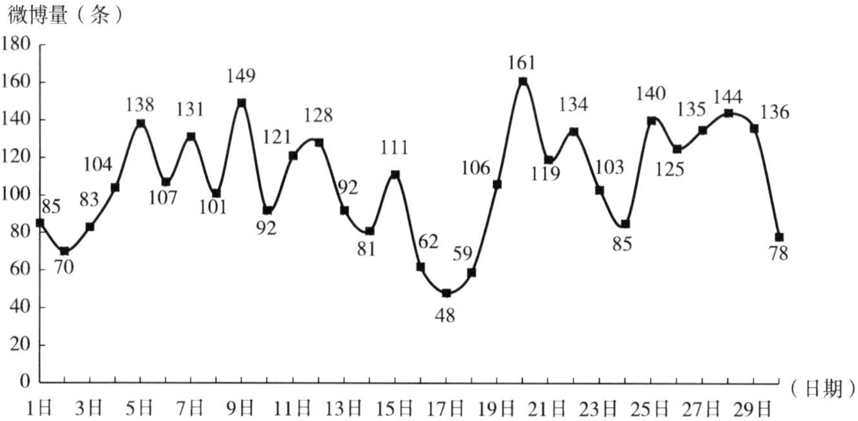

图4　6月北京“三农”微博舆情走势

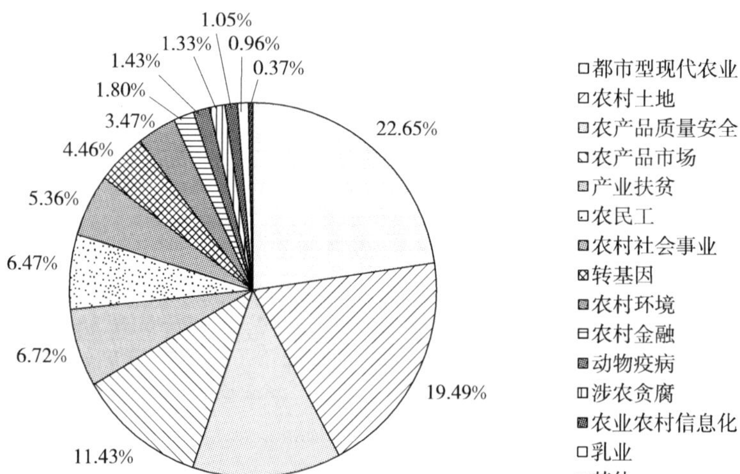

图5　6月北京“三农”微博舆情话题分类

微信排行榜中，10 条信息中有 3 条涉及“大棚房”，2 条信息涉及大兴蔬菜大棚起火。此外，网民还关注北京小麦收割、农村棚改及拆迁等信息（表3）。论坛方面，网民关注点较为广泛，涉及农村土地、桥梁道路修复改造、饮用水安全、特色农产品等各个方面，网帖排行榜 TOP10 中有 8 条信息阅读量破万（表 4）。

【热点排行】

表 1　2018 年 6 月北京“三农”热点新闻 TOP10

排名	标　题	来源	时间（月-日）	转载
1	拆除“大棚房”，北京动真格！	《农民日报》	6-27	75
2	蔡奇现场督办大棚房整改 20 名相关责任人被问责	《北京日报》	6-22	75
3	北京通州 39 条黑臭水体年底全还清	人民网	6-27	63
4	京津冀推广节水抗旱小黑麦新品种	《农民日报》	6-28	42
5	北京市：将在 2020 年底前完成全市村庄规划工作	《证券时报》	6-3	35
6	不合法的“大棚房”当严管	《经济日报》	6-6	35
7	北京新发地菜价晴雨表	《新京报》	6-23	34
8	未来三年北京市将建 231 个乡情村史陈列室	《北京青年报》	6-25	28
9	平谷区熊儿寨乡争创首个零违建乡镇	《北京晨报》	6-19	17
10	通州于家务乡将拆违百万平方米　腾退后土地将用于增绿	《北京青年报》	6-7	12

表 2　2018 年 6 月北京“三农”热点微博 TOP10

排名	标　题	账号	时间（月-日）	转载	评论
1	北京大兴空置蔬菜大棚起火　现场浓烟滚滚	头条新闻	6-1	210	199
2	北京市“互联网+精准扶贫”推进会在北京会议中心举行	微博县域	6-21	205	42
3	农业大棚变身私家庄园：签阴阳合同，开发商既收租金又拿补贴	澎湃新闻	6-2	173	206
4	北京最贵麦田开始收割　周边房价每平方米超 10 万元	财新网	6-20	124	140

（续）

排名	标　题	账号	时间（月-日）	转载	评论
5	农业大棚竟成“私家庄园”！棚内假山凉亭游泳池	北京日报	6-3	121	140
6	一图一故事丨麦田里的守望者	生态环境部	6-14	101	8
7	北京市委书记蔡奇现场督办大棚房问题整改，5个党组织和20名相关责任人被问责！	北京日报	6-22	82	82
8	记者调查：500米²“北京农家院”只卖十几万，诱人的广告靠谱吗？	中国之声	6-3	82	75
9	北京集体土地房屋拆迁管理办法	云丽雾华	6-3	60	2
10	五年内1.2万户山区农户将搬迁	北京发布	6-18	56	108

表3　2018年6月北京“三农”热点微信TOP10

排名	标　题	公众号	时间（月-日）	阅读量	点赞
1	北京市委书记蔡奇现场督办大棚房问题整改，5个党组织和20名相关责任人被问责！	识政	6-22	31 138	144
2	千万不要买！这种房子在通州被彻底打击，再无出头之日！	通州小兵	6-24	20 486	29
3	大兴黄村蔬菜大棚着了，浓烟滚滚半个北京城都能看见，无人员伤亡	北京晚报	6-1	17 632	53
4	顺义区政府下半年关于棚改、农村宅基地、拆违建等重点工作安排	顺义人网	6-12	14 318	24
5	顺义河东征地转非村户结果公布	顺义人网	6-21	13 376	23
6	10年钉子户被清！顺义这拆迁村终于能动工了	顺义人网	6-9	12 636	28
7	昌平区日光温室排查整治全面启动，对违规大棚绝不手软！	北京昌平	6-20	11 706	34
8	昨日大兴黄村大棚起火被迅速扑灭	大兴这些事儿	6-2	10 944	8
9	农商行乡村便利店，悄然开进顺义这50个村	北青社区报顺义版	6-16	9 906	26
10	助推顺义棚改，这家银行相当给力！	顺义微社区	6-11	10 419	32

表 4 2018 年 6 月北京“三农”热点网帖 TOP10

排名	标 题	来源	时间（月-日）	点击	回帖
1	平谷区：低收入农户增收实现开门红	京华论坛	6-12	18 814	0
2	周末跟我 GO：寻找北京郊区农产品 大兴通州延庆各有特色	京华论坛	6-8	16 121	0
3	门头沟 10 座乡村桥梁完成改造	京华论坛	6-6	16 093	0
4	昌平区农技推广站下乡走访藜麦种植情况	京华论坛	6-5	16 075	0
5	怀柔：区长带队调研农村饮用水安全问题	京华论坛	6-26	14 797	0
6	昌平北七家镇平西府村：整治提升不停歇 老旧道路换新颜	京华论坛	6-12	14 125	0
7	拆拆拆！通州这里再次部署拆迁工作，未来将实现凤凰涅槃式发展！	八通社区	6-19	13 266	11
8	北京市：2020 年底前完成全市村庄规划工作	股吧	6-2	12 226	1
9	北京 466 处电子眼紧盯土地违法	罗源湾之窗	6-12	8 832	4
10	百余家互联网企业倡议共同精准扶贫	股吧	6-22	8 064	0

【热点分析】

舆论热议北京“大棚房”现象

6 月 2 日，央视新闻频道《朝闻天下》栏目播出题为《变了味的农业大棚》的报道，曝光昌平区崔村镇六合成观光园擅自在农业大棚内违法建设居住屋舍，并包装成“私家农庄”“田园庭院”对外租售。500 米^2“私家庄园”，在北京只需十几万一套，不仅能住人，还能种菜、烧烤、垂钓，打造都市人的田园梦想。此种现象在京津冀均被发现曝光。新华网、央广网、中国新闻网等权威媒体纷纷发文报道，“变了味”“阴阳合同”“私家庄园”成为报道关键词，舆论从多角度对该事件展开讨论。有舆论分析此种现象屡禁不止的原因。央视网 6 月 2 日报道称，近年来，北京、天津、河北都已经对违规“大棚房”进行了多次整顿和拆除，然而，这些被明令禁止的违规“大棚房”却并没有因此绝迹，屡禁不止的背后，主要在于强烈的利益驱动。东方网 6 月 3 日报道称，农业大棚变身私家庄园，一则与项目开发者的“精明”不无关系，二则与监管失察有关系，此类问题仅靠国家土地督察机构发威不够，基层政府也需履行好监管职责。三则与农民的“守土有责”意识淡漠有一定关系。有舆论分析私建“大棚房”的危害。《经济日报》6月6日报道称，作为设施农用地的农业大棚，被改建成私家庄园向城里人公开出售或出租，不仅违规改变了土地用途，涉嫌骗取国家补贴资金，也很容易制造出消费纠纷。呼吁加强执法和监管成为舆论共识。舆论称，不合法的“大棚房”当严管，对农业大棚变身私家庄园的做法不能纵容。东方网建议，执法和监管力度再大些；消费者也应该加强警觉，切忌听信商家的片面之词，还应多些法律与风险意识。《经济日报》报道称，今后在监管方式上，除了仍要定期实行航拍监管，还应注意引入其他监督手段。比如，应该奖励知情者提供或举报相关线索。再如，职能部门应该下沉到基层，以明察暗访等方式发现违规真相。一旦发现违规“大棚房”，除了责令开发商拆除并恢复原状外，还应加大在经济上的处罚，并追究有关责任人的法律责任。

央视报道发出后，北京市委、市政府对此高度重视、迅速部署。6月14日，市委书记蔡奇赶赴昌平区，现场督察督办大棚房问题整改工作。市委副书记、市长陈吉宁主持召开专题会，布置专项整治方案。“截至6月20日，有关区对大棚房的上报整改到位率达88.9%”“六合成观光园拆除违建逾两万平方米”“4宗违法占地案由市里立案查处”等排查整治工作获得舆论认可。《北京日报》6月22日报道称，预计7月底前完成入地入棚、一棚一档，拍照取证、签字备查，今后还将在此基础上建立全市农业大棚排查工作数据库。大燕网6月24日报道称，房山区召开专题部署会，要求各乡镇（街道）及有关部门要严格落实“大棚房”清理整治及土地督查执法工作，确保本月底前违法“大棚房”全面“清零”。《农民日报》6月27日报道称，北京市农村工作委员会相关负责人表示，一是全面核查、规范土地流转合同，二是完善设施农业管理台账，三是全面落实设施农业备案制度。

网民通过新闻跟帖、论坛、微博、微信发帖等方式展开热议。有网民呼吁加大查处力度。网民“奋斗的小付”说，违法成本太低了！重罚！网民“三慎独”说，违法成本低。农田里种树、建农庄、挖鱼池、倾倒建筑垃圾到处有。基层干部闭着眼睛，啥事没有，执法监督依靠良心媒体。有网民认为这种现象的出现说明土地政策不合理。网民“大漠孤烟-亚克西”说，垃圾政策，能这么搞就说明本来就不需要非得保留耕地属性，应该允许农民流转，只要不搞不宜还原的永久性建筑就行了。网民“太阳照在呼兰河上”说，有这么多的地，为什么不拿来给人民盖房子住？非让穷人穷苦一辈子买每平方米五万的房子，榨干普通人所有的钱财血汗？也有网民担心整治会“伤及无辜”，致合法大棚被强拆。网民“农家石嫣”说，如果遇到问题就下指标划分一个地区必须拆多少大棚房，甚至波及根本无关的农业设施，使得本来就难的农业生产主体雪上加霜，农业升级从何谈起？网民“18岁的ccyyll332266”说，大兴魏善庄村绿都庄园借清理“大棚房”，在没有强拆通知的情况下，把租户的大棚和耳房也一起全部推平，这样的强拆无异于抢劫！

此外，6月1日，微博账号“@北京消防V”发帖称，大兴区黄村镇新建村行知路南侧300米一空置的蔬菜大棚顶部阳光板起火。17时44分火灾被扑灭，过火面积350米^2，无人员伤亡。人民网、中国新闻网、《北京晚报》等媒体对此进行报道，现场视频被大量转发。“浓烟滚滚”“无人员伤亡”成为报道关键词。网民建议高温来袭，必须加强防范，严查阳光棚隐患，减少不必要的损失。

北京市农业农村信息化工作会议受关注
科技创新支撑北京农业提质增效

6月，北京市农业信息化、科技成果相关信息受到舆论关注。5月30日，2018年北京市农业农村信息化工作会议在北京亚奥国际酒店召开，会议总结了2017年全市农业农村信息化发展情况，对下一步工作提出了明确要求。相关消息被中国农业信息网、农视网等网络媒体转发。舆论肯定了全市农业农村信息化工作取得的成效，称北京作为首善之区，要更加突出、重视农业农村信息化工作。同时，媒体还关注了北京农业信息技术研究中心开发的都市型现代农业221信息平台，称该平台是我国第一个面向现代农业和新农村建设的农业大数据综合服务平台，为首都北京的都市型现代农业发展提供了基于大数据的决策和综合应用支撑。《农民日报》、中国农业新闻网等媒体发文对平台功能进行介绍。

6月1日，北京市农业局举办北京市科技成果现场观摩培训会。央视网、人民网、《农民日报》等媒体纷纷发布报道关注培训会展示的北京农业科技成果。“助推农业新发展”“百姓受惠”等词句广泛出现在报道标题中。舆论称，北京打造科技都市型现代农业，做好首都农业品牌发展大文章。北京市10个现代农业产业技术体系创新团队成立近10年来，“示范推广新品种280余个、新技术720余项、新产品330余项”“带动增收150亿”等成绩被多家媒体报道。舆论称其是打造北京农业“奇迹”的科技密码。媒体为北京农业创新团队在家禽与奶牛养殖、西甜瓜新品种培育、降低蔬菜农药使用量等方面所取得的科技成果点赞，称这为北京市农业提质增效和转型升级提供了重要支撑，给北京农业插上了“科技”翅膀。

北京多措并举打造美丽乡村
各区积极配合自拆违建获关注

6月，北京多措并举助力美丽乡村建设成为舆论关注热点话题。6月5日，北京市少数民族乡村经济工作电视电话会议召开。会议指出，2018年本市将重点打造一批具有民族特色的“美丽乡村”。做好今年的民族乡村工作，重点是打好政策、质量、特色、群众四张牌。舆论认为，促进民族乡村发展是全面建成小康社会的重要内容，既是“三农”工作，也是民族工作。6月7日下午召开的北京市政府常务会议，审议了《关于实施新一轮山区农民搬迁工程的意见》。“五年内”“六个区”“1.2万户农民”等数字被媒体广泛报道。“科学合理选址”“先建后拆”“多方筹措资金”等搬迁措施获舆论点赞。舆论称，山区农民搬迁是实现山区农民安居乐业的民生工程。按照市委、市政府的相关要求，本市将在2020年底前完成全市村庄规划工作。4月23日，市规划和国土资源管理委员会向全社会发布了《关于征集规划师、建筑师、设计师下乡参与美丽乡村建设的倡议书》，5月底已收到200余个设计团队和个人的报名，总数超过1 200人，为营造富有北京地域特色的美丽乡村贡献力量。

北京市各区积极配合，共同打造美丽乡村。5月底，房山区政府召开常务会议审议通过了《房山区实施乡村振兴战略推进美丽乡村建设专项行动计划（2018—2020年）》。对此，多家媒体以“房山区150个村启动美丽乡村建设”“房山将变得美不胜收”等为题予以报道。《北京晨报》6月25日报道说，在通州区台湖镇，每天有422名街巷长活跃在村头巷尾，助力美丽乡村建设。报道称，自从“街巷长”制实施以来，台湖镇通过持续整治，已清理卫生死角1 982处，面积109 138米^2；清运垃圾渣土56 776吨；清除非法小广告17 351处；清理背街小巷243条，清除堆放物料4 284处；拆除违法建设18 096米^2，拆除牌匾620块，舆论为此点赞。此外，《北京晨报》消息称，平谷区熊儿寨乡拆除违法建筑800余米^2；人民网消息称，北京房山区周口店镇拆除21 000米^{2}违法建设；阎村镇拆除违建13 000米^2，腾退土地26 000米^2；《北京青年报》消息称，通州区于家务乡2018年计划将拆违百万平方米。

舆论聚焦北京“互联网+”精准扶贫推进会点赞“万企帮万村”行动

6月，北京市扶贫相关活动受到舆论聚焦。6月20日，北京市“互联网+”精准扶贫推进会在北京市会议中心召开。中国网、中国新闻网、中青在线网等多家媒体发文报道。京东、社会扶贫网等北京网信企业通过不同方式对西藏拉萨等扶贫协作地区所做的脱贫成绩获舆论点赞，“支援帮扶34个贫困县”“发布贫困户320万条需求信息”“对接成功率超过68%”等成绩被媒体广泛报道。舆论重点关注了北京互联网企业发出的“互联网+精准扶贫”倡议，将首都资源对接受援地区，促进农村电商、远程医疗发展相关内容。多家媒体以“百余家互联网企业倡议共同精准扶贫”“打造首都资源精准对接受援地区的高速路”为标题进行报道和转载。《北京晚报》6月20日报道称，互联网扶贫“正规军”正式集结，要共同打造首都资源精准对接受援地区的“高速路”。《北京日报》6月22日报道称，互联网已渗透到社会经济的各领域、各环节，而北京又集中了全国90%以上的重点网信企业。无论是创新、应用，还是资金、技术、规模等，北京网信企业都走在全国前列。舆论认为，开展“互联网+扶贫”是助力精准扶贫的创新方式和重要内容，能有效对接贫困地区的资源、产品与市场，有助于将贫困地区的劳动力优势和资源优势转变为经济发展优势。

6月29日，北京市召开“万企帮万村”大会，发布了《关于推进“万企帮万村”精准扶贫行动的指导意见》(以下简称《意见》)，号召北京国有企业、民营企业，以本市受援地建档立卡贫困村为帮扶对象，以签约结对、村企共建、爱心公益等形式，履行社会责任、投身精准扶贫。《意见》的发布引发舆论热议。多家媒体对《意见》中提到的产业扶贫、就业扶贫、商贸扶贫、教育扶贫、健康扶贫、公益扶贫、其他扶贫7种帮扶方式进行报道和转发，称北京扶贫“帮到点上，扶到根上”。千龙网6月29日报道称，北京市“万企帮万村”指导意见正式发布，采用四项工作原则+七种帮扶方式，精准打赢扶贫攻坚战。舆论还为北京民营企业致力于贫困地区脱贫攻坚的帮扶举措及涌现出的帮扶典型点赞，“544家企业对口”“帮扶548个贫困村”“近5亿产业投资”等被媒体广泛报道。

此外，6月11日，学习贯彻习近平总书记近期关于脱贫攻坚的重要指示精神，落实国务院扶贫开发领导小组打赢脱贫攻坚战三年行动电视电话会议召开，北京市设立分会场。会议指出，北京市“十三五”时期共安排超过252亿元扶贫协作和对口支援资金，在原计划基础上增加30多亿元，其中80%以上及新增资金将全部投向脱贫项目。新华网、千龙网等媒体以《北京“十三五”增加扶贫资金30多亿元》《北京市“十三五”将投入扶贫资金252亿元》为题进行报道，多家媒体予以转发。

【全国热点】

2018年6月热点新闻见表5。

表5　2018年6月热点新闻TOP10

排名	标　题	来源	时间（月-日）	转载
1	国务院办公厅关于推进奶业振兴保障乳品质量安全的意见	中国政府网	6-11	810
2	夏粮生产 绿色优质亮点多	《人民日报》	6-19	297
3	国务院关于同意设立“中国农民丰收节”的批复	中国政府网	6-21	258
4	转基因黄金大米在美获食用许可	《科技日报》	6-7	242
5	我国杂交小麦丰产优势明显	《人民日报》	6-26	226
6	扶贫要扶志，关键是“扶实”	《人民日报》	6-20	212
7	国务院：将每年农历秋分设立为中国农民丰收节	中国新闻网	6-21	191
8	全国大规模小麦跨区机收基本结束	《人民日报》	6-23	181
9	农民工欠薪高发态势得到遏制	《人民日报》	6-29	178
10	我国设立“中国农民丰收节”	新华网	6-21	176

“中国农民丰收节”设立引发热烈反响

经党中央批准、国务院批复，自2018年起我国将每年农历秋分设立为“中国农民丰收节”。6月21日，农业农村部部长韩长赋在国新办新闻发布会上对此进行了全面介绍，并就“为何设在秋分”“怎么庆祝更合适”“粮食歉收是否还办”等回答记者提问。“中国农民丰收节”当日即登上新浪微博热搜榜，并迅速成为全媒体热点话题。一天时间内，相关报道量达4 100篇，相关视频播放量183万次，相关新浪微话题阅读量3 474万次，相关微信文章点赞量6万次。综合评论观点看，大部分舆论表达了肯定、支持的积极态度。媒体指出，节日的设立体现了党和国家对“三农”工作的高度重视，饱含了全国上下对农民群体的深情礼赞，激发了乡村振兴的新活力，彰显了中国奔向现代农业征程的初心。网民也纷纷表示期待，希望与农民兄弟共度丰收，到农村望山看水忆乡愁，把这个节日办成城乡融合、凝心聚力的节庆大品牌。

从热点议题看，农民群体受到聚焦。舆论指出，要谨记“中国农民丰收节”是为农民设立，关键要让农民真正享受福利。主要观点有以下 3 方面：

（1）要让农民成为节日主角，提升幸福感。有媒体认为，农民的节日要让“农民尽开颜”，各地要结合民俗文化、农时农事，组织开展好农民喜闻乐见、丰富多彩的活动，让农民成为节日的主角，提升他们的尊严感和职业自信。有网民说，节日要营造重农强农的浓厚氛围，要体现对农民的关怀，应该发放节日福利。

（2）以节为媒，助农增收。有媒体认为，“中国农民丰收节”可以发挥“文化搭台，经济唱戏”的功能，充分释放“节日＋”旅游的效应，把“庆丰收”变成农民增收的新路径。有网民说，可以参照电商打造的“双 11”购物节，让“中国农民丰收节”成为农产品购销狂欢节。

（3）政府部门要心怀“大丰收”的责任感。媒体认为，“丰收”不仅包括粮食丰收，还包括收入增加、收益增多、收获满满，涉及农村物质生活的丰盛、农民人居环境的优美、农业生产环境的绿色环保、农产品的生态安全等，各级政府和相关部门要把“大丰收”放在心中，切实扛起兴农助农富农的使命责任。网民说，设立节日的同时其他措施也得跟上，要重视农民养老难、农产品价低卖难等问题。

同时，《人民日报》（海外版）、新华社、《农民日报》以整版报道、头版报道等方式，关注各地农民对“中国农民丰收节”的反映，称全国各地农民纷纷表示深受鼓舞、倍感振奋，要把节日的激励转换成振兴美丽乡村、实现伟大梦想的奋斗实践。

7月“三农”网络舆情分析报告

【舆情概况】

据监测，7月北京“三农”网络舆情信息量共计9 095条，较上月减少773条。其中，微信信息4 225条，占舆情总量的46.45%，涉及的微信公众号有通州小兵、顺义百事通、延庆在线等；新闻媒体舆情信息量2 808条（含转载），占30.87%，涉及的网络媒体有人民网、新华网、央广网等，涉及的报刊媒体包括《人民日报》《农民日报》《北京日报》《京郊日报》《北京青年报》《新京报》等，涉及的电视媒体包括CCTV－7军事农业频道《聚焦三农》、北京卫视《北京您早》等；微博消息1 685条，占18.53%，涉及的主要微博账号有小驴佳佳、冰沁于心等；论坛帖文356条，占3.92%；博客帖文21条，占0.23%（图1）。

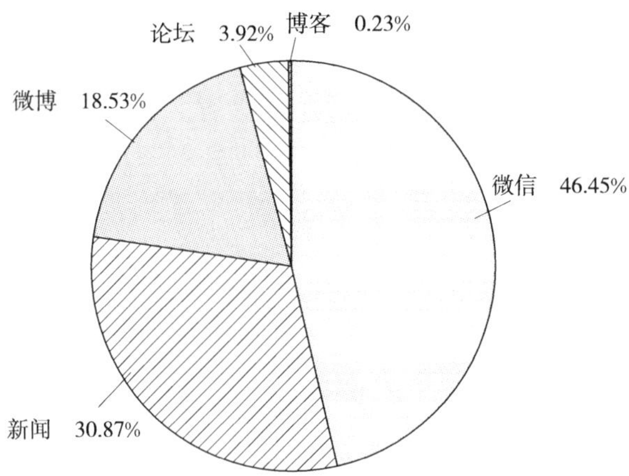

图1　7月北京“三农”网络舆情传播渠道

新闻舆情方面，月内走势波动较大，最高峰值出现在7月26日，新闻量高达228篇（图2），影响峰值的热点新闻有：《北京日报》报道《守住北京的绿水青山》，新华网、大燕网、千龙网等媒体予以转载，转载量56条；《人民日报》7月26日报道《京承农业产业扶贫签约超90亿元》，人民网、新华网、中国新闻网等媒体转载报道，转载量 55 条；《农民日报》报道《北京怀柔：大棚里“鱼菜一家亲”》，人民网、中国农业新闻网等媒体转载，转载量 18 条。在各大主题领域中，有关“农村环境”的新闻数量最多，占比达 22.40%（图 3），内容包括：“北京生态补偿机制调查：守住北京的绿水青山”“通州区部署美丽乡村三年专项行动”“北京上半年对固定源环境违法行为开上亿元罚单”“通州区政协召开美丽乡村建设工作提案督办会”“大兴区启动美丽乡村绿化建

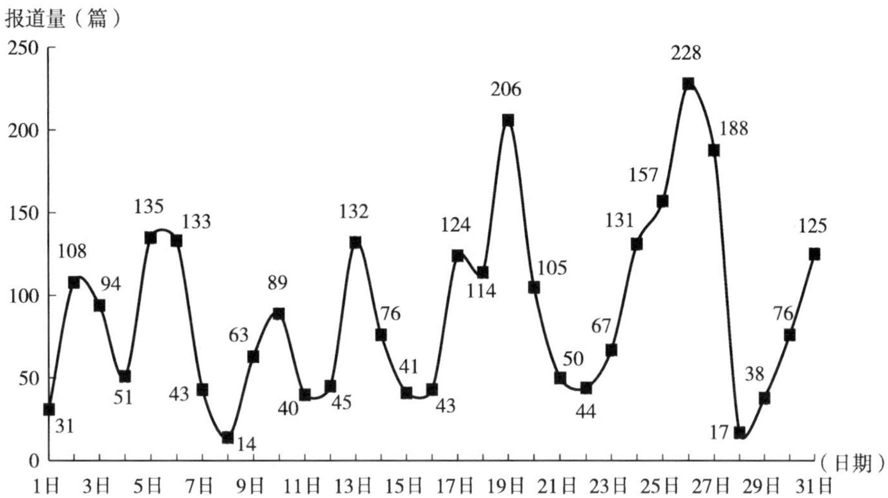

图 2　7 月北京“三农”新闻舆情走势

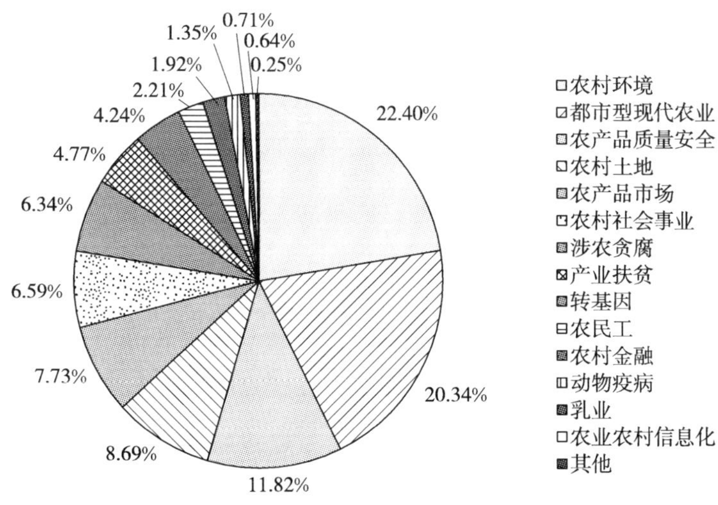

图 3　7 月北京“三农”新闻舆情话题分类

设工作”“延庆环保奶奶贺玉凤：给子孙留下碧水蓝天”等。从新闻媒体报道内容看，北京第四届鲜食玉米节相关消息是关注重点，新闻排行榜TOP10中有2条信息与之相关。此外，农业农村部公布第八批全国一村一品示范村镇名单北京榜上有名、2018年北京市种子监管工作会议、京承产业扶贫等信息也被媒体关注（表1）。

微博舆情方面，月内除7月26日出现峰值外，整体走势平稳。7月26日微博量高达433条（图4），当日主要帖文有：“通州明年实现全区污水不入沟渠”“守住北京绿水青山”等。在各大主题领域中，有关“农村环境”的微博数量最多，占比达41.96%（图5），内容包括：“通州明年实现全区污水不入沟渠”“北京的美丽乡村建设既有美丽环境又有美丽经济”“北京市门头沟区东湖林村污水泛滥成灾”“推进大兴区美丽乡村建设”等。从帖文内容看，北京国际大桃嘉年华是关注热点，微博排行榜TOP10中有4条信息与之相关（表2）。

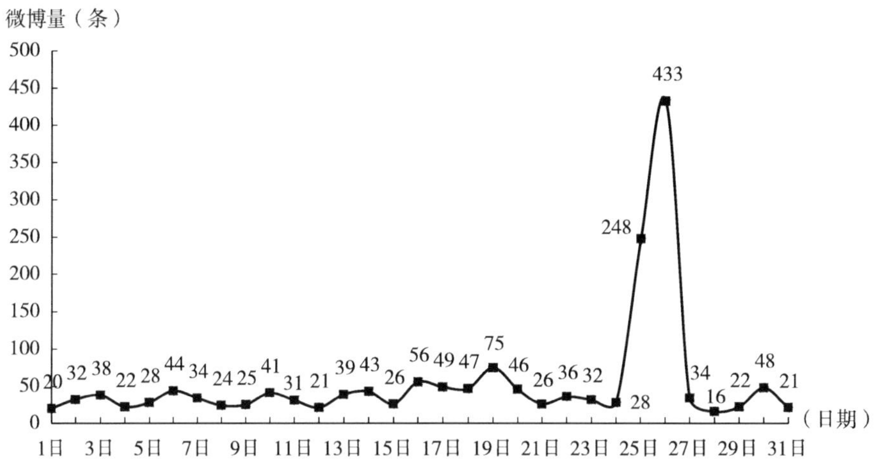

图4 7月北京“三农”微博舆情走势

微信方面，网民重点关注了北京美丽乡村建设、棚户区改造、拆迁补偿等相关内容，微信排行榜TOP10中的信息阅读量皆过万次（表3）。论坛方面，网民关注点较为广泛，涉及鲜食玉米节、农村环境、产业扶贫、农产品价格等各个方面（表4）。

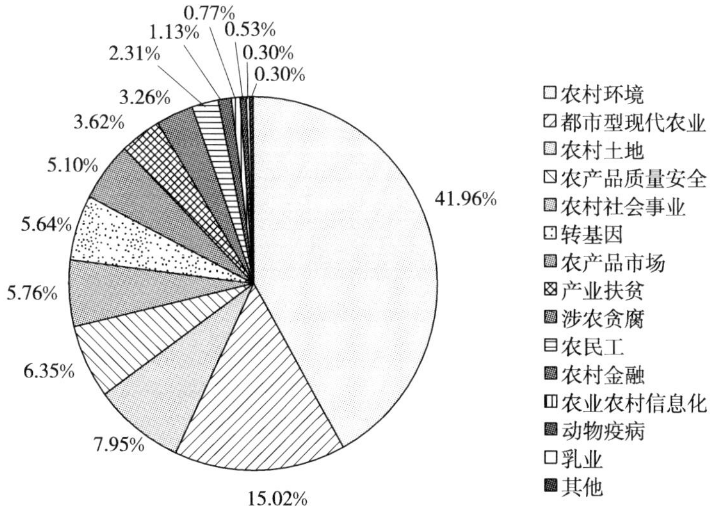

图 5 7 月北京“三农”微博舆情话题分类

【热点排行】

表 1 2018 年 7 月北京“三农”热点新闻 TOP10

排名	标　题	来源	时间（月-日）	转载
1	农业农村部公布第八批全国一村一品示范村镇名单	《农民日报》	7-14	77
2	守住北京的绿水青山	《北京日报》	7-26	56
3	京承农业产业扶贫签约超 90 亿元	《人民日报》	7-26	55
4	延庆环保奶奶贺玉凤：给子孙留下碧水蓝天	《北京晨报》	7-24	39
5	北京市将扩大种植优质高端鲜食玉米	《北京青年报》	7-9	37
6	北京新发地菜价晴雨表	《新京报》	7-1	34
7	鲜食玉米在京种植面积将扩大	《新农村商报》	7-18	27
8	北京引进小西瓜多蔓栽培技术	《农民日报》	7-11	25
9	鱼菜共生　助农增收	《人民日报》	7-10	21
10	北京启动种子监管三年行动计划	《农民日报》	7-31	18

表 2　2018 年 7 月北京“三农”热点微博 TOP10

排名	标　题	账号	时间（月-日）	转载	评论
1	北京青年为何走进农村？又为何面临一系列村民相处、家庭关系等棘手问题？	鲍晓哦呵呵	7-3	638	589
2	这次平谷蟠桃会主会场在丫髻山正门牌楼前，太会选地方	小驴佳佳	7-20	204	132
3	2018 平谷“甜桃王”擂台赛	小驴佳佳	7-20	185	132
4	平谷“甜桃王”擂台赛……	小驴佳佳	7-20	154	248
5	昨天去平谷与大学同学相聚，碰巧赶上丫髻山正在举办 2018 年平谷甜桃王擂台赛暨第三届丫髻山蟠桃会开幕式	冰沁于心	7-21	91	104
6	蜻蜓低徊、蛙鸣阵阵，为寻回儿时记忆，北京今年村庄植绿 4 200 亩	北京日报	7-29	57	5
7	蒲公英中学是北京市第一所为农民工子女创办的民办非营利性初级中学	程慕轩	7-27	49	79
8	北京市住建委：农村危房改造每户至少补助 6.8 万元	凤凰网财经	7-14	38	22
9	从追求产量到限制产量，小樱桃里的致富秘籍竟是……	杨建国	7-7	32	8
10	记者发现北京郊区一农场在卖的有机蔬菜其地里都还没长出来	朱毅	7-6	32	38

表 3　2018 年 7 月北京“三农”热点微信 TOP10

排名	标　题	公众号	时间（月-日）	阅读量	点赞
1	拆拆拆！通州 13 个村棚改有新消息！看来要提速啦……	通州小兵	7-21	41 123	28
2	涉拆迁！通州这个超级大公园不久后将开工！4 个乡镇居民将获益！	通州小兵	7-23	38 785	21
3	大兴 8 个镇 16 个村上榜啦！首批美丽乡村建设名单公布！	爱我大兴社区网	7-27	34 710	72
4	市委书记蔡奇在延庆调研，还去了这个村！	延庆	7-25	20 072	201

（续）

排名	标题	公众号	时间（月-日）	阅读量	点赞
5	事关顺义拆迁补偿，区政府发布指导意见	顺义百事通	7-4	18 886	34
6	重要通知！北京危房改造补助标准发布，延庆每户4.7万元！	延庆在线	7-13	17 743	16
7	水嫩嫩粉嘟嘟！平谷水蜜桃/油桃/蟠桃，爆甜低热量，吃出蜜桃肌！	顺丰大当家	7-12	17 730	15
8	厉害了！延庆这个村被推荐为全国“一村一品示范村镇”!!!	延庆在线	7-21	16 928	28
9	小营、石河营棚改项目最新进展！	延庆在线	7-20	16 881	37
10	顺义这个棚改项目已发布暂停公告！	顺义人网	7-24	14 207	17

表4 2018年7月北京“三农”热点网帖TOP10

排名	标题	来源	时间（月-日）	点击	回帖
1	京郊的农家乐，看着不太妙啊	爱卡汽车	7-2	26 535	18
2	鲜食玉米在京种植面积将扩大	股吧	7-17	5 331	0
3	主题：暴雨毁农田	城市中国	7-9	4 393	0
4	京承农业产业扶贫签约超90亿元	同仁社区	7-27	3 241	0
5	涉及84家企业 拆除23万米^2！通州这个镇腾退再发力！	八通社区	7-24	2 084	0
6	北京的猪肉就没有降过价格啊？怎么都说降价了呢？猪肉普通的都15块多一斤	股吧	7-16	1 812	1
7	关于顺义区北石槽镇东石槽村棚户区改造土地开发项目核准的批复	顺义在线	7-16	1 736	14
8	北京开展“万企帮万村”精准扶贫	同仁社区	7-3	1 513	0
9	房山区青龙湖镇拆除违法建设近12万米^2	房山网	7-20	1 273	0
10	房山周口店镇将建408亩滨河公园	房山网	7-9	1 247	2

【热点分析】

舆论点赞上半年北京经济平稳运行
鲜食玉米节、大桃嘉年华引热议

7月18日，北京市人民政府新闻办公室联合北京市统计局、国家统计局北京调查总队召开2018年上半年北京市经济运行情况新闻发布会，发布了2018年上半年北京经济运行情况，人民网、澎湃新闻网等媒体以数读、图解等形式进行报道。北京经济“平稳运行”“稳中向好”获舆论点赞，“8组数据”“数说北京”“高质量发展”等成为报道关键词。“都市型现代农业结构优化效益提升”“效益较高的温室、大棚产值占设施农业产值的比例达到97.6%，同比提高0.8个百分点”“平均每个观光园收入同比增长1.5%”等成绩被媒体大量报道。舆论称，2018年上半年北京市经济延续稳中向好，高质量发展取得成效。

7月7日，第25届中国鲜食玉米大会暨第四届北京鲜食玉米节在北京开幕。大会吸引了全国鲜食玉米主要育种科研单位、鲜食玉米产业龙头企业等50余家单位来此交流与合作，许多首都市民也前来品尝和休闲。人民网、《农民日报》、中国农业新闻网等媒体对大会予以关注。“优质高端”“受欢迎”“好吃”等成为报道关键词。舆论关注了北京鲜食玉米的分布范围、品种、特点以及去年北京鲜食玉米节获奖品种现今在北京多家平台上市销售等情况。舆论称，“北京科研育种＋京津冀周边错期生产＋北京市民消费”的形式正逐渐成为一种新型产业模式。舆论重点关注了北京将扩大种植鲜食玉米面积相关内容。“种植面积将扩大”“扩大在京种植面积”等语句广泛出现在报道标题中。报道指出，鲜食玉米种植面积从2015年的2.5万亩增长到2017年的3万亩，其中糯玉米约占65%，甜玉米约占35%。种植鲜食玉米的经济效益是传统玉米的3倍，成为郊区低收入户脱贫增收、农民增收致富、居民体验农业的重要途径。舆论称，这是北京农业“调转节”成果的一个缩影，是北京都市现代农业服务首都市民、富裕京郊农民的重要体现。北京市将从政策扶持、科技支撑、产销服务、消费培育等多个层面来推进北京鲜食玉米产业发展被媒体大量报道。舆论称，紧跟北京农业“调转节”的步伐，紧扣做强做优品种的“种业之都”要求，紧密结合“市场为王”的需求，是奏响北京鲜食玉米产业发展的“三重奏”。作为“种业之都”，北京的育种优势明显，鲜食玉米在北京面临广

阔的发展前景。

7月20日，第二届中国（北京）休闲大会北京国际大桃嘉年华暨“2018平谷‘甜桃王’擂台赛暨第三届丫髻山蟠桃会”在平谷区刘家店镇丫髻山风景区太极广场举办，受到人民网、新华网、《北京日报》等多家媒体积极关注。“甜桃王”“打擂”“平谷大桃”成为报道关键词。“年产2.3亿千克”“218个品种”“品牌价值约94.39亿元”等成绩获舆论点赞。舆论重点关注了“甜桃王”擂台赛的举办。生产、果型、甜度三大关卡评选标准被媒体广泛报道。舆论称，活动的举办有利于推广展示平谷大桃形象、传播平谷大桃文化、宣传平谷产业发展成就，让广大市民分享供给侧结构性改革的成果。专家建言，要立足产业转型升级，服务果农、消费者，品牌共建共享，全民携手共同打造“平谷大桃”品牌价值共同体。网民也纷纷发帖为平谷大桃点赞。网民“豆蔻梢头二月份”说，看起来就觉得很好。网民“某某李文”说，桃子竟然还有这么多种类呢！网民“靖蓓8”说，完全是蟠桃大会，我特别喜欢吃桃子。

2018年北京市种子监管工作会议及多举措保障农产品质量安全受关注

7月16日，2018年北京市种子监管工作会议在北京会议中心召开，会议部署并下发了《北京市种子监管三年行动计划（2018—2020年）及2018年工作方案》。舆论对此积极关注，人民网、新华网、《农民日报》等媒体纷纷发文报道，关注会议召开情况。“到2020年实现主要农作物种子质量合格率达96%以上”“主要蔬菜作物种子质量合格率达90%以上”“种子大案要案依法查处‘百分百’”“生物品种监管‘零死角’”等目标被媒体广泛报道。舆论称，这为首都种业发展创造了更加宽松、公平、公正的竞争环境，推进了北京现代种业发展。千龙网7月17日报道称，要全力“建设种业示范区”，努力“打造农业高精尖”，推动北京现代种业健康繁荣发展。

以冬奥会为契机，北京市采取的一揽子食品安全保障举措受到媒体关注。《北京日报》7月12日报道，目前北京市已与各地政府监管部门、基地和企业大举签约，启动了食品安全“区域协作、基地保障、全程监管”机制，全面提升北京食品安全保障水平。2019年，本市重点食品中，将有70%的果蔬、60%的猪牛羊鸡肉、50%的禽蛋和水产品源自标准化生产的基地，甚至有自己的品牌。“北京餐桌食品明年过半品牌化”“北京市农产品明年过半品牌化”“从‘吃品种’到‘吃品牌’”等成为媒体报道的热门标题。舆论表示，北京老百姓也将从“吃品种”升级为“吃品牌”。北京市与外埠监管部门共建了一套食品生产供应技术标准或规范，“一把尺子量到底”的食品标准成为北京消费者的定心丸。

舆论还关注了丰台区新发地批发市场农产品检测方式进行升级相关内容。《北京晚报》《北京商报》等媒体对升级后的监测流程进行报道。“一次可省5分钟”成为报道关键词。报道称，新发地下一步将继续推动检测关口前移到产地，推动产地直接出具检测报告，新发地通过实现网络化办公，与主产地检测室对接合作，实现农产品的实时追溯。

北京多措并举打造美丽乡村受到聚焦

7月，北京多措并举助力美丽乡村建设成为舆论关注热点话题。7月19日，北京市召开新农村建设领导小组（扩大）会议。《北京日报》《京郊日报》等媒体予以报道。其中，“本市71个规划先行试点村规划和实施方案基本编制完成，749个村启动编制工作”“3 426个村启动了环境整治，累计拆除违建275万米^2，清理垃圾250万吨，绿化255万米^2”“农村地区冬季清洁取暖工作和基础设施建设有序推进”“上半年低收入农户人均可支配收入实现6 254元，同比增长15.8%”等成果获舆论点赞。7月10日，北京市委书记蔡奇用一整天时间到门头沟区清水镇调查研究，《中国环境报》、千龙网、新浪网、中华网等媒体予以报道。“保护好绿水青山”“让群众受益”“建设首都最美丽乡村”等语句广泛出现在报道标题中。

北京市各区重视美丽乡村建设工作，为此召开的一系列会议、工作部署也被媒体关注。综合媒体报道，大兴区组织召开美丽乡村建设工作调度会，整合力量加快推进工作落实；延庆区大榆树镇召开美丽乡村建设推进会；通州区召开美丽乡村建设工作提案督办会及美丽乡村建设工作动员部署会，部署美丽乡村三年专项行动。此外，媒体还关注了大兴区委书记、顺义区委副书记等领导带队下乡调研美丽乡村建设工作等消息。《北京晚报》7月9日报道《让产业成为美丽乡村“造血工程”》称，市政协经济委员会联合8个民主党派市委、工商联及无党派人士代表联合组成调研组，与10个远郊区协同调研，用两个多月的时间深入走访了11个村落，最终形成关于“提升农村人居环境，推进美丽乡村建设”的意见建议，建议增强农村人居环境提升的内生动力，让产业发展成为美丽乡村建设的“造血工程”。在规划方面，市政协建议要因村制宜，防止美丽乡村规划标准“一刀切”，避免乡村发展规划成为流水线上的“千村一面”复制品。在增强农村人居环境提升的内生动力方面，建议要加快农村产业发展。

舆论关注北京新增一村一品示范村镇点赞农产品产销合作

7月，经农业农村部认定，北京市推荐的海淀区上庄镇西马坊村、通州区西集镇沙古堆村等9个村镇全部通过认定，成为第八批全国一村一品示范村镇。28日，北京电视台《北京新闻》等栏目对此予以播报。人民网、北青网、《农民日报》《新农村商报》等媒体关注了9个村镇的名单及特色产品，并对北京市农村工作委员会下一步的工作重点予以报道。舆论称，开展全国一村一品示范村镇创建，是深入实施一村一品强村富民工程的重要举措，对打造特色品牌农业、助推农业供给侧结构性改革、促进农村一二三产业融合发展具有重要意义。

月内，北京农产品产销合作工作也受到舆论关注。7月25日，京承农业产业扶贫协作发展会议在京召开。会上京承两地在农业科技合作、农产品加工、农业一二三产业融合、农产品产销合作等方面签订合作项目26个，总投资90.8亿元。舆论称，京承对接丰富了北京市民的“菜篮子”，鼓起了承德人民的“钱袋子”。《京郊日报》报道称，2018年丰台区扶贫协作地区农副产品推介活动日前在新发地市场举办。扶贫协作地区农副产品进新发地，在丰富本市百姓餐桌的同时，推介活动可惠及3个区的3 320户贫困户，共8 000余人。此外，“心系菜篮子，合力促民生”海淀区清河街道与车客家园菜篮子工作推进会举行。为了满足居民基本的菜篮子需求，清河街道引进车客家园“线上预订+门店体验及自提+社群分享”的零售新模式，推出“具有清河特色的社区生活性便民菜篮子工程”，为居民的日常生活提供保障。舆论称，“互联网+菜篮子”让北京人吃上更新鲜的蔬菜。

舆论从三方面关注北京农村环境治理

7月，舆论对北京农村环境治理予以关注，关注点主要集中在三方面。一是关注各区拆除违建工作进展。拆除违建面积被媒体重点报道。上旬，人民网、北青网集中关注了“平谷区金海湖镇依法拆除韩庄村1 600米^{2}违法建筑”“房山区周口店镇拆违建408亩”等消息。《京郊日报》在中下旬持续报道了平谷区马坊镇和房山区青龙湖镇拆除的违建面积，分别为4.4万余米^{2}和12万米^2。《北京晚报》7月31日报道称，截至7月26日，通州区共拆除违法建设993万米^2，居全市首位。二是关注北京农村危房改造工作。7月中旬，市住房城乡建设委员会会同市农村工作委员会、市民政局、市残联、市规划国土委员会、市财政局联合发布了《北京市农村4类重点对象和低收入群众危房改造工作方案（2018—2020年）》，人民网、新华网、《北京日报》《北京晨报》等媒体对方案内容予以关注。“至少补贴6.8万元”“生态涵养区4.7万元/户”“其他郊区4.1万元/户”“城区3.4万元/户”等数字被媒体大量报道。三是关注农村厕改。《京郊日报》7月4日报道称，朝阳区太阳宫乡牛王庙村的新改建公厕在全市首次试点应用了真空排导技术，既环保节能又高效干净。据悉，经过试点，这一原本应用于飞机、高铁卫生间的技术，将在本市有条件的农村地区公厕中推广；《北京晚报》《北京晨报》报道称，朝阳公厕革命试用高铁技术，用真空收集装置，有效消除臭味，省水90%以上。该区将在城乡结合部的53座公厕试点真空排导技术改造，2019年计划对全区1 081座旱厕进行升级改造。

舆论关注北京两起村官贪腐案件

7月，舆论关注北京两起村官贪腐案件。《北京晚报》7月15日报道《村支书骗拆迁款216万元　犯贪污罪获刑6年》称，丰台区长辛店村原村支书金美凤利用村内拆迁机会，为其本人和家人进行重复安置，骗取国家拆迁补偿款216万元。人民网、新华网、中国新闻网等媒体纷纷进行转载，关注案件情况，新闻媒体、微博、微信各大平台转载量达150余次。“骗取拆迁款216万元”“获刑6年”两个数字被媒体大量报道。《中国纪检监察报》7月18日报道《“一外一内”两次评估　70余万进了他们腰包　北京平谷4名村干部套取补偿款被查处》称，北京市平谷区峪口镇西樊各庄村党建办主任张晓峰、村委会主任任长海以及村委会工作人员芮成兴、张长友，在协助峪口镇政府开展“煤改气”工程占地补偿的行政管理工作中，利用职务便利，非法侵占拆迁补偿款70余万元。人民网、中国日报网等媒体对报道进行转载，新闻媒体、微博、微信等各大平台转载量达近70次。舆论称，查处一案，警示一片。

【全国热点】

2018年7月热点新闻见表5。

表 5 2018 年 7 月热点新闻 TOP10

排名	标 题	来源	时间（月-日）	转载
1	习近平：把实施乡村振兴战略摆在优先位置	新华网	7-5	924
2	145 个贫困县扶贫审计结果公布	《人民日报》	7-2	523
3	乡村振兴法已启动立法相关程序 2020 年前有望发布	《经济参考报》	7-16	405
4	三部门：转基因食用植物油应当按照规定显著标示	《中国食品安全报》	7-9	351
5	我国农产品质量向好向优	《人民日报》	7-31	347
6	让乡村振兴成为全党全社会的共同行动	央视网	7-5	317
7	夏粮丰收，奠定全年粮食丰收基础	《人民日报》	7-12	307
8	三部门：花生油、橄榄油等不得标注“非转基因”	《科技日报》	7-6	302
9	我国农村改革的光辉历程与基本经验	《人民日报》	7-23	269
10	今年全国夏粮获得较好收成	《经济日报》	7-19	215

“乡村振兴战略”年中盘点：开局有力 亮点频现

2018 年是实施乡村振兴战略的开局之年。7 月，在全年过半之际，新华社、中央电视台、《农民日报》等多家媒体对上半年乡村振兴战略取得的成效展开综合盘点，“开局有力”“全面起航”“亮点频现”等成为关键词。舆论指出，实招实策密集出台，统筹谋划科学推进，深化改革探索创新，农业发展质量不断提升，新产业、新业态蓬勃兴起，农业农村经济活力增强、稳中向优，广袤乡村迸发出磅礴动能。网民也为乡村振兴战略积极点赞，希望全国上下齐心协力，让农业强起来、乡村美起来、农民富起来。

从关注情况看，乡村振兴战略的部署落实成为热点议题。7 月上旬，习近平总书记对实施乡村振兴战略做出重要指示，引发各界高度聚焦。其中的“把实施乡村振兴战略摆在优先位置”“让乡村振兴成为全党全社会的共同行动”成为媒体引用的高频语句。舆论表示，这不仅为实施乡村振兴战略指明了方向和路径，而且进一步统一思想、动员力量、促进落实，对实现乡村振兴战略开好局、起好步具有重大意义。同时，媒体还积极关注了全国实施乡村振兴战略工作推进会议，重点报道了农业农村部、国家发展改革委员会、财政部等部门强化规划、完善保障机制等推进乡村振兴战略的一系列工作，“乡村振兴法已启动立法程序”的相关消息也引发大量转载。舆论就此指出，实施乡村振兴战略的蓝图已经绘就、号角已经吹响，要持之以恒抓好各项举措落实，善始善终、善作善成，推动乡村振兴不断取得新成效、开创新局面。

同时，各地实施乡村振兴战略呈现的特色和亮点也被关注，四川强化“川字号”特色农产品品牌建设、山东打造乡村旅游“齐鲁样板”、浙江力促“万村景区化”、广东出台乡镇人才引进计划等被大量报道。央视《新闻联播》总结称，各地瞄准新的发展目标，着力抓重点、补短板、强弱项，推动乡村全面振兴。此外，媒体还关注了实施乡村振兴战略中的“人、地、钱”三要素。《农民日报》介绍了河北、河南、山东等地在破解融资难、用地难方面的积极举措。山西新闻网援引国家统计局山西调查总队的调研数据称，资金扶持、技术帮扶是农民最期盼的事。舆论表示，乡村振兴就是要让人“动”起来、地“活”起来，农民的“钱袋子”鼓起来，这是一场艰苦的跋涉，要让勇于开拓成为永恒基因，让农民成为这个舞台的主角，让心劲心气催动向上的力量，乡村这棵大树一定会枝繁叶茂。

8 月“三农”网络舆情分析报告

【舆情概况】

据监测，8 月北京“三农”网络舆情信息量共计 12 934 条，较上月增加 3 839条，增幅 42.21%。其中，微信信息 4 451 条，占舆情总量的 34.41%，涉及的微信公众号有延庆在线、家住昌平、北京交通广播等；新闻媒体舆情信息量 4 336 条（含转载），占 33.53%，涉及的网络媒体有人民网、新华网、央广网等，涉及的报刊媒体包括《农民日报》《北京日报》《京郊日报》《北京青年报》《新京报》等，涉及的电视媒体包括 CCTV－2 财经频道《第一时间》、CCTV－4 中文国际频道《中国新闻》、北京卫视《北京新闻》《北京您早》等；微博消息 3 878条，占 29.98%，涉及的主要微博账号有中新经纬、澎湃新闻、北京头条等；论坛帖文 256 条，占 1.98%；博客帖文 13 条，占 0.10%（图 1）。

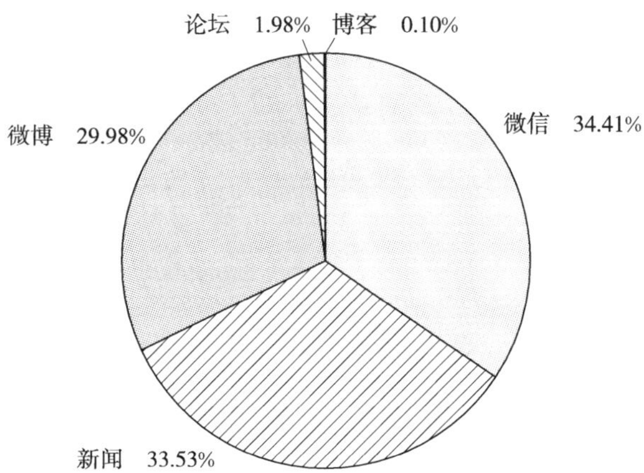

图 1　8 月北京“三农”网络舆情传播渠道

新闻舆情方面，除 8 月 24 日出现峰值外，月内走势整体平稳（图 2）。8 月 24 日新闻量高达 491 篇，主要的热点新闻有：新华网 8 月 24 日报道《北京首个集体土地租赁房项目开工》，人民网、央广网、财经网等媒体转载报道，转载量 193 条；《北京晨报》报道《成寿寺集体土地租赁住房将开工》，千龙网、搜狐网等媒体予以转载，转载量 14 条；北京市住房和城乡建设委员会官网报道《丰台区成寿寺集体土地租赁房项目今日正式开工》，北京时间网、中华网等媒体转载，转载量 14 条；人民网报道《寿光遭受洪灾　北京菜价略有上涨》，搜狐网、江淮晨报网等媒体转载报道，转载量 10 条。在各大主题领域中，有关“农村土地”的新闻数量最多，占比达 37.02%（图 3）。内容包括：“北京市首个集体土地租赁房项目开工”“‘大棚房’整治持续进行！北京率先清理设施农业问题合同”“北京市违规‘大棚房’整改标准出台”“北京将供应

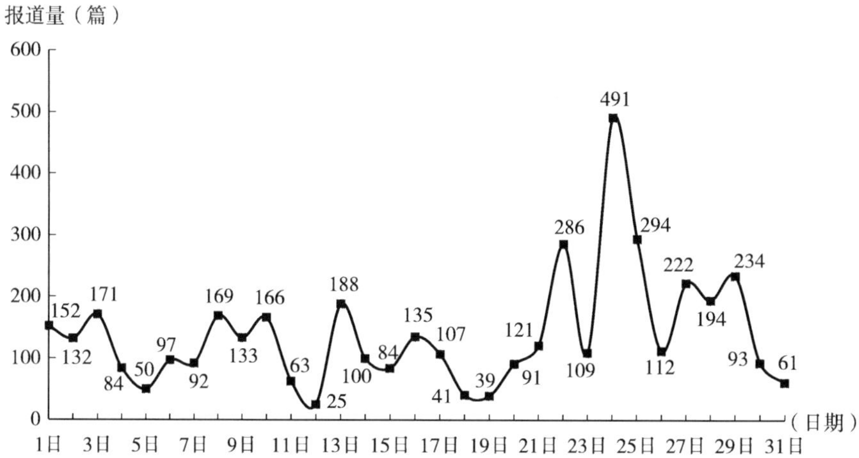

图 2　8 月北京“三农”新闻舆情走势

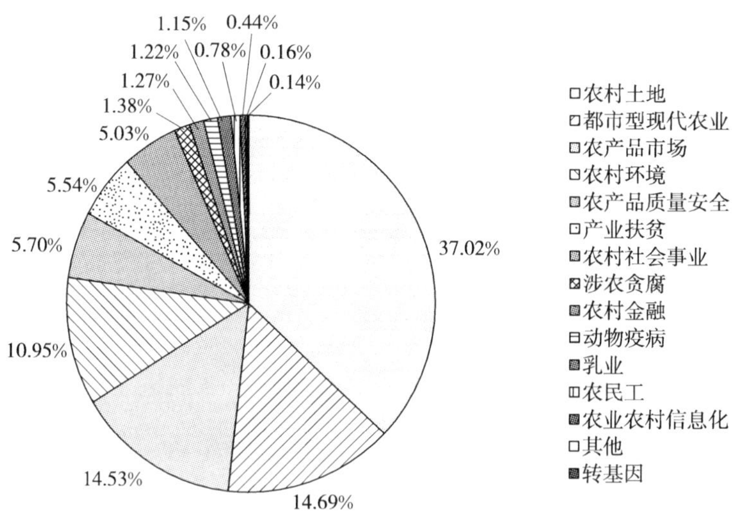

图 3　8 月北京“三农”新闻舆情话题分类

1 000 公顷农村集体土地建租赁房”“首都农村集体土地建设租赁住房专题论坛成功举办”等。从全月新闻媒体报道内容看，集租房建设相关消息是关注重点，新闻排行榜 TOP10 中有 2 条信息与之相关，《北京首个集体土地租赁房项目开工》居新闻排行榜 TOP10 榜首。此外，“大棚房”整改、农产品价格、美丽乡村建设、非洲猪瘟防控等信息也被媒体关注（表 1）。

微博舆情整体走势大致与新闻走势趋同，峰值同样出现在 8 月 24 日，微博量为 285 条（图 4）。当日主要帖文有：“北京南三环集体土地租赁房开工 可提供 901 套房”“北京市丰台区南苑乡成寿寺村集体土地租赁房项目正式开

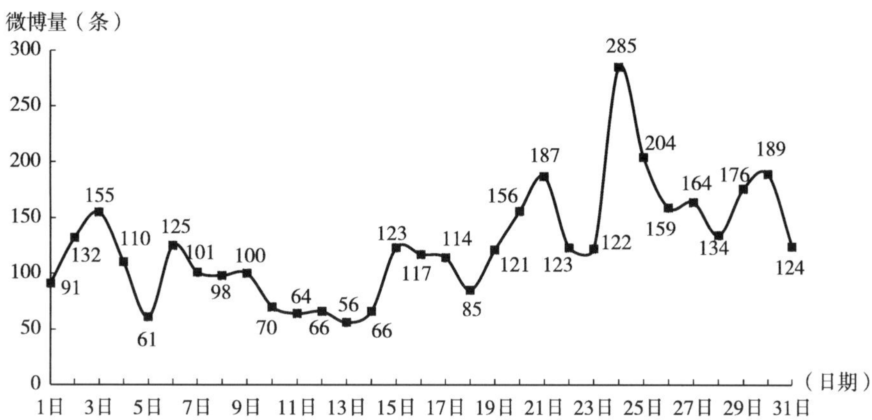

图 4 8 月北京“三农”微博舆情走势

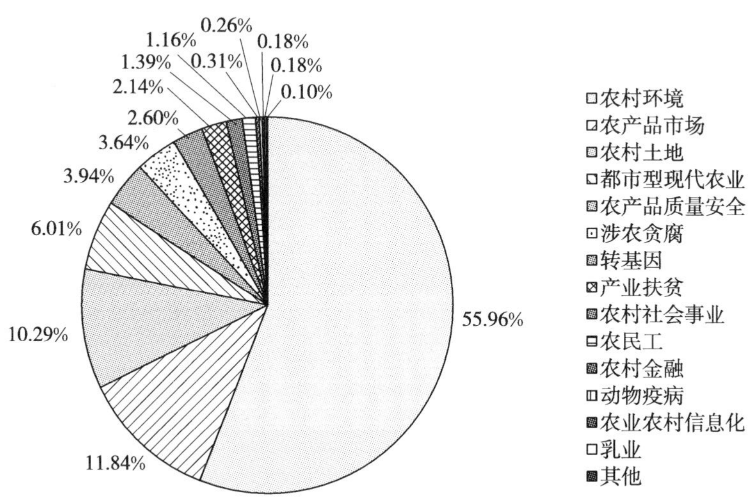

图 5 8 月北京“三农”微博舆情话题分类

工建设”“蔬菜之乡寿光被淹：菜贩到北京抢菜回运，芹菜 4 小时涨 30%”等。在各大主题领域中，有关“农村环境”的微博数量最多，占比达 55.96%（图 5），内容包括：“稻香湖天然公园——北京第一座由京郊农民集资的田野公园”“水产养殖业退出密云水库上游”“北京市委以大调研推进美丽乡村建设，蔡奇要求打造北京样本!”等。从帖文内容看，北京市农产品价格上涨以及集租房建设相关信息是关注热点，微博排行榜 TOP10 中有 7 条信息与之相关。此外，乡情村史陈列室及非洲猪瘟防控等信息也被微博网民关注（表 2）。

微信方面，排行榜 TOP10 中有 8 条信息涉及农村土地话题，主要为拆迁、搬迁、棚户区改造、“大棚房”整改等内容（表 3）。论坛方面，网民关注点较为广泛，涉及农村环境、农产品价格、涉农贪腐等各个方面（表 4）。

【热点排行】

表 1　2018 年 8 月北京“三农”热点新闻 TOP10

排名	标　题	来源	时间（月-日）	转载
1	北京首个集体土地租赁房项目开工	新华网	8-24	193
2	两部门开展专项整治违规“大棚房”清零在即	《北京商报》	8-21	126
3	集租房建设将盘活农村资产	《北京日报》	8-13	107
4	打造美丽乡村建设北京样本	《北京日报》	8-20	95
5	通州区两年内将疏解提升 59 家市场	《北京青年报》	8-7	61
6	北京：2020 年前中心城污水处理率将达 99%	《北京青年报》	8-5	56
7	新发地：北京菜价整体平稳	《新京报》	8-26	54
8	北京摸底 7 月外埠调入生猪	《北京青年报》	8-4	41
9	爨底下村史藏进古民居	《北京日报》	8-6	40
10	北京新发地菜价晴雨表	《新京报》	8-21	34

表 2　2018 年 8 月北京“三农”热点微博 TOP10

排名	标　题	账号	时间（月-日）	转载	评论
1	最近，山东、北京等全国多地菜价都涨了	中新经纬	8-20	46 518	51 544
2	蔬菜之乡寿光被淹：菜贩到北京抢菜回运，芹菜 4 小时涨 30%	澎湃新闻	8-24	9 631	23 942

（续）

排名	标　题	账号	时间（月-日）	转载	评论
3	乡情村史陈列室：流淌着历史记录着乡愁	北京头条资讯榜	8-19	812	163
4	寿光洪灾#菜价上涨#黄瓜一斤9块9北京菜价暂未受影响	新京报	8-24	182	520
5	"中国蔬菜之乡"寿光被淹：菜价飙涨山东菜贩到北京新发地抢菜回运	财经网	8-24	114	163
6	寿光被淹：菜价飙涨，山东菜贩到北京新发地抢菜回运	蓝鲸财经记者工作平台	8-24	114	83
7	北京将供应1 000公顷农村集体土地建租赁房	中国经营报	8-21	95	16
8	农村集体土地建租赁房试点探索提速，北京将供一千公顷集体土地建租赁房	环球市场播报	8-21	69	26
9	北京市农业局：摸底7月外埠调入生猪，建议养殖场暂停生猪调入	财经网	8-3	46	33
10	戴彬彬调研大棚房治理和美丽乡村建设工作	海淀在线	8-27	26	15

表3　2018年8月北京"三农"热点微信TOP10

排名	标　题	公众号	时间（月-日）	阅读量	点赞
1	延庆这些地方要拆-搬迁吗？	延庆	8-5	42 052	154
2	延庆哪些村要拆哪些村不拆？官方答复	延庆在线	8-12	33 109	63
3	定了！昌平三镇拆迁、棚改、基础设施改造……这些工程即将开始！有没有您家？	家住昌平	8-18	31 131	68
4	10块钱9根香菜？最近北京菜价也涨了！咋回事？	北京交通广播	8-24	30 089	72
5	自然资源部通报"大棚房"违法占地案	土地观察	8-22	28 853	45
6	大兴这7个村，开始拆了！	大兴土著	8-22	22 716	39
7	大事儿！昌平这两个村的居民或将整村搬迁！	家住昌平	8-25	21 452	58
8	好消息！延庆9 700名山区农民将在未来5年内搬迁	延庆	8-1	21 094	81
9	密云水库旁，副区长深鞠一躬	长安街知事	8-24	20 632	142
10	刚刚，昌平这处非宅被腾退！	北京昌平	8-21	15 235	70

表4　2018年8月北京“三农”热点网帖TOP10

排名	标　题	来源	时间（月-日）	点击	回帖
1	家里有矿也吃不起香菜？	京华论坛	8-30	10 896	0
2	北京首个集体土地租赁房项目开建	股吧	8-24	7 169	0
3	密云区督查整治库区水产养殖	股吧	8-8	6 591	1
4	通州菜价高吗？	八通社区	8-22	4 984	16
5	北京生猪存栏量为97.1万头首次低于百万头	股吧	8-1	2 706	0
6	北京14个部门联手出招培育新型农业经营主体	决策主力股票论坛	8-15	2 446	0
7	北京鸡蛋价格上涨	股吧	8-17	2 428	5
8	朝阳：紧盯农村“三资”严查群众身边腐败问题	发展论坛	8-16	2 081	1
9	一箱土鸡蛋半月没吃孵出小鸡　专业人士：可能是受精蛋	八通社区	8-6	2 055	1
10	区种植中心蔬菜站举办秋季设施蔬菜生产技术培训会	爱我大兴社区	8-17	1 269	0

【热点分析】

舆论聚焦北京市“大棚房”整改工作

8月，北京市“大棚房”整改举措及成效受到舆论重点关注。月初，北京市规划国土委员会依照相关规定，制定发布了《大棚类设施农业项目违法违规用地整改标准》，对大棚类设施农业项目的各个细节进行全方位规范。各区据此认真组织整改。“场内道路禁超6米宽”“耳房不得超15米^2”等数字被媒体大量报道。《北青社区报顺义版》8月1日报道称，顺义区北小营镇成立2个工作组，分片摸排全镇疑似大棚房94处、农业大棚589栋，建立农业设施大棚台账。严格限定问题整改时限及标准，开展6块违规农业大棚集中整治，拆除建筑面积68 600米^2，硬化地面4 400米^2，共恢复土地原貌190亩。《北京日报》8月2日报道称，平谷区截至目前已全部完成清查，发现问题大棚235栋，完成整改173栋。千龙网8月8日报道称，密云全区已完成54.2%违法违规“大棚房”的整改。其中，密云区河南寨镇“一亩田园”设施园区“大棚房”全部拆除，场清地平。8月20日，自然资源部和农业农村部联合召开

“大棚房”专项整治行动动员部署会，指出2018年8～12月在全国开展大棚房的清理整治，落实耕地资源保护。8月21日，自然资源部召开“大棚房”问题专项整治媒体吹风会，通报了14起“大棚房”问题重大典型案件，其中包括北京市昌平区、大兴区、密云区、延庆区四地四起“大棚房”案件，北京市对昌平区5个党组织和20名相关责任人问责获舆论肯定。

此外，为进一步做好设施农业集中清理整治工作。8月15日，北京市农村工作委员会、市农村合作经济经营管理办公室联合发函，要求开展设施农业用地合同清理和整改工作。央广网、中国农业新闻网、《京郊日报》等媒体从函告中提出的法律法规及政策依据、规范合同的主要内容及订立程序、整改工作原则、整改工作规范等方面予以报道。

舆论关注北京市农村集体土地建设租赁住房

8月2日，由北京农村产权交易所主办的首都农村集体土地建设租赁住房专题论坛在京召开。舆论对此积极关注，《北京日报》、千龙网等媒体发布相关报道，并对论坛召开给予高度评价。“截至2017年年底，北京市已供应了204公顷集体建设用地用于集体租赁住房”“2018年还将增加200公顷土地供应”“到2021年，将供应一千公顷农村集体土地用于租赁住房”等政策获舆论点赞。舆论称，集体租赁住房建设将盘活农村资产。《农民日报》8月8日报道称，此次论坛活动的举办，为集体租赁住房建设的政策实施、项目落地、产品支持等提供更广阔的思路和提升空间，让乡村共享租房时代的红利。同时，也体现出在集体租赁住房政策落实过程中，北京农交所充分发挥农村产权交易平台的“政策引导”“资源配置”和“价值发现”功能，推动实现社会资本与农村要素资源的高效对接，为首都“三农”事业发展贡献力量。有专家表示，农村集体建设用地建设租赁住房，增加了住宅用地来源和租赁住房供给，扩展了集体经营性建设用地的居住和产业发展功能，对盘活低效集体建设用地、解决城市周边外来务工人员居住问题、改善城郊经济社会环境等方面，发挥了积极作用。同时，这项改革还拓宽了集体经济组织和农民增收渠道，农民获得长远稳定收益。

此外，北京市两地村集体土地建设租赁房项目开工也受到舆论关注。8月24日，北京市丰台区南苑乡成寿寺村集体土地租赁房项目正式开工建设。人民网、新华网、央广网等媒体予以报道。“首个集体土地租赁房开工”“可提供租赁房源901套”“建筑规模2.88万米^2”“预计2021年运营”等信息广泛出现在报道标题中。舆论对公寓位置、设计方案等内容予以关注。报道称，这批租赁房源将主要面向周边产业职工和城市保障服务人群，同时，合适的项目房源也可以解决公租房轮候家庭的住房需求。8 月 28 日，石景山古城集体土地租赁住房项目开工建设。“长安街旁首个集体土地租赁房开工”“房源 403 套”等信息被置于报道标题中。人民网、和讯网、搜狐网等媒体对公寓结构、位置、配套设施等内容予以关注。《北京青年报》8 月 29 日报道称，石景山区选定八宝山、古城、五里坨 3 处集体土地建设租赁房项目，建设规模约 15 万米^2，其中住宅面积约 10 万米^2。八宝山和五里坨两个集体土地租赁住房项目也将于今年 10 月开工建设，三个项目建成后可提供租赁房源 1 148 套。

北京多措并举打造美丽乡村受到聚焦

8 月，北京市委组织实施乡村振兴战略、整治农村人居环境、推进美丽乡村建设大调研，受到媒体积极关注。8 月 17 日，市委书记蔡奇先后来到密云区、怀柔区，进山村、访农户。他强调，要打造美丽乡村建设北京样本。《北京日报》、新华网、千龙网等媒体对蔡奇在密云区、怀柔区的调研行程及对乡村振兴战略实施的工作要求予以详细报道。8 月 9 日，人民网报道称，日前，北京市委农村工作委员会副书记苏卫东带队到李桥镇调研美丽乡村建设工作。

北京市各区积极配合，致力于打造美丽乡村北京样板。综合媒体报道，密云区委书记夏林茂到古北口镇调研并召开美丽乡村建设工作现场会；平谷区召开美丽乡村建设和农村人居环境整治工作推进会；房山区领导开展“实施乡村振兴战略，整治农村人居环境，推进美丽乡村建设，促进低收入村户增收”主题大调研工作；怀柔区桥梓镇开展“疏整促”，助推美丽乡村建设。此外，舆论还关注了美丽乡村建设取得的成效。《北京日报》8 月 31 日报道称，大兴区魏善庄镇半壁店村建设美丽乡村以来，告别了黄沙漫天的农作日子，取而代之的是产业兴旺、环境优美的旅游休闲胜地。

此外，舆论还关注了北京市各区乡情村史陈列室相关内容。《京郊日报》《北京日报》《北京晚报》等媒体对昌平区、房山区、海淀区等区的乡情村史陈列室予以关注。舆论称，平谷、顺义、昌平乡情村史陈列室突出本地特色，推动了乡村文明建设。

舆论关注北京农产品价格上涨

受多种因素影响，8 月北京市部分农产品价格出现急剧上涨，引发舆论广泛关注。央视财经频道、中文国际频道《第一时间》《经济信息联播》《中国新闻》等栏目对此予以播报。“菜价暴涨”“菜价普涨”“一天一个价”“菜价上涨400%”“10 元在京能买 17 根豆角”“掉 2 片叶子就赔本”“芹菜 4 小时涨30%”“迎来‘2 元时代’”“葱价至五年最高”等涨价信息被舆论大量报道。市民猜测北京农产品价格上涨是受山东寿光蔬菜基地被淹的影响。权威媒体纷纷发声，关注农产品价格上涨原因。《新京报》8 月 26 日报道称，新发地农副产品批发市场统计部经理刘通表示，北京的蔬菜价格近期出现波动，但是寿光水灾的影响有限，菜价整体平稳。新发地市场上受到寿光水灾影响而涨价的蔬菜主要分为两种，一种是寿光为主产区的蔬菜，如苦瓜、丝瓜、茄子、黄瓜；另一种是寿光本应在 10 月、11 月上市的蔬菜，如豆角类。《证券日报》8 月28 日报道称，北京蔬菜价格上涨主要有两方面原因：一是 2018 年夏季冷凉地区蔬菜播种时遭遇倒春寒，幼苗出现冻伤现象；二是多地 7 月出现的长时间高温和连续强降雨，一些蔬菜被雨水浸泡后又被高温炙烤，出现腐烂现象，造成产量下降与供应偏紧。《法制晚报》8 月 27 日报道称，从周环比菜价对比来看，北京的菜价并没有出现外地的剧烈上涨。而部分蔬菜价格上浮，与不利气候关系较大。

舆论点赞北京都市型现代农业亮点频出

进入收获的季节，北京郊区都市型现代农业发展的亮点以及丰富多彩的农事活动受到媒体积极关注。8 月 10 日，北京香逸葡萄文化节在顺义北务香逸葡萄大观园开幕，舆论对此积极关注。北京新闻频道《北京您早》等栏目对此予以播报。“盛大开幕”“七大香系”“百余品种”等成为报道关键词。《北京青年报》《经济日报》等媒体对葡萄品种、特点及专家讲解葡萄相关知识等内容予以关注。8 月 18 日，2018 北京大兴“春华秋实”金秋旅游季暨第十八届采育葡萄旅游文化节开幕。“乐居、畅游、兴业、文化”四大主题以及摄影大赛、原创歌曲征集、葡萄产业精品项目评比、“发现采育”趣味活动、精品文艺演出和第三届食苑泡菜文化季等 6 项系列活动被媒体广泛报道。舆论称，北京大兴展现美丽采育新市镇品牌形象。下旬，平谷区 22 万亩大桃开始进入晚熟期，2018 年平谷区投入 1 000 万元实施“互联网+大桃”工程，互联网助力 7 万桃农“好桃卖好价”获舆论点赞。“电商销售大桃 1 350万斤”“同比增长 46%”“今年预计达到 3 000 万斤”“销售额突破 1 亿元”等数字被媒体大量报道。人民网、中国新闻网、《北京晚报》等媒体报道了平谷地区“互联网+大桃”典型人物的典型事迹。舆论称，“互联网+大桃”助京郊农民稳产增收。

【全国热点】

2018年8月热点新闻见表5。

表5 2018年8月热点新闻TOP10

排名	标 题	来源	时间（月-日）	转载
1	农业农村经济高质量发展开局良好	《人民日报》	8-22	601
2	农业农村部：将加快淘汰高毒农药	新华网	8-9	410
3	多个试点城市加快推进农村集体建设用地建租赁房	《上海证券报》	8-27	370
4	农村集体土地建租赁房试点探索提速	《经济参考报》	8-21	361
5	中央财政出台保费补贴政策支持制种产业发展	新华网	8-10	356
6	黑龙江桦南县疑似羊炭疽疫情得到有效控制	《科技日报》	8-10	274
7	中农办：未来三年3 000万左右农村贫困人口需要脱贫	中国新闻网	8-20	253
8	内蒙古通辽发生疑似牛炭疽疫情 8人感染病情稳定	中国新闻网	8-13	246
9	黑龙江调往河南郑州的生猪确诊发生非洲猪瘟	新华网	8-16	231
10	让脱贫攻坚经得起检验	《人民日报》	8-22	222

多方联动防控非洲猪瘟疫情 公众焦虑情绪得以有效舒缓

8月初以来，辽宁、河南、江苏、浙江、安徽等地先后发生非洲猪瘟疫情。舆论对此持续关注，舆情热度贯穿全月。截至9月1日18时，新闻媒体累计发布相关报道20 738篇，新闻客户端10 513篇，论坛、博客6 971篇，微信31 692篇，微博103 295条。新浪微博设立的61个相关微话题阅读总量7 827万次。从舆情走势看，疫情通报是影响舆情起伏的关键节点。农业农村部网站分别于3日、16日、19日通报辽宁沈阳、河南郑州、江苏连云港发生的非洲猪瘟疫情最受舆论关注，均引发了舆情热度的明显上扬。

从关注内容看，热点舆情主要集中在以下三方面：

（1）政府部门疫情防控举措受到聚焦。国务院办公厅针对非洲猪瘟等动物疫病防控印发专门通知，农业农村部及时启动重大动物（Ⅱ级）疫情预警并多次召开部署会议，相关地区也积极落实疫情防控工作。对此，新闻媒体和社交媒体予以重点宣传，“非洲猪瘟防控国家在行动”“共同努力打好打赢非洲猪瘟歼灭战”等信息在标题中广泛出现。

（2）政府部门开展的科普宣传引发大量传播。农业农村部网站多次发布“非洲猪瘟疫情答记者问”，各地政府部门和公安部门通过官方微博微信澄清谣言、答疑公众关注的热点问题，均引发了媒体的大量转载。“非洲猪瘟不传人”“正规猪肉放心吃”“这些猪瘟谣言不要信”等消息频现互联网。

（3）讨论非洲猪瘟疫情对生猪养殖、运输以及价格的影响。有舆论说，我国目前的几起疫情基本上都发生在中小散户养猪场，泔水喂养、卫生条件差、没有任何防范措施是共同特征，非洲猪瘟疫情将加速我国生猪养殖向产业化和生态化方向发展。有舆论认为，此次疫情给“南猪北养”带来挑战，未来还需在禁养拆迁中综合考量养殖布局。还有舆论表示，由于规模化养殖场并未受到疫情影响，加上生猪暂停跨省调运，生猪价格短期将维持涨势，但由于各地生猪补栏和仔猪生长情况受挫，会间接导致四季度及 2019 年生猪供应偏紧。

从舆情传播效果看，多方联动防控非洲猪瘟疫情受到舆论肯定。人民网舆情频道用“高效、有序、有力、有度”评价政府部门开展的相关工作，称农业农村部积极部署疫情防控，各方及时科普辟谣，有效缓解了公众担忧情绪，稳定了舆情态势，降低了负面舆情事件的影响。“鹰眼舆情观察室”说，由于政府部门和官方媒体积极响应并给予社会关注，非洲猪瘟疫情并没有造成网民严重的负面情绪。总体看，非洲猪瘟疫情的舆情于 8 月末已趋于平稳。但进入 9 月以来部分地区接连新发非洲猪瘟疫情，再度推升舆情热度。舆论认为疫情在短时间内彻底扑灭的可能性较小，希望政府部门继续做好疫情防控和信息公开工作，尽快查清疫情传播途径并加大疫苗产品的研发力度。

9 月“三农”网络舆情分析报告

【舆情概况】

据监测，9 月北京“三农”网络舆情信息量共计 39 908 条，较上月增加 26 974 条，增幅 208.55%。其中，新闻媒体舆情信息量 19 095 条（含转载），占 40.33%，涉及的网络媒体有人民网、新华网、央广网等，涉及的报刊媒体包括《人民日报》《北京日报》《新京报》《北京青年报》《京郊日报》等，涉及的电视媒体包括北京卫视《北京新闻》《北京您早》等；微博消息 8 980 条，占 22.50%，涉及的主要微博账号有杨幂、侯明昊、新华网、财经网等；微信信息 7 236 条，占 18.13%，涉及的微信公众号有延庆在线、通州小兵、通州八通网、爱我大兴社区网等；客户端文章 6 281 篇，占 15.74%；论坛帖文 1 067 条，占 2.68%；博客帖文 249 条，占 0.62%（图 1）。

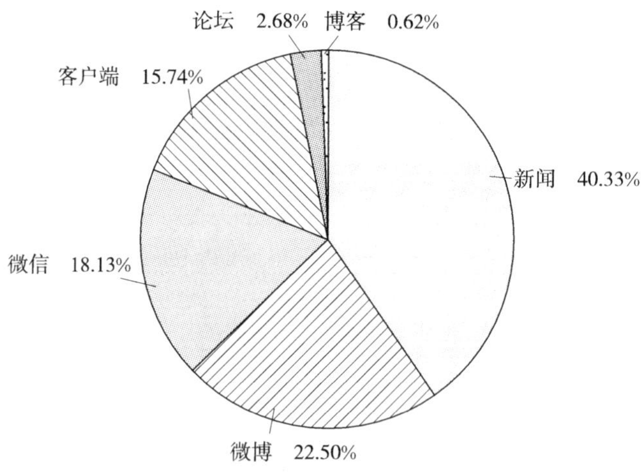

图 1　9 月北京“三农”网络舆情传播渠道

新闻舆情方面，9 月 23 日，首届中国农民丰收节开幕，将新闻舆情推向峰值（图 2），也导致在各大主题领域中，丰收节所属领域“农村社会事业”的新闻数量最多，占比达 64.38%（图 3）。9 月 23 日新闻量高达 2 207 篇，主要的热点新闻有：中国政府网 9 月 23 日报道《胡春华出席首届中国农民丰收节主场活动并致辞》，中国网、中国农业新闻网、中新社等媒体转载报道，转载量 193 条；新华网报道《丰收的味道！日子比葡萄还甜蜜》，中国青年网、大众网、西部网等媒体予以转载，转载量 84 条；新华网报道《新华微评：为农民点赞，为丰收加油》，阳光网、中国新闻网等媒体转载，转载量 61 条；《北京青年报》报道《北京农田观光季亮相京郊》，新华网、千龙网等媒体转载报道，转载量 32 条。从全月新闻媒体报道内容看，中国农民丰收节相关消息是关注重点，新闻排行榜 TOP10 中有 6 条信息与之相关。此外，农产品价格、北京休闲农业、农民工讨薪等信息也被媒体关注（表 1）。

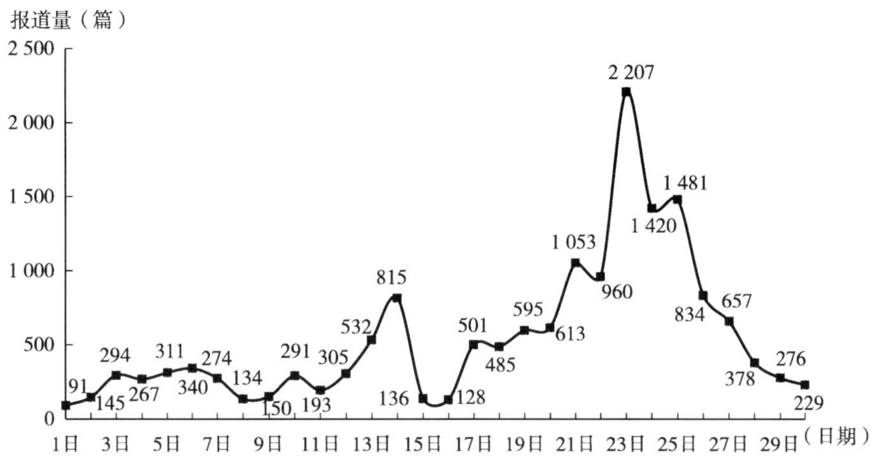

图 2　9 月北京“三农”新闻舆情走势

微博舆情整体走势大致与新闻走势趋同，峰值同样出现在 9 月 23 日，在农民丰收节活动的影响下，当日微博量达 834 条（图 4）。当日主要帖文有：《56 个民族农民代表首次在京共庆丰收节》《怀柔区首届农民丰收节暨第六届长城板栗文化节在水长城举行》《京西门头沟特产大核桃丰收季！》《走，体验丰收去！》《顺义：农民丰收节迎来城里客》等。在各大主题领域中，“生态环境”的微博数量最多，占比达 52.15%（图 5），内容包括：《一望无际的万里长城、传统与时尚并存的精品民宿、新奇有趣的特菜大观园》《为宜居首都“留白增绿”》《顺义区 144 个美丽乡村计划创建村庄名单公示》《北京—“古宅”竟是违建？爆料称：专门接待“黑一日游”》等。从帖文内容看，中国农民丰收节相关信息是关注热点，微博排行榜 TOP10 中有 8 条信息与之相关，

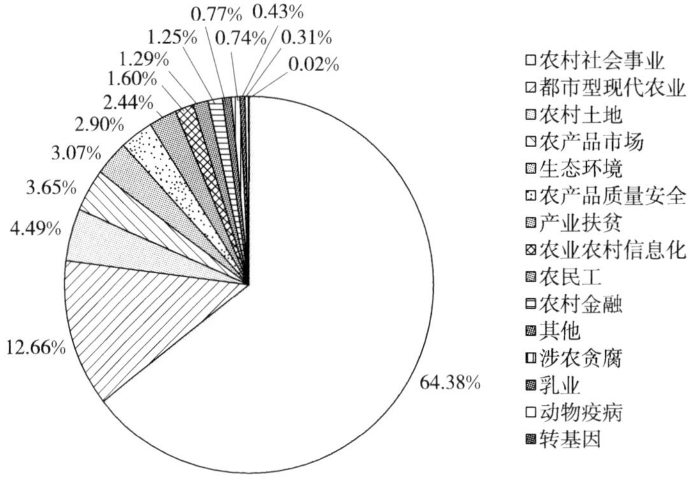

图3　9月北京“三农”新闻舆情话题分类

其中，6条信息均为明星对北京特色农产品表达支持。此外，北京休闲农业等信息也被微博网民关注（表2）。

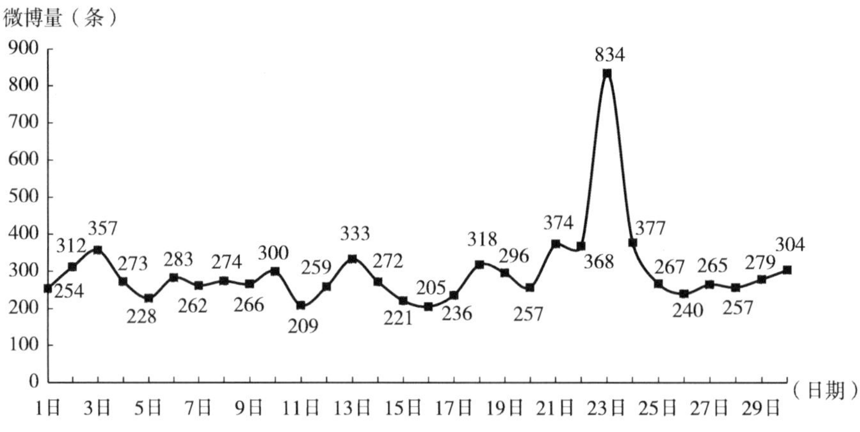

图4　9月北京“三农”微博舆情走势

微信方面，排行榜TOP10中有5条信息涉及农村土地话题，主要为拆迁、搬迁、棚户区改造等内容（表3）。此外，市委书记蔡奇调研活动、北京休闲农业、农民丰收节等相关内容也被微信网民关注。论坛方面，网民关注点较为广泛，涉及美丽乡村建设、农民丰收节、农产品质量安全等各个方面（表4）。

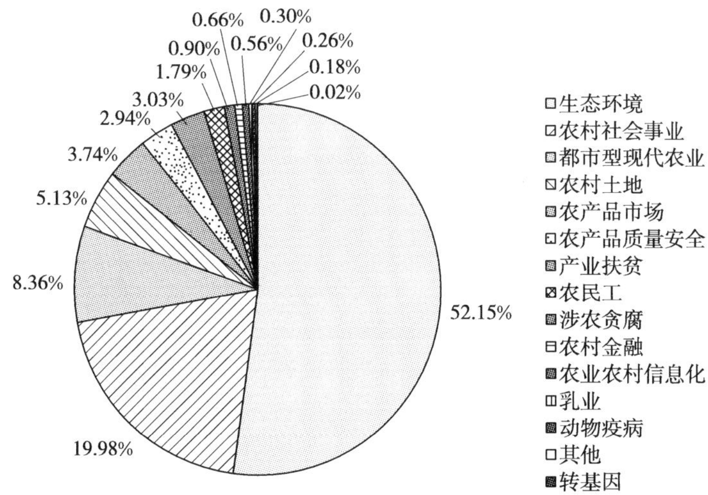

图5 9月北京“三农”微博舆情话题分类

【热点排行】

表1 2018年9月北京“三农”热点新闻TOP10

排名	标 题	来源	时间（月-日）	转载
1	丰收中国，是最美的乐章	《人民日报》	9-24	498
2	56个民族农民代表与首都农民共庆丰收	农业农村部网站	9-22	207
3	胡春华出席首届中国农民丰收节主场活动并致辞	中国政府网	9-23	155
4	丰收的味道！日子比葡萄还甜蜜	新华网	9-23	84
5	第三只眼看中国：走进怀柔西水峪	中国报道网	9-29	65
6	新华微评：为农民点赞，为丰收加油	新华网	9-23	61
7	临近中秋蛋价降幅明显	《北京晚报》	9-4	48
8	延庆丰收节主推8条精品游	《北京青年报》	9-17	39
9	北京农田观光季亮相京郊	《北京青年报》	9-23	32
10	北京4次专项检查为劳动者追发欠薪1.93亿元	《新京报》	9-17	27

表 2　2018 年 9 月北京“三农”热点微博 TOP10

排名	标　题	来源	时间（月-日）	转载	评论
1	杨幂为大兴西瓜打 call	杨幂	9-28	165 609	84 701
2	侯明昊为平谷欧李打 call	侯明昊	9-27	63 591	1 165
3	黎一萱为平谷欧李打 call	黎一萱	9-27	3 655	4 166
4	张博希望大家关注北京的特产	张博	9-29	1 069	1 106
5	李兰迪为平谷欧李打 call	李兰迪	9-30	811	689
6	风景之上是生活田园氧吧在延庆	靓雅雅	9-25	285	301
7	十一出游好去处，到京郊延庆来享乐生活吧！	衣鱼 911	9-26	120	125
8	首届中国农民丰收节主场活动在北京全国农业展览馆举行	新华网	9-27	36	4
9	第一个中国农民丰收节，大兴人迎来的丰收不一样	北京大兴	9-21	30	8
10	打 call 丰收节！京片子欧巴@杨玏“京”喜助力为家乡点赞	微博明星	9-29	23	34

表 3　2018 年 9 月北京“三农”热点微信 TOP10

排名	标　题	公众号	时间（月-日）	阅读量	点赞
1	延庆又一村即将启动“棚户区”改造	延庆在线	9-10	31 973	67
2	拆！通州多村发布搬迁、评估招标公告！重要道路节点将启动！	通州小兵	9-11	30 352	33
3	通州多个小区、村庄将进行综合治理和环境提升，快看有没有你家！	通州小兵	9-9	27 714	20
4	重磅！大兴这 19 个村马上拆！	爱我大兴社区网	9-8	17 413	22
5	大兴这 7 个村儿征地 600 多亩！补偿方案来了	大兴土著	9-12	15 451	13
6	顺义这村棚改进入拆迁实施阶段！	顺义百事通	9-10	14 776	16
7	蔡奇点评，朝阳丰台等区立即整改	北京长城网	9-28	13 023	28
8	世界休闲大会正式进入“北京时间”	平谷官话	9-2	11 600	124
9	2018 直播丰收节：一米八的巨型稻，猪圈改造变民房！北京乡村等你来逛	CCTV 致富经	9-15	10 614	28
10	蔡奇到喇叭沟门满族乡蹲点调研	北京长城网	9-15	9 897	66

表 4 2018 年 9 月北京“三农”热点网帖 TOP10

排名	标 题	来源	时间（月-日）	点击	回帖
1	顺义美丽乡村规划	在线信息网	9-15	25 787	79
2	通州：蔬果花卉庆丰收	京华论坛	9-18	8 558	0
3	柳各庄村棚户区改造土地开发项目取得立项核准批复	在线信息网	9-10	8 212	33
4	央企及北京市援藏项目助力西藏产业扶贫	京华论坛	9-7	7 054	0
5	北京市食品药品监督管理局抽检蔬菜 96 批次不合格样品 1 批次	京华论坛	9-18	6 330	0
6	展京津冀种业硕果迎首届农民丰收节	京华论坛	9-25	5 925	0
7	全面汇聚推进乡村振兴的强大合力	股吧	9-24	5 768	0
8	北京第三次国土调查启动掌握真实准确土地基础数据	股吧	9-9	5 687	0
9	搭载旅游休闲房山扶持高端葡萄酒产业群	股吧	9-21	5 539	0
10	顺义美丽乡村规划	在线信息网	9-15	25 787	79

【热点分析】

舆论热议北京市庆祝首届中国农民丰收节

9 月 23 日，首届中国农民丰收节如约而至，举国上下迎来隆重节庆活动。主场活动在北京市全国农业展览馆举行，北京市各区也精心准备多场庆祝活动，引发舆论广泛关注。据监测，月内，人民网、新华网等 2 423 家媒体发布及转载相关报道 9 655 篇，占北京农民丰收节舆情总量的 50.29%；客户端 4 263篇，占 22.21%；微信 3 226 篇，占 16.80%；微博（不含转载）1 448 条，占 7.54%；博客论坛 606 篇，占 3.16%。

北京作为全国主会场，活动盛况引发舆论热议。中共中央政治局委员、国务院副总理胡春华出席活动并致辞，56 个民族优秀农民代表、农民劳模代表、北京市农民代表齐聚北京，共庆丰收。此外，据《人民日报》报道，北京市共有 29 项丰收节活动，展示了农村改革发展的巨大成就。北京卫视《北京新闻》《北京您早》等栏目对活动予以播报。精彩纷呈的文艺表演、让人驻足围观的品质农产品展、各种农业非物质文化遗产等被舆论大量报道。

舆论盛赞，金秋庆丰收，喜悦满京城。新华网称，这是最年轻的一个节日，也是一份最古老的牵念。农视网称，史上最牛的农产品嘉年华！众多高大上农产品集体亮相！

月内，北京各区也相继举办文艺作品汇报演出、特色农产品展卖、生态农业丰收大集、农耕体验、乡村休闲旅游等各种活动共庆丰收。舆论称，丰收佳节欢乐开场，金色丰收舞动园艺之都。据《新京报》9月24日报道称，节日期间，北京市推介30项“北京乡村特色好活动”、40个“北京乡村休闲好去处”，此外，还评选出20名“京郊农业好把式”和30个“北京农业好品牌”。其中，“北京市第29届农民艺术节”“房山区秋收节”两项重点活动被列入首届“中国农民丰收节”全国系列活动。平谷大桃、平谷欧李、延庆胎菊、大兴西瓜、怀柔板栗、密云贡梨等特色农产品也被舆论关注。网民也纷纷发言为北京特色农产品点赞。网民“cipingyusuannaideshihouji”说，即将迎来第一个中国农民丰收节，北京的大兴西瓜、平谷大桃、北京鸭位列全国100个农产品品牌。在这丰收的季节，我们共同分享丰收的喜悦！网民“靓雅雅 vivian”说，挺好吃的，特别是京庄那个葡萄品种最好吃。

北京多措并举打造美丽乡村受到聚焦

9月，北京市委书记蔡奇、市人大副主任李颖津、市人大常委会副主任侯君舒、市委农村工作委员会副书记苏卫东、市农村工作委员会村镇处调研员徐兴华分别到怀柔区、门头沟区、大兴区、延庆区调研推进美丽乡村建设及农村人居环境整治工作受到舆论关注。其中，蔡奇到怀柔区喇叭沟门满族乡进行蹲点调研活动被媒体重点报道，北京卫视《北京新闻》等栏目对此予以播报。“守护好绿水青山”“捧住生态金饭碗”等语句广泛出现在报道标题中。龙山街道、渤海镇、雁栖镇、怀柔镇等各乡镇街道、各单位组织会议，及时传达学习市委书记蔡奇蹲点调研时的讲话精神获舆论点赞。

28日，北京市十五届人大常委会第七次会议听取并审议了市政府《关于“实施乡村振兴战略　促进城乡融合发展”议案办理暨专项工作情况的报告》。报告显示，2018年本市要启动建设1 000多个美丽乡村，《北京晨报》、千龙网、中华网等媒体对美丽乡村建设进展予以关注，“71个先行试点村基本完成规划和实施方案编制”“860个村启动了规划编制工作”等数字被大量报道。

北京市各区积极配合，大力推进美丽乡村建设，获舆论好评。顺义区月初发布《顺义区“实施乡村振兴战略，推进美丽乡村建设”专项行动计划

（2018—2020年）》，确定了14大类、28项具体工作，到2020年，全区村庄都成为美丽乡村；怀柔区召开美丽乡村建设工作推进会，多措并举治理环境助力美丽乡村；延庆区政协副主席谷艳兰就美丽乡村建设工作到沈家营镇调研、延庆区农委到旧县镇白河堡村检查美丽乡村建设工作并组织开展农村人居环境整治和美丽乡村建设联合督查工作；大兴区人大农村委员会召开“加快实施乡村振兴战略，推进美丽乡村建设”议案督办会，区农村工作委员会组织相关镇参观学习美丽乡村建设工作；朝阳区力促年底前基本完成第一批10个美丽乡村建设；房山区多措并举推进环境整治工作向纵深开展，扎实推进美丽乡村建设；通州区实地调研美丽乡村建设情况并召开座谈会，加快推进美丽乡村建设。

舆论点赞北京美丽乡村建设。9月1日，在2018年中非合作论坛北京峰会新闻中心和市政府新闻办的带领下，中外记者们踏上了北京美丽乡村的寻访之路。《北京日报》9月2日对记者团队在怀柔区渤海镇的长城国际文化村、北京市农业技术推广站小汤山农业科技展示基地等地的探访活动予以报道，人民网、北青网、中国农业新闻网等多家媒体转载相关报道60余次。南非《星报》记者姆琪说，这次活动让她发现，中国的美不只是存在于现代化的城市里，还存在于这样的美丽乡村。另外，也有舆论为美丽乡村建设建言献策。《经济日报》9月1日报道称，美丽乡村建设切忌“千村一面”。各地在开展美丽乡村建设中应根据本村的实际情况，走出适合自身实际的发展建设模式，做特、做优、做强，使美丽乡村建设真正有“乡村味道”，从而吸引更多游客慕名而来，真正实现村美、民富。《顺义时报》9月7日报道称，美丽乡村建设应做到规划先行、循序渐进；以人民为中心，尊重农民主体地位；把村民当成“局中人”，充分调动广大村民的积极性、主动性、创造性；注重村庄内在动能的培育及资源的有效利用，切实推动美丽乡村持续发展。

此外，舆论还关注了北京市传统村落保护工作。8月27～28日，2018年全市传统村落志编纂业务培训会召开，舆论援引参会人员的话称，北京将以更严的标准和更高的质量，圆满完成首批传统村落志编纂项目。《京郊日报》还关注了门头沟区的传统村落保护工作。报道称，门头沟区斋堂镇日前开启推进爨底下村违法建设综合整治工作，保护古村落原有风貌。违建拆除后，斋堂镇注重后期维护，建立了古村风貌维护工作队，强化日常巡查机制，加大宣传教育力度，及时制止破坏古村落风貌行为。此外，该镇还与区文化委员会进行沟通交流，聘请了古村落鉴定专家进行拆后恢复指导，保证古村落原有风貌不被破坏，舆论对此予以肯定。

舆论关注北京市举办第二届中国（北京）休闲大会 北京市乡村旅游发展受聚焦

9月21日，第二届中国（北京）休闲大会在平谷区正式开幕。人民网、中国青年网、《北京日报》等媒体对此积极关注。舆论称，这是世界休闲大会进入“北京周期”后举办的第一场落地平谷的休闲领域国际大会，标志着2020世界休闲大会正式进入“北京时间”。“休闲提升生活品质”的主题、“全域、全季、全民”的休闲理念、“承办一届成功的世界休闲大会、打造一个知名品牌、形成一个支柱产业”的战略目标获舆论点赞。舆论对“一主三分”四场学术论坛、2018国际休闲产业推介博览会室内外展区特色展示品予以报道。《法制晚报》9月21日报道称，第二届中国（北京）休闲大会，不但是为2020北京·平谷世界休闲大会预热，平谷区还将借助世界休闲大会即将在平谷举办的契机，把平谷打造成为坚持以“生态立区、绿色发展”为主的宜居宜业宜游生态谷的地区品牌形象。舆论还关注了2020北京·平谷世界休闲大会相关信息。“1＋4＋N”办会模式、大会主分会场及配套设施25项重点工程的实施进展等内容被媒体大量报道。《北京晨报》9月4日报道称，借助世界休闲大会即将在平谷举办的契机，把平谷打造成北京休闲之都、京津冀地区休闲产业的领头羊，塑造“京东桃花源，世界休闲谷”的宜居宜业宜游生态谷的地区品牌形象。《新京报》9月26日报道称，2020北京·平谷世界休闲大会对平谷带来的改变是显著的，无疑将进一步加速平谷休闲旅游产业的有序发展。

9月，舆论对北京市乡村旅游业发展予以关注。多家媒体报道了北京乡村旅游的成绩：2017年，北京休闲农业与乡村旅游共接待游客4 382万人次，实现收入44.1亿元；北京市13个涉农区共有京郊特色业态741家，此外还有乡村旅游接待户8 363户，其中5 588户都有星级。在关注成绩的同时，舆论对仍未出台的乡村民宿管理规定表示期待。《新京报》9月27日报道分析了北京乡村民宿现存问题。报道称，按照《北京市制定地方性法规条例》的要求，有关机关应当自法规施行之日起一年内做出规定。但截至目前，民宿管理规定还在研究制定过程中。除了民宿需要制定规范外，还有不少问题亟待解决。一是民宿仍处在“无证无照”状态，二是非法“一日游”未得到有效根治。北京旅游公共服务仍存在总量供给不充分、配置不平衡、设置不合理、标准不健全等问题。对此，市旅游委员会表示，《北京市乡村民宿管理导则》已经形成初稿，有望年内出台。《北京日报》9月28日为乡村旅游建言献策。报道称，要建立健全信用监管模式，构建守信联合激励和失信联合惩戒制度，强化市场退出机制，加大旅游经营者信用信息和旅游不文明行为记录的公示力度。中新网称，首都旅游业应积极开发高端定制化产品。

舆论关注北京农产品价格波动

9月，北京部分农产品价格较8月有所下降，引发舆论关注。“一斤降5元”“一周回落5.14%”“降幅近三成”“明显下降”“稳中有降”“趋于回落”等降价信息被媒体大量报道。综合各媒体对新发地菜价的报道称，月初，北京叶菜下降幅度最大，其他蔬菜价格均保持平稳，没有太大波动。但仍有个别品种价格“坚挺”。临近中秋，鸡蛋价格大幅下降，蔬菜的价格明显比上月有所下降，许多8月的高价菜的菜价基本都已回落，且回落幅度多在50%左右，价格渐趋稳定。猪肉价格近两月突然出现较大波动，有所上涨。权威媒体纷纷发文分析农产品价格波动原因，并预测未来价格走势。《北京日报》《北京晚报》报道称，新发地市场统计部刘通说，近期回落，是因为北方冷凉地区的气温下降到适宜蔬菜生长的温度。后期小油菜上市量会继续增大，价格还有下降空间。10月以后，生菜的产地将会南移，逐渐转移到北京的延庆、顺义、通州以及河北的廊坊，到时候生菜的供应状况将会明显好转，价格也会回落到常年同期水平。鸡蛋价格大幅下降的实质是对前期价格过快上涨的回调。后期鸡蛋价格继续大幅上涨的可能性不大，蛋价在高位运行的时间也不会太长。《经济日报》9月12日报道称，未来一段时间，随着全国大部分地区入秋转凉，灾害性天气减少，蔬菜和鸡蛋生产将逐步恢复正常。《人民日报》（海外版）9月19日报道称，对于9月蔬菜和猪肉价格的起落，真正稳定还需市场调节。专业人士分析，在市场的自发性调解下，猪肉受疫情影响的价格上涨大约一个月后就能平稳过渡，蔬菜价格在未来一个月内将基本稳定，伴有小幅波动。

舆论还关注了北京市“农超对接”相关信息。《北京日报》9月11日报道称，石景山区通过“农超对接”已帮助对口4省5县（区）销售蔬菜水果170余万斤，为贫困地区农产品在北京打开了销路，让贫困农户的钱袋子鼓起来。《北京日报》9月14日报道称，昌平对口帮扶尚义首次实施“农超对接”，这次昌尚“农超对接+扶贫专柜”的合作模式，让尚义绿色蔬菜直接进入北京超市，一方面最大程度确保了农户的收益，另一方面也从源头上保证了农产品的质量安全，让北京市民吃上了“放心菜”。

舆论从三方面关注北京生态环境问题

9月，舆论对北京生态环境治理予以关注，关注点主要集中在三方面。一是关注市委书记蔡奇赴各区调研。9月6日，市委书记蔡奇就推进留白增绿工作到朝阳区调研，他强调，要因地制宜，留白增绿，大尺度建设城市绿色生态空间。《北京日报》、人民网、千龙网等媒体对调研过程及蔡奇在孙河乡政府主持召开的座谈会内容予以关注，各平台转载量达150余次。8日，市委书记蔡奇就生态涵养区工作到密云区调研，北京卫视《北京您早》等栏目、《北京日报》、央广网等媒体对调研活动过程予以报道，各平台转载量达100余次。舆论称，守护好绿水青山是生态涵养区的头等大事。二是关注各区建设休闲公园工作进展。《京郊日报》9月3日报道称，昌平区阳坊镇日前通过开展“疏解整治促提升”专项行动，将荒地打造成了集生态自然、休闲娱乐、全民健身、科普教育、乡土地被应用示范五大功能于一体的主题公园。截至7月，阳坊镇共拆除违法建设7处，共7万余米^2，完成生态绿地及留白增绿面积14万米^2。《京郊日报》9月17日报道称，昌平区魏窑村9 000米^{2}违建变公园，下一步，东小口镇将继续加大整治力度，重点整治环境“顽疾”，全面提升辖区环境，以整洁优美的环境回馈辖区百姓。《北京日报》9月19日报道称，2018年本市城乡结合部地区将新建18处公园，总面积1.6万亩，将为城乡结合部地区新增公园绿地绿化面积0.91万亩。目前18处公园已完成前期立项手续，将全面进入施工阶段。三是关注各区农村环境整治工作。人民网、《京郊日报》等媒体对相关工作予以关注。综合媒体报道称，大兴区政府制定下发《大兴区关于进一步加强农村地区环境整治专项行动的实施方案》，开展为期3个月的农村地区环境整治；丰台区各中心村的党员干部结合周末清洁日活动，清理街巷杂物，巩固首都文明示范区创建成果；房山区领导带队检查农村环境卫生；通州区积极开展黑臭水体治理工程，35条黑臭水体治理将全部完成，污水治理村庄数也将达到220个。

【全国热点】

2018年9月热点新闻见表5。

表 5　2018 年 9 月热点新闻 TOP10

排名	标　题	来源	时间（月-日）	转载
1	国人体内出现转基因作物中常见基因？纯属谣言	《科技日报》	9-25	660
2	习近平感慨北大荒的沧桑巨变“了不起”	新华社	9-26	624
3	牢牢把握农业农村现代化这个总目标	《人民日报》	9-30	586
4	阳澄湖大闸蟹 未开捕就已售卖？	《北京青年报》	9-19	527
5	新时代“三农”工作总抓手	《人民日报》	9-29	502
6	习近平致贺首个中国农民丰收节	央视网	9-22	397
7	习近平主持中共中央政治局第八次集体学习并讲话	新华网	9-22	380
8	56 个民族农民代表首次在京共庆丰收节	新华网	9-22	376
9	我国农业科技进步贡献率达 57.5%	《人民日报》	9-26	337
10	双手捧起一碗米，总书记说：中国粮食，中国饭碗	央视网	9-26	293

首届中国农民丰收节隆重登场
点赞节日、致敬农民成为舆论主调

9 月，首届中国农民丰收节（以下简称“丰收节”）的隆重举办为金秋收获季增添了浓墨重彩的一笔。在舆情传播上，“丰收节”形成了全媒体融合报道、多媒介技术宣传、全民参与话题互动的良好态势。节日开始前，农业农村部、国务院新闻办先后举行了“丰收节”相关的新闻发布会、记者见面会，主流新闻媒体也纷纷在“三微一端”上通过 H5 短视频、动画 flash 等方式发布“丰收节活动指南”、征集“最美丰收”照片，政府部门和新闻媒体对节日相关预热议题的设置，不断增强舆论对“丰收节”的关注热情。节日期间，新闻媒体通过专题报道、VR 直播等方式，全方位展示各地精彩活动；微博中的政务微博和网络大 V 表现活跃，借此契机为宣传家乡、推介农产品积极发力；微信中也出现大量阅读量超过 10 万次的文章，多地网民晒丰收霸屏朋友圈。“丰收节”舆情传播被舆论称为“一场媒介盛宴”。据监测，9 月 21～25 日，相关舆情总量近 15 万条，新浪微博相关微话题阅读量达 3.9 亿次。

“丰收节”期间的热点和亮点不断，有舆论用“举国欢庆”对此进行评价，以下 3 方面受到重点关注：

（1）聚焦习近平总书记致贺“丰收节”。习近平总书记对全国亿万农民的良好祝愿引发热烈反响，央视新闻就此发出的秒拍视频，一天时间内的播放量

突破400万。有舆论发出了“振奋精神”“温暖人心”等情绪表达。还有舆论总结了习近平总书记对“三农”工作的重要论述，“重农固本是安民之基、治国之要”“说一千、道一万，增加农民收入是关键”等“习近平‘三农’金句”被积极传播。

（2）集中报道“丰收节”活动盛况。北京主会场以及浙江、陕西等地6个分会场的精彩活动引发集中关注，各地100多个地方特色系列活动也广泛吸引舆论目光。“山东巨幅剪纸迎丰收”“湖南稻田鼓舞庆丰收”“河北农民赛诗联欢庆丰收”“河南打造6吨农作物巨碗丰收菜”等报道大量出现。舆论将此称为“各地花式庆丰收”，称亿万农民庆丰收，成果展示晒丰收，社会各界话丰收，全民参与享丰收。

（3）推介农产品、宣传家乡的相关举措受到支持和肯定。借助“丰收节”的契机，有关部门和各地政府积极施策助销农产品、展示乡村风貌，广受舆论肯定。农业农村部联手阿里巴巴打造“丰收购物节直播盛典”，被舆论评价为农产品领域的“双十一”。商务部、共青团中央等部门携手微博，发起“丰收的家乡”“我和我的家乡”等微话题，与影视明星一起为家乡特产“打call”，相关微话题的阅读量达到2.4亿次。

总体看，“丰收节”的舆情传播效果整体呈现了欢乐祥和、重农亲农的舆论氛围，点赞节日、致敬农民成为核心表达。新华社、《人民日报》《农民日报》等媒体发出大量评论文章，网民也踊跃参与“丰收节”相关的线上线下活动，新浪微话题“向亿万农民致敬”的阅读量达到1.6亿。舆论表示，“丰收节”是农业的嘉年华、丰收的成果展、全民的欢乐节，希望政府部门趁热打铁，将“丰收节”引发的连环效应与“三农”工作结合起来，在乡村振兴中做出更大成绩。

乡村振兴顶层部署和战略规划引发积极反响

9月，乡村振兴是热点议题，相关的顶层部署和战略规划受到聚焦。21日，习近平总书记在主持中共中央政治局第八次集体学习时，就实施乡村振兴战略发表重要讲话，引发舆论的高度关注。总书记强调指出“乡村振兴战略是新时代‘三农’工作总抓手”“坚持农业农村优先发展总方针”“牢牢锁定农业农村现代化总目标”等金句，被媒体报道大量援引。《人民日报》《农民日报》等就此发出多篇评论。舆论表示，这是总书记对实施乡村振兴战略的再动员、再部署，既是擘画蓝图，也是未雨绸缪，乡村振兴是一场攻坚战，更是一场持久战，要坚定信心、咬定目标，苦干实干、久久为功。

26 日，中共中央、国务院印发《乡村振兴战略规划（2018—2022 年）》（以下简称《规划》），再次引发关注热潮。舆论表示，《规划》首次建立了乡村振兴指标体系，是实施乡村振兴战略的“施工图”。随后，余欣荣副部长以及国家发展改革委员会张勇副主任对《规划》进行了权威介绍，新华社、《经济参考报》等媒体也纷纷采访专家学者展开亮点解读。其中，对产业振兴、生态振兴、人才振兴等相关部署的全面解析成为报道重点，还引发了舆论对质量兴农、农村人居环境整治、新型职业农民培育等具体举措的积极建言。舆论表示，《规划》对于农村整体布局、基建重点、民生欠账等诸多核心问题都做出详细部署，系统解决乡村振兴“人、地、钱”难题，更具操作性，期待尽快把规划蓝图变为现实，让广大农民在乡村振兴中有更多获得感、幸福感。

此外，乡村振兴战略实施呈现的积极气象也被关注。央视网以《乡村振兴战略开局　拉动中国经济增长》为题，发布了对韩长赋部长的视频访谈。江苏、浙江等地媒体还推出了“走乡村　话振兴”“乡村振兴在行动”等专题报道，称乡村振兴战略开局，农业农村发展动能增强，不少农民都感受到了家门口发生的喜人变化。

10 月“三农”网络舆情分析报告

【舆情概况】

据监测，10 月北京“三农”网络舆情信息量共计 14 180 条，较上月减少 25 728 条。其中，微信舆情信息量 4 338 条，占舆情总量的 30.59%，涉及的微信公众号有新三农、通州小兵、通州八通网、门头沟信息港等；新闻媒体舆情信息量 4 216 条，占 29.73%，涉及的网络媒体有人民网、新华网、央广网等，涉及的报刊媒体包括《农民日报》《北京日报》《新京报》《北京青年报》《京郊日报》等，涉及的电视媒体包括北京卫视《北京新闻》《北京您早》、安徽卫视《超级新闻场》等；微博消息 3 851 条，占 27.16%，涉及的主要微博账号有青年说、北京发布、北京昌平、文明延庆等；客户端文章 1 276条，占 9.00%；论坛帖文 425 条，占 3.00%；博客帖文 74 条，占 0.52%（图 1）。

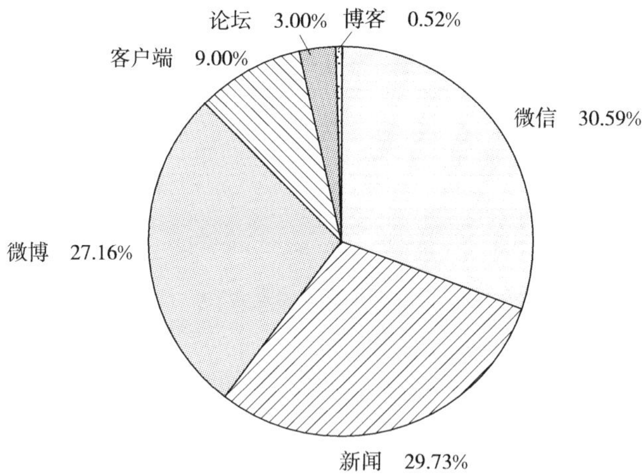

图 1 10 月北京“三农”网络舆情传播渠道

新闻舆情方面，10 月整体走势起伏明显，中旬信息量开始上升，18 日达到峰值 296 条（图 2）。当日热点新闻有：《北京日报》17 日报道《传统村落修缮有了“规章”》，在 18 日被新华网、中国网等媒体大量转载，当日被转载 53

次，全月转载量 147 条；《中国青年报》10 月 18 日报道《修缮传统村落不能乱建仿古街》，人民网、新华网等媒体转载 86 次；《北京晨报》报道《第 15 届昌平苹果文化节活动火热招募》，千龙网、法新网等媒体转载 6 条。在各大主题领域中，有关“生态环境”的新闻数量最多，占比达 24.09%（图 3）。内容包括“怀柔区串珠成链 打造美丽乡村风景线”“乡村振兴美丽先行——走进建设中的美丽乡村”“北京传统村落修缮有了‘规章’”等。从全月新闻媒体报道内容看，《北京市传统村落修缮技术导则》发布及美丽乡村建设相关内容是关注重点，新闻排行榜 TOP10 中有 3 条信息与之相关。此外，北京生态环境、秋收话题等信息也被媒体关注（表 1）。

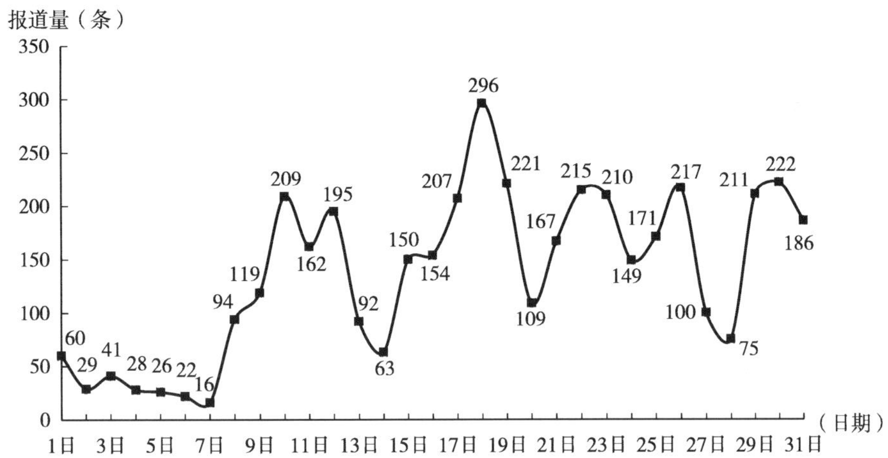

图 2 10 月北京“三农”新闻舆情走势

微博舆情整体走势小幅波动，峰值出现在 10 月 17 日，当日微博量达 240 条（图 4）。主要帖文有：《北京美丽乡村专题航拍怀柔区之——西栅子村》《陈坤受聘为“北京扶贫公益大使”》《立足产业优势 聚焦精准扶贫 北京丰台走出特色扶贫路》《扶贫农副产品展销专柜亮相新发地》《再次来房山坡峰岭游玩，依旧选择住在山脚下最近的民宿》等。在各大主题领域中，“都市型现代农业”的微博数量最多，占比达 32.67%（图 5），内容包括：《都市现代农业生态谷的样板——北京市房山区聚焦》《新品种示范推广促京津冀种业发展》《北京密云红肖梨熟了》《正当红的通州樱桃采摘园》等。从帖文内容看，北京精品民宿相关信息是关注热点，微博排行榜 TOP10 中有 4 条信息与之相关。此外，传统村落保护、北京特色农产品等相关内容也被微博网民关注（表 2）。

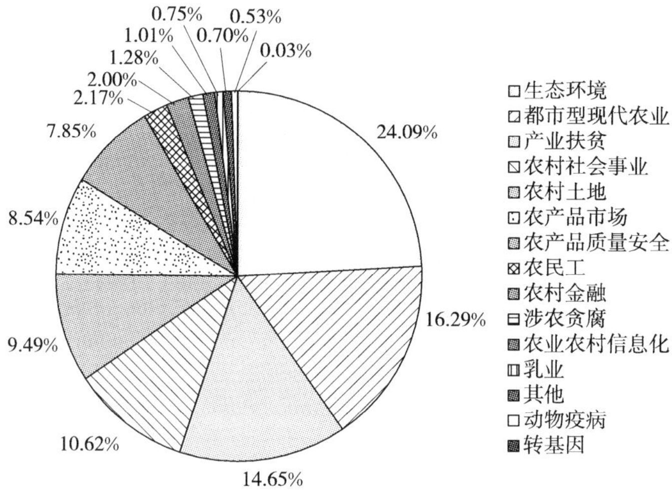

图 3　10 月北京“三农”新闻舆情话题分类

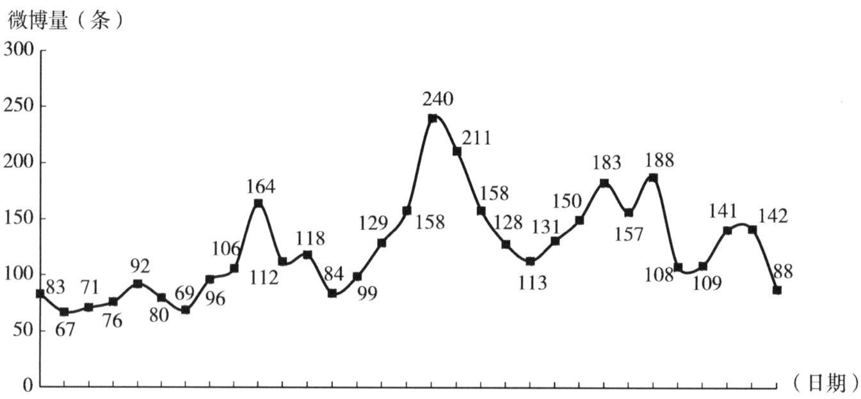

图 4　10 月北京“三农”微博舆情走势

微信方面，排行榜 TOP10 中有 4 条信息涉及拆迁、棚户区改造等内容（表 3）。此外，北京乡村入选中国美丽休闲乡村名单、农村贪腐、生态环境治理、培养乡村医生等内容也被微信网民关注。论坛方面，网民关注点较为广泛，涉及农产品价格、生态环境等各个方面（表 4）。

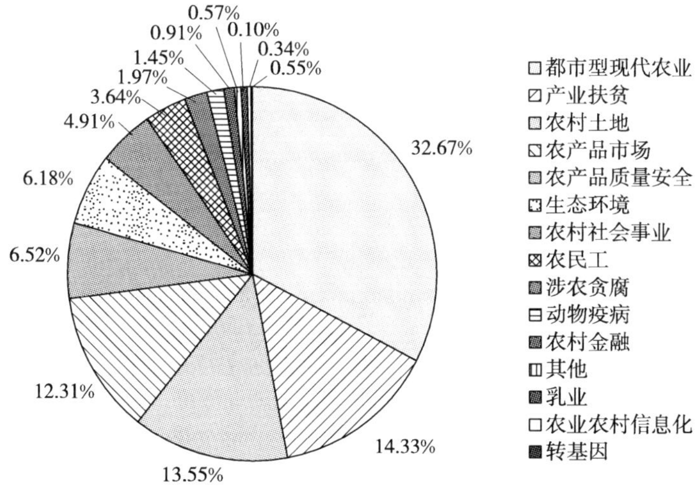

图5 10月北京“三农”微博舆情话题分类

【热点排行】

表1 2018年10月北京“三农”热点新闻TOP10

排名	标题	来源	时间（月-日）	转载
1	传统村落修缮有了“规章”	《北京日报》	10-17	147
2	北京前三季度拆违腾退土地超4 000公顷 超额完成全年任务	新华网	10-27	87
3	修缮传统村落不能乱建仿古街	《北京青年报》	10-18	86
4	北京：推进生态涵养 坚持高质量发展	央视新闻联播	10-27	86
5	今年前9月北京警方铲除“环食药”黑窝点600余个	中国新闻网	10-22	67
6	第九届新疆农产品北京交易会落下帷幕 签订采购订单4.17亿元	乌鲁木齐市人民政府网站	10-23	50
7	部分村庄只见规划不见“师”	《北京日报》	10-30	49
8	苹果文化节 助力苹果产业发展	《京郊日报》	10-22	41
9	前三季度北京实现农林牧渔业总产值192.9亿元	北京市统计局网站	10-22	37
10	通州35条黑臭水体年底全还清	《北京晚报》	10-25	34

表 2　2018 年 10 月北京“三农”热点微博 TOP10

排名	标　题	账号	时间（月-日）	转载	评论
1	快和郭京飞一起多多关注咱北京平谷特产欧李	青年说	10-23	3 401	30
2	李小璐希望大家多多关注北京平谷欧李	李小璐 Super 璐	10-16	3 299	8 306
3	当海坨山下高颜值民宿遇见赏红秘境玉渡山	澜晓溪 vivi	10-25	367	155
4	再次来房山坡峰岭游玩，依旧选择住在山脚下最近的民宿	靓雅雅 vivian	10-17	242	262
5	密云张泉村老宅改造新型民宿之风	情绪丹细胞	10-20	116	116
6	现在的民宿（北京·黄栌花开）每个独立的小院都配有“管家”贴心服务，简直就是“懒癌”的福音！	摄影师冰薄	10-21	114	113
7	北京门头沟斋堂镇传统村落——爨底下	中国国家地理	10-24	34	34
8	观光+采摘！4 条线路等你 pick！	北京昌平	10-28	10	3
9	传统村落修缮有了“规章”	北京发布	10-18	9	2
10	北京市生态环境部对康庄镇、香营乡、刘斌堡乡双替代工作进行督导	文明延庆	10-30	7	158

表 3　2018 年 10 月北京“三农”热点微信 TOP10

排名	标　题	公众号	时间（月-日）	阅读量	点赞
1	拆拆拆！通州约 2 311 宗院落将拆迁！涉及约 7 076人，预估棚改资金约 178.66 亿！	通州小兵	10-11	30 541	32
2	重磅！通州这 16 个村拆迁腾退要开始了，涉大批居民宅基地，这个镇未来太牛了！	通州八通网	10-17	25 831	31
3	2018 年农业农村部中国美丽休闲乡村名单	新三农	10-8	18 247	48
4	厉害了！门头沟这个村全国出名了！	门头沟信息港	10-13	13 055	33
5	曝光！平谷又有村书记违规，被处分！	平谷资讯	10-8	10 322	23
6	拆！平谷开始拆这儿的违建了！	平谷资讯	10-19	9 070	23

（续）

排名	标　题	公众号	时间（月-日）	阅读量	点赞
7	平谷棚改涉及10个村和1处老旧小区，民宅7 000余处，总投资约371亿	平谷大帝国	10-24	8 946	19
8	报喜啦！房山这个村被列为中国美丽休闲乡村推介榜首！	北京房山	10-12	8 097	34
9	密云区2019年将定向培养20名乡村医生，就读期间免学费！	密云信息港	10-26	5 464	14
10	意义重大！涉及通州4大片区8个乡镇！这35条黑臭水体年底前全还清！	北京通州发布	10-25	4 970	25

表4　2018年10月北京“三农”热点网帖TOP10

排名	标　题	来源	时间（月-日）	点击	回帖
1	密云水库现巨型野生娃娃鱼	京华论坛	10-28	26 511	0
2	蔬菜价格进入阶段性下降区间	京华论坛	10-15	25 598	0
3	密云水库岸边秋韵浓	京华论坛	10-31	19 223	0
4	北京：深山村里有了“老年餐桌”	京华论坛	10-16	17 948	1
5	北房镇拆除安各庄村马家地种养殖小区2.1万余米^{2}违建	京华论坛	10-29	16 274	0
6	刚才看一帖子里说北京压根就没有种过水稻	爱卡汽车社区论坛	10-15	11 630	93
7	北京前三季度拆违腾退土地超4 000公顷超额完成全年任务	东方财富网	10-27	6 213	1
8	通州35条黑臭水体年底全还清　多河段再现碧水微澜之美景	八通网	10-26	3 107	9
9	总长128千米　涉及通州8个乡镇！35条黑臭水体年底全还清	八通网	10-26	2 912	0
10	通州夯实农民丰收基础	濠滨论坛	10-16	2 903	0

【热点分析】

京郊大地喜庆丰收
休闲旅游、精品民宿发展受关注

10月22日，北京市统计局公布了北京市前三季度农林牧渔业成绩。2018年1～3季度，全市实现农林牧渔业总产值192.9亿元，同比下降11.4%。设施农业亩均效益实现2.0万元，同比提高6.4%。舆论对此成绩表示认可。金秋10月，正值农业丰收季，北京各区呈现一片丰收的盛景。门头沟的高山稻、薄皮核桃，延庆的山楂、红藜麦，房山的葡萄、苹果、柿子和红肖梨，平谷的大桃、佛见喜梨，大兴的蘑菇等农作物喜获丰收，获舆论点赞。“喜丰收”“庆丰收”“俏田野”“金菊硕果溢满秋”等成为报道关键词。各区举办了丰富的活动庆祝丰收，昌平和门头沟皆举办了苹果文化节、房山举办西河稻作文化节、密云举办鱼王美食节，舆论对此积极报道。其中，昌平区举办的第十五届苹果文化节备受瞩目。舆论对苹果文化节的主题活动以及昌平苹果的产量、面积、口感、管理过程等予以报道。《北京晚报》10月20日将其描述为，昌平苹果，“苹”添秋色。《京郊日报》10月22日报道称，苹果文化节助力苹果产业发展。随着历届活动的成功举办，苹果文化节已成为展示昌平区现代农业发展建设成就的重要平台。《北京晨报》10月24日点赞称，“满园红绿丰收果，采下个个是精品”。此外，昌平区通过“互联网＋现代农业”模式，线上线下齐发力的销售方式获舆论好评。

10月，休闲农业也迎来黄金季，京郊全域旅游成果丰硕。月初，在国庆假日期间，113个“北京最美的乡村”成为市民休闲度假的热门去处。《京郊日报》10月9日报道称，据逐村统计并初步汇总，7天假期里，只占全市行政村总数2.88%的“北京最美的乡村”，共接待游客近百万人次，总收入超过5 600万元，同比增长20%以上。另外，昌平推出泡温泉赏红叶路线、亲子体验娱乐路线、养生休闲采摘路线、观景赏花品美食路线等10条精品农业休闲旅游线路被舆论广泛报道。10月中下旬陆续进入彩叶最佳观赏期，在平谷、怀柔、密云、昌平、延庆、门头沟、房山以及顺义、海淀、丰台等区的山区部分，上百处面积超过千亩的彩叶观赏景点迎来大批游客驻足观赏。舆论对此积极报道。“漫山红叶引客来”“登高赏红叶”“郊外上百处彩叶景点面积超千亩”等信息广泛出现在报道标题中。

乡村旅游的发展，同时也带火了高端民宿。舆论对北京市高端民宿予以关注。《北京晨报》10 月 24 日报道称，延庆旅游产业提档升级，精品民宿产业发展迅速，2018 年底预计可打造 100 户世园人家示范户。北京卫视《北京您早》10 月 6 日播报称，高端民宿浓郁的乡村风味和富有乡愁的生活方式，成为游客向往的生活体验，也成为乡村旅游接待的一张新的名片。《北京日报》10 月 23 日刊文《京郊民宿“一冷一热”的启示》，对比了价格低廉的普通民宿与每间客房几千元的高端民宿的经营差异。报道称，“硬件”上的差距与追求“家人般的服务”是游客更倾向于高端民宿的原因。经营民宿是门学问，要从研究消费群体入手，更新理念，引导消费，要更具前瞻性和长远眼光。

舆论从三方面关注北京美丽乡村建设
北京市首个传统村落修缮导则发布引热议

10 月，北京市美丽乡村建设工作受到市领导高度重视。16 日，市委督查组、市委统战部领导分别赴延庆区、怀柔区调研美丽乡村建设工作。致公党北京市委民主监督专项工作小组也赴怀柔区开展美丽乡村建设专题调研。从内容看，舆论主要从三方面关注北京美丽乡村建设工作。一是关注北京市各区积极推进美丽乡村建设。延庆区召开美丽乡村建设第十三次办公室会议明确各乡镇的工作要求，区委副书记李军会对延庆区美丽乡村建设工作进行调研；通州区稳步推进规划编制工作、全面建立美丽乡村建设工作机制、大力开展环境整治工作、组织调研活动；怀柔区举办“美丽乡村、和谐家园”大型征联活动、开展乡村彩绘创作、推进乡村环境综合整治；顺义区委书记高朋调研美丽乡村建设工作，区领导拉练检查美丽乡村建设及人居环境整治工作；门头沟区认真制定美丽乡村规划，建立长效管理机制；房山区不断改善村域环境。各区多措并举扎实推进美丽乡村建设，获舆论点赞。二是关注美丽乡村建设成果。农业农村部官网 10 月 8 日公布了 2018 年中国美丽休闲乡村名单，其中，北京市房山区东村、顺义区北郎中村、密云区金叵罗村、门头沟区赵家台村、怀柔区对角沟门村 5 村位列其中，舆论对 5 个村落的特色予以关注。《农民日报》10 月 17 日报道称，北京已经建设并被命名的美丽乡村 493 个，已经启动、正在规划建设中的美丽乡村已达 1 300 多个，占北京郊区全部村庄总数的 1/3。《北京日报》10 月 18 日报道称，目前，全市已完成 650 余个乡村的规划编制，“接地气儿”的规划让越来越多的乡村改头换面，村民的生活品质也得到大幅度提升。三是提出美丽乡村建设中的问题并建言献策。《农民日报》10月17日提出了在美丽乡村建设和发展的个体上，特色不足，存在不同程度的同质化趋向、盲目追求建设发展进度；治理环境和维护生态安全的公共基础设施还不完备；后期运行维护、管理没有完全跟进；发挥农民作为美丽乡村建设的主体作用不够等问题。对此，专家建议，在推进北京美丽乡村建设中，要与有效缩小城乡差距，实现城乡一体化发展、融合性发展有机结合；要明确和坚持标准，避免片面盲目追求美丽乡村建设发展进度；各级政府要加大对以治理环境和修复、保护生态安全的乡村公共基础设施和后期运行维护的费用投入；要充分发挥农民在美丽乡村建设中的主体作用；要成立美丽乡村研究机构，或将这一研究明确赋予某一行政或事业部门。《北京日报》10月30日报道称，编制规划是2018年北京市美丽乡村建设的重头戏，承担规划编制的规划师要驻村并深入实地调查。但记者随机调查的20余个村庄，约有半数村庄的村民表示从来没见过乡村规划师，这与要求的“充分征求村民意见”相去甚远。规划师能否驻入村庄、深入考察研究，能否双脚丈量村里的每一片土地，是决定规划成败的关键。

10月16日，北京市住房和城乡建设委员会等部门联合发布《北京市传统村落修缮技术导则》（以下简称《导则》），舆论对此积极关注。北京卫视《北京新闻》《北京您早》等栏目对此予以播报。报道指出，这是北京市传统村落修缮所遵循的第一本导则，整个编制历经4年。《北京日报》《北京青年报》等媒体对“不应随意修建仿古建筑、不得添加原历史环境没有的仿古建筑及构筑物、避免对传统村落进行大面积建设开发、防止现代风格建筑对历史传统风貌造成破坏”等要求予以报道。安徽卫视《超级新闻场》栏目对《导则》内容进行解读，将其概括为“尊重特色、保护真实、有人情味”三大亮点。舆论称，传统村落修缮有了“规章”。《北京青年报》10月19日发表评论文章称，北京出台技术导则规范传统村落中建筑的修缮和改造行为，要求合理控制商业开发面积比例，“留得住乡愁，留得住人情味”，值得点赞。在对传统村落进行修缮时，不能随意修建仿古建筑、仿古街区等，具有积极、强烈的导向意义。

北京扶贫工作“内外兼修”

10月，北京对内帮扶低收入户增收，对外帮扶贫困户脱贫获舆论点赞。对内，北京通过发展种植业、旅游业等引领低收入村民“脱低”。《京郊日报》

10月19日报道称，大兴区积极打造“合作社＋扶贫”的致富平台和共富载体。2018年，合作社规划建设97个蘑菇大棚，食用菌生产工作逐渐进入了产、销两旺的阶段，初步显现了经济效益，下一步将建立食用菌互联网销售模式，同时也大力开展林地观光和食用菌采摘活动，实现食用菌生产与民俗旅游对接，建立特色食用菌产业链。《北京晨报》10月24日报道称，延庆乡村旅游产业实现提档升级的同时，促进了当地农民、低收入农户增收，提升了农民的财产性、劳务性和经营性收入，帮助农民在家门口实现增收致富。2017年年底，小观头村41户低收入农户全部实现“脱低”，小观头村人均可支配收入达到13 672元，较上年增长12％。

对外，北京各区通过对口帮扶等形式带领外省贫困户“脱贫”。综合媒体报道称，丰台区结对帮扶内蒙古赤峰市林西县，使该县的贫困发生率从2014年的10.9％降至1.64％，成为内蒙古第一个脱贫摘帽的县（旗）；西城区对口帮扶的河北、内蒙古、青海三地的5个贫困县的脱贫攻坚战中，喀喇沁旗今年脱贫摘帽，阜平县、张北县、鄂伦春自治旗2019年脱贫摘帽，囊谦县2020年脱贫摘帽；顺义区打造出了“5＋5＋N”结对帮扶新模式、对口帮扶工作纳入“大党建”考核、“四动工作法”消费扶贫模式、产业疏解与对口帮扶有机融合等工作亮点，2017年，已助力3个受援地区2万余人如期脱贫；门头沟区制定并出台了多项政策，众多门头沟区企业与涿鹿县开展项目合作，有力地带动了当地加工业与销售业的发展，增加了就业机会，对两地经济的发展起到了巨大的促进作用；通州区在扶贫协作方面共与5个地区结对，共有贫困户2.6万户、6.6万人。全区各界投入扶贫领域资金约1.5亿元。预计年末将带动对口扶贫地区1 800余户家庭，5 000多人稳定脱贫。月内，北京市还举办第九届新疆农产品北京交易会、2018年新疆巴音郭楞蒙古自治州特色农产品暨文化旅游推介会、金秋特色农产品推介会、北京国际优质农产品展示交易会、2018吉林省优质特色农产品大型宣传推介活动等多个产销对接活动，拓宽扶贫协作地区农副产品销路，在丰富首都市民的菜篮子、米袋子的同时，助力精准扶贫。

此外，10月18～20日，第二十六届北京种子大会暨首届北京种业扶贫大会在河北省廊坊国际会展中心成功召开，人民网、新华网等多家媒体对种子大会的扶贫成果等内容予以关注。“签订67个价值450余万的种子捐赠协议”“15个农业技术服务协议”“6.35亿元的实体产业项目签约”“百家知名种子企业共捐赠13类作物、60余个品种、价值近120万元、可种植5

000亩农田的优良品种”等数字被媒体大量报道。舆论称，北京开创了种业扶贫新模式。业内人士认为，这是对扶贫攻坚战的深入探索，更是对扶贫工作的实际助力，它将有助于种业行业的产业化发展，从而助力贫困地区加快脱贫步伐。

北京多措并举提升生态环境质量
对违法建筑“零容忍”获舆论好评

10月，舆论对北京市生态环境整治工作予以关注，各区积极配合，提升人居环境质量获舆论好评。10月21～22日，市环保督察办公室、新农村建设领导小组办公室组成联合督察组，到大兴区就农村人居环境工作进行为期两天的督察，重点对生活垃圾分类、公厕管理、私搭乱建、乱堆乱放和道路环境5个方面进行察看。顺义区生活垃圾“集中收运”，年底前各村将全部实现生活垃圾集中清运工作；大兴区农村地区共有32座公厕升级改造工作正在稳步推进；朝阳区城乡结合部公厕试点真空排导技术、粪尿资源循环利用改造，促进节水、节电、粪尿资源循环利用；门头沟区农村地区重点提升改造三类以下公厕；通州区35条黑臭水体年底全还清；密云区“疏整促”顺利推进，实现“留白增绿”54.07公顷；房山区对农村人居环境现存问题开展了“地毯式”排查，明确整改时限和措施。

10月，北京市农村拆除违建、腾退土地工作继续推进，成果显著。门头沟区清水镇上账违法建设253处、建设面积16.13万余米^2，已销账81处、建设面积5.9万余米^2；门头沟区三家店村二分社违建共41处，面积达3.27万余米^2，目前已签约26户，拆除1.52万余米^2；延庆区截至2018年9月中旬，全区各乡镇、街道已上报违法建设600多处，建筑面积65万多米^2，已完成违法建设销账413处，拆除23.4万米^{2}的违建，其中完成市级拆违任务11万米^2，超两倍完成任务；房山区已在良乡镇共拆除违法建设32宗，拆除面积10.1万米^2，腾退土地16万米^2，清理垃圾渣土60余万吨；平谷区共排查违法建设点位76宗，拆除64宗，拆除面积达5 365米^2。

【全国热点】

2018年10月热点新闻见表5。

表5 2018年10月热点新闻TOP10

排名	标 题	来源	时间（月-日）	转载
1	辽宁省铁岭市盘锦市排查出非洲猪瘟疫情	农业农村部网站	10-16	696
2	有机食品、转基因食品哪个更安全？答案可能和你想的不一样	《科技日报》	10-8	483
3	希望洒在金色田野——写在乡村振兴战略实施一周年之际	新华网	10-18	423
4	农业农村部将出台多项举措解决贫困地区农产品卖难	新华网	10-17	409
5	产业扶贫可以怎么搞？十大机制创新典型来揭晓	新华网	10-18	399
6	中国公安部部署重拳打击食品药品农资环境犯罪	中国新闻网	10-11	373
7	国家扶贫日，让我们牢记习近平总书记的扶贫金句	人民网	10-17	324
8	二十多年，习近平一直牢记着这句话	新华网	10-16	280
9	国家扶贫日关注：今年这些脱贫攻坚政策要知道	中国新闻网	10-17	254
10	辽宁省鞍山市发生非洲猪瘟疫情160头生猪死亡	中国新闻网	10-9	246

乡村振兴战略实施一周年
农业农村发展硕果振奋舆论

10月，党的十九大做出实施乡村振兴战略的重大决策迎来一周年，《人民日报》、新华社等媒体纷纷推出专栏报道、综合评述，对农业农村发展取得的丰硕成果予以高度评价。媒体表示，一年来，实施乡村振兴战略大潮澎湃，开局好、起步稳、人心齐，农业丰产、农民增收、农村和谐，“三农”领域释放强大发展动能。网民也对乡村振兴战略寄予无限希望，期待惠农政策落实精准、宣讲到位，让广大农民和农村基层工作者鼓足干劲、提振精气神。

总体看，关注热点主要有以下4个方面。

（1）全方位展示各地“三农”新气象。《经济日报》等媒体分赴农村一线，对各地在农业绿色发展、农村集体产权制度改革、农村“双创”、农村人居环境整治等方面的积极成效予以详细介绍，列举了一系列鲜活案例：湖南岳阳水稻专业合作社稻虾、稻蛙共养“一田双收”，安徽省小岗村“资源变资产、资金变股金、农民变股东”，江西省横峰县旱田村村民互联网卖山货带动近200

户农户增收，甘肃省康县朱家沟村的发展底线“不砍一棵树、不埋一眼井、不毁一株草、不挪一颗石”等。

（2）关注重点群体的感受和风貌。《人民日报》称，实施乡村振兴战略顺应了亿万农民对美好生活的向往，他们最期盼的是收入再高些、农村基础设施改革的步伐再快些、医疗和教育的负担再少些。湖南广播电视台推出了乡村振兴战略青春纪实片《不负青春不负村》，呈现青年大学毕业生群体在农村基层的奋斗历程。微话题“不负青春不负村”阅读量达到 1 100 万次。有网民说，乡村振兴战略为新青年提供了广阔舞台，新时代呼唤新作为，会有越来越多的年轻人扎根农村广阔天地，在乡村振兴中绽放光芒。

（3）关注有关部门和各地政府的具体举措。新华社重点介绍了农业农村部实施的“农业绿色发展五大行动”、交通运输部实施的“八大工程”等，称各部委结合自身工作重点，相继出台具体措施，乡村振兴战略政策体系日渐形成。《经济参考报》汇总河北、吉林、湖北等地的相关举措，称密集发布的地方版乡村振兴战略把促农增收作为核心要义，围绕农民增收还将迎来多个政策发力点。

（4）积极建言。有舆论表示，在乡村振兴战略下，乡村地位和作用已经发生了变化和调整，农村不再是单纯被动地接受城市的反哺，也不是被统筹带动以实现城乡一体化，要主动发力、迎头赶上，成为城乡发展的新主角、经济发展的新引擎。有舆论说，农民持续增收关乎乡村振兴的实现，要着重增加农民的财产性收入，让村民合理分享地方财政中的土地升值收益，要创新收益分享模式，推广“订单收购＋分红”“土地流转＋优先雇用＋社会保障”“农民入股＋保底收益＋按股分红”等方式，让农民更多分享产业融合发展的增值收益。还有舆论认为，乡村振兴的钱要花在刀刃上，要提高投入效益，要分清哪些建设应该由政府来投，哪些可以靠社会和市场力量，哪些靠农民自己来完成，比如电商、信息等可以由企业来投，垃圾分类等环境改善方面则要调动农民的积极性。

11 月“三农”网络舆情分析报告

【舆情概况】

据监测，11 月北京“三农”网络舆情信息量共计 17 696 条，较上月增加 3 516 条。其中，新闻媒体舆情信息量 6 164 条，占舆情总量的 34.83%，涉及的网络媒体有人民网、新华网、央广网等，涉及的报刊媒体包括《经济日报》《农民日报》《北京日报》《新京报》等，涉及的电视媒体包括央视《新闻直播间》《朝闻天下》、北京卫视《北京您早》等；微信舆情信息量 4 885 条，占 27.61%，涉及的微信公众号有北京交通广播、最爱大北京、北京房山等；微博消息 3 230 条，占 18.25%，涉及的主要微博账号有央视新闻、紫光阁、央视财经、北京人北京事儿等；客户端文章 2 912 条，占 16.46%；论坛帖文 444 条，占 2.51%；博客帖文 61 条，占 0.34%（图 1）。

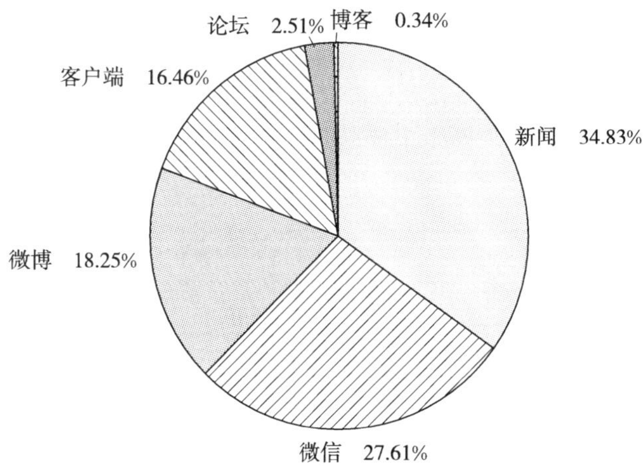

图 1　11 月北京“三农”网络舆情传播渠道

新闻舆情方面，11 月整体走势起伏明显。23 日，农业农村部通报《北京市房山区排查出非洲猪瘟疫情》，迅速引发舆论扩散传播，当日新闻舆情量达 652 条，成为本月新闻舆情峰值（图 2），其中非洲猪瘟相关新闻信息量达 504

条。当日热点新闻有：农业农村部官网 23 日通报《北京市房山区排查出非洲猪瘟疫情》，《人民日报》、中青网等媒体转载 271 次；《北京晚报》报道《坚决果断处置房山非洲猪瘟疫情》，人民网、《北京日报》等媒体转载 86 次；千龙网报道《北京市市长陈吉宁：全力以赴做好非洲猪瘟防控处置工作》，中华网、新浪网等媒体转载 28 次。在各大主题领域中，有关“生态环境”的新闻数量最多，占比达 35.79%（图 3）。内容包括：《已有 2 936 个村庄实现无煤化》《北京建设生态涵养区 5 年投入 2 658 亿元》《北京农村厕所大变样》等。从全月新闻媒体报道内容看，房山区排查出非洲猪瘟疫情是关注重点，新闻排行榜 TOP10 中有 3 条信息与之相关。此外，北京菜价、煤改清洁能源、“土豆接力”扶贫、农民工工资等信息也被媒体关注（表 1）。

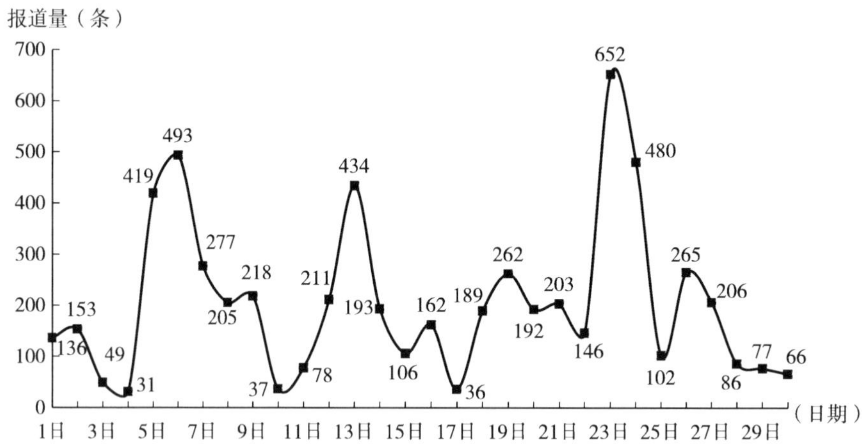

图 2　11 月北京“三农”新闻舆情走势

微博舆情走势前期较为平稳，23 日，在房山非洲猪瘟事件影响下，微博舆情量大幅增长，成为本月微博舆情峰值，当日微博量达 573 条（图 4）。各大主题领域中，非洲猪瘟所属的“动物疫病”领域微博数量最多，占比达 39.51%（图 5）。主要帖文有：《很多人都和我说北京是安全的，猪瘟不会来》《北京市房山区排查出非洲猪瘟疫情，死亡 86 头》《北京房山发现猪瘟疫情！晕，最近远离猪肉！》《非洲猪瘟进北京》《北京出现首例非洲猪瘟疫情》《非洲猪瘟攻陷北京　中国 20 省市沦陷》等。微博排行榜 TOP10 中有 7 条信息涉及房山非洲猪瘟话题。此外，北京菜价、民宿、扶贫工作等相关内容也被微博网民关注（表 2）。

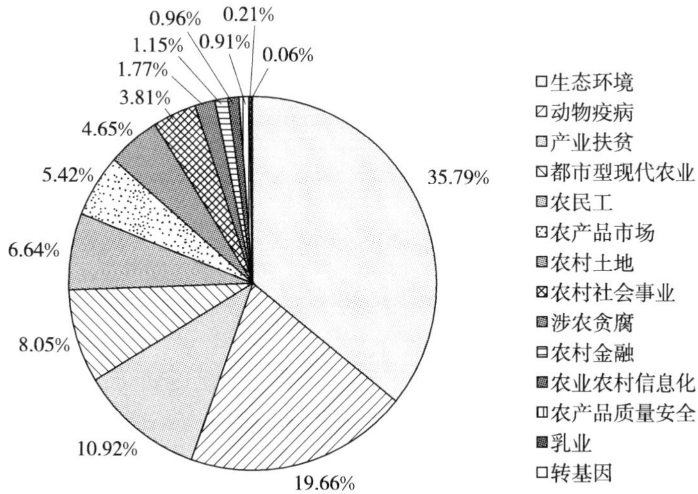

图3　11月北京“三农”新闻舆情话题分类

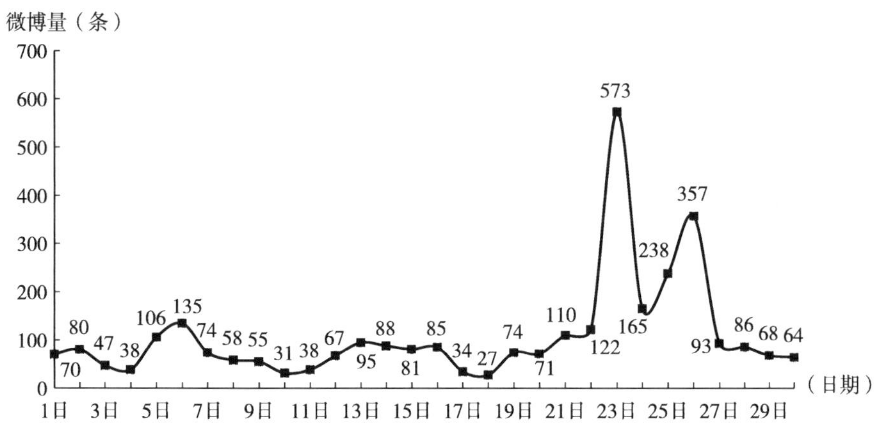

图4　11月北京“三农”微博舆情走势

微信方面，网民关注点主要集中在非洲猪瘟疫情以及北京拆迁、棚改等话题，排行榜TOP10中前3条信息都与非洲猪瘟有关，6条信息涉及北京拆迁、棚改、腾退等话题。此外，北京市农业农村局挂牌也被关注（表3）。论坛方面，网民关注点较为广泛，涉及非洲猪瘟、精品民宿、农民工工资、村两委换届、农产品价格等各个方面（表4）。

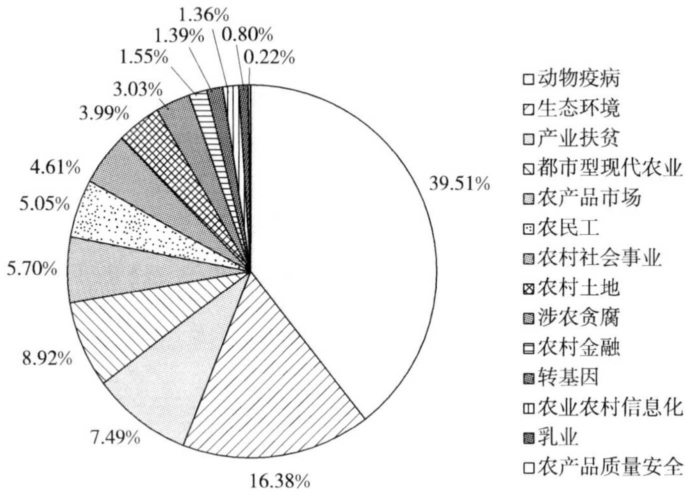

图5　11月北京“三农”微博舆情话题分类

【热点排行】

表1　2018年11月北京“三农”热点新闻TOP10

排名	标　题	来源	时间（月-日）	转载
1	北京市房山区排查出非洲猪瘟疫情	农业农村部新闻办公室	11-23	271
2	坚决果断处置房山非洲猪瘟疫情	《北京晚报》	11-23	86
3	京城菜价降至5年同期最低点	《北京青年报》	11-27	53
4	北京市农业农村局：已有2 936个村庄实现无煤化	《北京晨报》	11-16	50
5	冬储菜供应充足菜价环比下降6.8%	《北京晨报》	11-13	48
6	北京12月起拉网式排查欠薪 将集中公布“黑名单”	中国新闻网	11-21	44
7	“土豆接力”助崇礼消化23吨滞销土豆	《新京报》	11-13	36
8	北京市市长陈吉宁：全力以赴做好非洲猪瘟防控处置工作	千龙网	11-23	35
9	“土豆接力”也是扶贫模式创新	《新京报》	11-14	32
10	北京延庆124户“世园人家”正式亮相	千龙网	11-16	28

表 2 2018 年 11 月北京“三农”热点微博 TOP10

排名	标题	账号	时间（月-日）	转发	评论
1	非洲猪瘟哪来的？猪肉还能吃吗？答案在这里	央视新闻	11-25	103	473
2	市面上猪肉可以放心买！10 个问题带你科学了解非洲猪瘟	打四黑除四害	11-25	155	56
3	北京大白菜价格降至近 5 年最低	北京人北京事儿	11-21	105	4
4	农业农村部：北京房山区排查出非洲猪瘟疫情 死亡生猪 86 头	紫光阁	11-23	101	165
5	周末体验了北京密云干峪沟村“山里寒舍”民宿	小马途游	11-7	99	90
6	农业农村部：北京市房山区排查出非洲猪瘟疫情，已采取应急措施	央视财经	11-23	74	24
7	猪肉还能吃吗？非洲猪瘟会传染人吗？	中国青年报	11-23	38	122
8	北京坚决果断处置房山非洲猪瘟疫情	北京青年报	11-23	37	50
9	北京市房山区排查出非洲猪瘟疫情	新华网	11-23	32	11
10	东城区领导带队赴崇礼调研扶贫协作工作	北京东城	11-20	20	13

表 3 2018 年 11 月北京“三农”热点微信 TOP10

排名	标题	公众号	时间（月-日）	阅读量	点赞
1	北京发现非洲猪瘟！猪肉还能不能吃？传染人吗？别慌！不用怕	最爱大北京	11-24	66 674	143
2	86 头生猪死亡！北京房山现猪瘟疫情！这些防控提示一定要看	北京交通广播	11-23	60 446	153
3	北京坚决果断处置房山非洲猪瘟疫情	北京房山	11-23	58 676	674
4	涉拆迁！通州这 11 个村，约 81.6 万米^2 区域明年将迎来大变化！	通州小兵	11-27	29 402	27
5	拆拆拆！通州这 6 个村再发腾退拆除公告！	通州小兵	11-19	27 480	48
6	重磅！顺义河东这 9 个村，有望拆迁！	顺义微社区	11-14	18 367	59
7	门头沟东辛房大变迁，送给迁拆后的你！	门头沟京西杂谈	11-11	12 043	48

（续）

排名	标　题	公众号	时间（月-日）	阅读量	点赞
8	门头沟棚改安置房新动向！要选房的您仔细看看！	门头沟京西杂谈	11-28	11 651	11
9	顺义这村棚改补偿方案曝光，拆迁补偿费预计为 289 204 万元！	顺义社区网	11-5	11 268	11
10	北京市农业农村局今日正式挂牌	北京美丽乡村	11-8	8 214	45

表 4　2018 年 11 月北京“三农”热点网帖 TOP10

排名	标　题	来源	时间（月-日）	点击	回帖
1	探访北京延庆“世园人家”闲置老宅变精品民宿	京华论坛	11-15	21 932	0
2	北京全力保障农民工节前劳动报酬权益	京华论坛	11-22	20 868	0
3	北京出台 16 项政策措施推动生态涵养区生态保护	京华论坛	11-6	17 373	0
4	怀柔区领导带队到渤海镇调研村“两委”换届工作	京华论坛	11-12	16 345	0
5	北京市农业农村局：已有 2 936 个村庄实现无煤化	股吧	11-16	8 451	1
6	北京菜价 10 月环比下降 6.8%	股吧	11-16	7 871	0
7	北京房山发现非洲猪瘟疫情，猪肉还能放心吃吗	凯迪社区	11-23	6 260	28
8	重磅：北京房山已扑杀 3 337 头生猪	凯迪社区	11-25	3 839	28
9	非洲猪瘟再添新疫区	股吧	11-23	3 729	3
10	北京下月起拉网式检查农民工工资支付	股吧	11-21	3 266	0

【热点分析】

舆论从三方面关注北京推进生态环境保护工作

11 月，北京市生态环境保护工作稳步推进，《北京日报》《经济日报》等多家媒体对此予以关注，关注点主要集中在以下 3 个方面。一是关注北京市“煤改清洁能源”工作进展情况。“今冬 111 万户农户清洁取暖”“31 座郊区集中供热中心无煤化”“2 936 个村庄实现无煤化”“提前两年完成”等工作成绩广泛出现在报道标题中。新华网报道称，国网北京电力在“煤改电”村建立 136 支共产党员服务队、492 个服务站，负责应急故障处置、电网运行维护等工作，北京多措确保“煤改电”用户温暖过冬。此外，舆论称赞各区还积极开展煤改电安全取暖专项检查保障工作，并对北京今后的工作计划予以关注。《北京日报》11 月 1 日报道称，2018 年全市计划完成 285 个村、12.49 万户的“煤改电”配套电网工程。改造后，北京电采暖用户将超过 125 万户，平原地区村庄将基本实现“无煤化”，一幅环境整洁、风景宜人的美丽乡村图画徐徐展开。《北京日报》11 月 23 日报道称，到 2020 年年底前，城六区将全面“禁燃”——在这条“无煤化”的环境保护之路上，北京义无反顾，继续坚定前行。二是关注各区积极推进农村人居环境整治工作。综合媒体报道称，顺义区引入专业设备、成立综合执法中心，延庆区对农村人居环境整治工作进行抽查，平谷区开展农村人居环境“清脏治乱”攻坚月集中行动、整治私搭乱建，通州区加速公厕改造提升，朝阳区将高铁冲厕装置应用到农村公厕建设中，各区多措并举，提升人居环境。央视新闻频道《新闻直播间》11 月 19 日对北京朝阳区新型农村智能厕所进行介绍，称北京农村厕所大变样。三是关注生态涵养区保护工作。《京郊日报》《经济日报》《农民日报》等多家媒体对此予以关注。报道称，2018 年，北京市启动实施新一轮百万亩造林绿化工程。全年计划增绿 23 万亩，截至 11 月初，已完成工程进度的 70%。门头沟区、昌平区开展了渔业资源增殖放流活动，改善水域环境；怀柔区、东城区结对协作，共同推动生态涵养区生态保护和绿色发展。此外，11 月 5 日，北京市还推出《关于推动生态涵养区生态保护和绿色发展的实施意见》，提出健全生态保护补偿机制、持续加大投入力度等 5 个方面 16 项政策措施。舆论称，守护绿水青山送出民生大礼包，北京让生态涵养区“不吃亏、能受益”。

房山区排查出非洲猪瘟疫情
北京坚决果断处置获舆论点赞

11 月 23 日，农业农村部官网通报《北京市房山区排查出非洲猪瘟疫情》称，经确诊，北京市房山区青龙湖镇、琉璃河镇各一个养殖场排查出非洲猪瘟疫情，引发舆论广泛关注。央视新闻频道、财经频道、中文国际频道《新闻直播间》《朝闻天下》《中国财经报道》《中国新闻》等栏目对此予以播报。人民网、新华网等513家新闻媒体共发布相关报道1 132篇，客户端750篇，博客、论坛67篇，微博997条，微信1 142篇。“北京首发两起”“非洲猪瘟进北京”“猪瘟杀入京”“首都沦陷了”“86头生猪死亡”“存栏生猪1 325头，死亡49头”“形势严峻”等语句广泛出现在报道标题中。新浪微博设立的#北京发现非洲猪瘟#等5个微话题合计阅读量达49.2万次。在对疫情公开发布方面，《房山新闻》栏目制作播出《一场没有硝烟的战斗——权威专家回应非洲猪瘟疫情防控热点》节目，对此次非洲猪瘟疫情进行全面深度报道。微信公众号“北京房山”在11月23日发布《农业农村部出台非洲猪瘟疫情防控八条禁令》，第一时间发布准确信息，稳定人心。随后，该公众号相继发布《北京市市长陈吉宁：全力以赴做好非洲猪瘟防控处置工作》《莫要慌，非洲猪瘟不传人!》《非洲猪瘟防控小贴士》等8条微信，累计阅读量达10.3万次。

疫情发生后，北京市委、市政府高度重视，市委书记蔡奇立即做出批示，要求全面排查，迅速做好疫情管控，防止扩散。市长陈吉宁连夜召开专题会议，部署防控措施并赴现场指挥调度。人民网、《新京报》《光明日报》等多家媒体对处置情况予以关注。“坚决果断”“全力以赴”“处理妥当”等成为报道关键词。《北京晚报》等多家媒体报道称，北京市对落实非洲猪瘟防控措施进行了再动员再部署，采取加强全市进京路口及疫区进出口管控、全面强化疫情排查、加强京津冀联防联控等措施，并督导相关区有效落实。网民纷纷发表评论，为北京果断处置非洲猪瘟疫情点赞。网民“涅赫留道夫”说，把果断处置房山非洲猪瘟疫情的事业进行到底。网民“深呼吸”说，这样的处理非常妥当。网民“高文志”说，相信在市、区党委政府的领导下，人防技防相结合，我们一定能够打胜这场攻坚战!

京牌农产品亮相农交会
舆论高度评价京津冀品牌农产品产销对接活动

11月1～5日，第十六届中国国际农产品交易会在湖南省长沙市举办。北京展团带来700余个特色农产品参展，其中包括昌平草莓、京白梨、怀柔板栗、房山磨盘柿、大兴西瓜、平谷大桃、北京鸭7种地理标志农产品，舆论对此予以关注。北京卫视《北京您早》等栏目对此予以播报，新浪微博设置的#微直播——第十六届农交会北京展团#等2个微话题合计阅读量达2.5万次。舆论称，北京农产品有颜值，有品质。北京农产品在农交会上所取得的成绩也被媒体重点关注，“现场贸易额近5亿”“老北京炸酱、百年油栗仁、北京鸭等产品荣获本届交易会金奖”“北京展团荣获最佳组织奖与设计金奖”“综合展区有6个参展产品获得金奖”等信息被舆论大量报道。《北京日报》称，这些数字的背后，正是传统农企向市场前沿技术不断迸发的努力。此外，《北京日报》还重点报道了北京展团参展企业。报道称，北京市面向全国推介了30个北京农业好品牌，加上2017年发布的44家，获得农业好品牌称号的一共74家。2018年选出的北京农企新秀，一半带有科技、创新“基因”。细数这些企业，科技、互联网、电商等关键词频现，体现了北京农企从传统种养向前沿科技和农产品深度开发转变的趋势。舆论称，农业好品牌，前沿味道足。

11月30日，2018年京津冀品牌农产品产销对接活动在新发地河北农产品展销中心举办，赵县雪花梨、蔚州贡米、沙窝萝卜、坝上蔬菜、涞源食用菌等来自京津冀三地的农产品集中展销。活动期间开展了农产品展示品鉴、供应商推介、现场产销对接贸易洽谈、签约仪式等活动。央广网、《农民日报》等多家媒体对产销对接活动中特色农产品的产量、产地、帮助当地农民增收致富的故事以及活动成果予以报道。“订单金额超4亿”“达成4.02亿元订单”等数字大量出现在报道标题中。《北京晚报》、新华网等媒体重点关注了天津市石各庄镇的金果梨、张家口宣化区的杂粮，称“扶贫果”、杂粮成为村民致富增收的新亮点。舆论对此次产销对接活动予以高度评价。央广网称，京津冀地区既有巨大的消费市场，又有广阔的农业生产基地。因此，京津冀农业合作具有天然的互补优势。产销对接助力京津冀农业合作迈入新阶段。《北京晚报》称，津冀特色农产品丰富首都菜篮子。

舆论热议“土豆接力”活动

10月，河北崇礼地区百姓种植的土豆滞销，10月31日，该区对口帮扶单位北京市东城区向社会各界发出帮扶倡议书，并在微信公众号“我的社区我的团”“东城基层党建”同步发出。在公益单位筹划下，北京爱心网友、爱心单位共同发起了一场声势浩大的东城—崇礼“土豆接力”活动，世界滑雪冠军郭丹丹以“爱心大使”身份为崇礼土豆代言，新京报“我们视频”全程直播，引发舆论广泛关注。北京卫视《北京您早》《都市晚高峰》等栏目对此予以播报，人民网、新华网、《农民日报》等174家新闻媒体共发布相关报道380篇，客户端242篇，博客、论坛15篇，微博96条，微信346条。“370吨土豆进京”“已卖出150吨”“消化23吨滞销土豆”“370吨全部‘名花有主’”“首批270

多吨滞销土豆已预订一空”“457吨崇礼土豆43小时预订一空”“43小时售罄”等数字信息被媒体大量报道。舆论称，“土豆接力”助崇礼滞销土豆走上北京市民餐桌。

媒体纷纷发表评论对“土豆接力”活动予以高度评价，称扶贫路上需要更多的“土豆接力”。《新京报》11月14日报道称，“土豆接力”也是扶贫模式创新，东城扶贫“有心”，借助视频直播等行为方式“有力”，从而让扶贫帮困成果事半功倍。《农民日报》11月15日报道《爱心接力可以常态化》称，东城区将“党建引领”与“社会参与”有机结合，化简单、偶然的爱心活动为“市场化、常态化”的社会帮扶项目，这给扶贫帮困提供了一个好思路。扶贫帮困不是政府的独角戏，广泛发动社会力量、积极借助市场力量，就能有利于形成解决贫困地区农产品滞销的长效机制，值得推广。《北京日报》11月29日报道称，“土豆接力”通过消费扶贫和“互联网＋”结合，将脱贫攻坚事业这台政府的“独角戏”，变成全社会“大合唱”。

【全国热点】

2018年11月热点新闻见表5。

表5　2018年11月热点新闻TOP10

排名	标　题	来源	时间（月-日）	转载
1	宅基地改革将坚持“一户一宅”原则	《经济日报》	11-12	582
2	北京市房山区排查出非洲猪瘟疫情	农业农村部新闻办公室	11-23	348
3	三季度农产品抽检总体合格率为97.6%	《人民日报》	11-13	346
4	最高法：从严从快惩处把持农村基层政权的黑恶势力	新华网	11-7	291
5	药材质量如何保障	《人民日报》	11-20	279
6	中国20省份发生非洲猪瘟疫情　累计扑杀生猪60万头	中国新闻网	11-23	247
7	2019年小麦最低收购价每斤下调3分	新华网	11-16	235
8	农业农村部：长江流域分阶段施行常年禁捕	新华网	11-4	234
9	新疆产业扶贫助推农牧民走出“致富路”	中国新闻网	11-8	218
10	12小时注水120斤　牛流泪下跪“求饶”老板笑称“不痛苦”	荔枝网	11-21	211

分享丰收喜悦凝聚振兴力量
第十六届农交会“吸睛”又“吸金”

11月1至5日，以“质量兴农、品牌强农、绿色发展、乡村振兴”为主题的第十六届中国国际农产品交易会（以下简称农交会）在湖南长沙举行，引发舆论广泛关注。截至11月6日，相关新闻报道5 640篇，新浪微博相关微话题阅读量共计359.8万次。

从报道形式看，各类媒体发挥各自所长，在农交会宣传上形成了载体多样、渠道丰富、覆盖广泛的融媒体传播矩阵。新华社、《农民日报》等媒体于细微处见真章，通过汇总参展中的鲜活事例，深度阐述农交会在乡村振兴、品牌强农等方面的重要意义；CCTV－7、湖南卫视等媒体通过访谈、晚会等方式，立体呈现农交会在产业扶贫、农产品品牌推介方面的示范效应；各类社会主体在微博、微信中通过图文、视频、直播等方式，对参展的特色、品牌农产品进行细节化、趣味化宣传，进一步提升了农交会的吸引力。

从舆论反馈看，农交会各展区精彩纷呈，337亿元交易额再创新高，受到积极评价。有舆论称，农交会分享丰收喜悦，凝聚振兴力量，“吸睛”又“吸金”。其中，农交会首次开辟的乡村振兴馆展区被称为一大亮点。《农民日报》说，展区通过AR＋VR等现代技术展示现代农业、未来农村的美丽画卷，从示范样本中汇聚前行的力量。绿色、品牌、优质被认为是农交会的三大关键词。《经济日报》说，一大批品质高、品牌亮的农产品在农交会上受到热捧，农交会是高质量农产品展示推介的平台，更是农业高质量发展经验交流的平台，已成为中国农业发展的缩影，成为农业市场化的重要标志。产销对接被评价为农交会的重头戏。海外网说，农交会聚焦深度贫困，推动产销对接，创新推介和产销对接形式，点评团、采购团、推介打擂，让人耳目一新。网民也纷纷点赞，对农交会推介农优品牌、帮助农民解决后顾之忧予以充分肯定。

此外，农交会同期举办的全球农业南南合作高层论坛、中国乡村振兴战略高峰论坛等活动也备受关注。胡春华副总理、屈冬玉副部长的发言被媒体广泛援引。舆论感慨农交会的国际“朋友圈”更大，作为“国际秀场”的魅力更浓，向世界展示了一个有活力、有力量的中国。

“双新双创”博览会见证“三农”新变化 农村创业创新奏响乡村振兴强音

11 月 15 日至 18 日，2018 全国新农民新技术创业创新博览会（以下简称博览会）在江苏南京举办，中央媒体和地方媒体通过专题报道、系列报道等方式，对博览会展开了角度多样的宣传，各商业门户网站以及社交媒体随后进行广泛转载，博览会相关的图文、视频报道引发良好舆论反响。截至 11 月 20 日，相关报道 2 480 篇，新浪微博相关微话题阅读量共计 57.7 万次。

韩长赋部长在博览会开幕论坛上的讲话受到关注，“打造农村双创升级版”“加快建设现代农业产业科技创新中心”“推进乡村产业链从低端到高端提升”等关键信息被积极传播。博览会上展示的农业新技术、新应用引发集中报道。新华社等媒体介绍了卫星种地、摩天轮种菜、公寓养蟹、猪脸识别等一大批农业新技术。舆论由此赞叹农业的日新月异，称农业新玩法颠覆想象。中国新闻网等媒体还介绍了反季节竹笋、新品种草莓等农业科技在推广应用后带来的可观收益。舆论感慨农业创新让“青山”变“金山”，为中国现代农业发展的新面貌点赞。博览会上的新农民群体也是热点议题。他们用创业创新成果充分展现了时代风采，被舆论称为博览会上的“亮丽风景”。其中，“有机大米书记”魏统田、“火鸡司令”鲁曼、“打造蓝莓全产业链”的徐烨等新农民带领乡亲们致富的事迹引发媒体积极报道。舆论称，这些新农民的典型，生动诠释了发展现代农业、促进乡村振兴需要人才引领，希望博览会激活一池春水，不断吸引“新农”“知农”创业创新。此外，博览会期间还举办了 10 多场主题鲜明、异彩纷呈的活动。在数字乡村发展论坛上，屈冬玉副部长提出的“数字乡村战略为乡村振兴赋能”“坚持走中国特色数字乡村发展之路”等，引发媒体的大量援引。首届全国苹果大数据发展应用高峰论坛也备受关注，“国家级苹果产业大数据中心”成为各大科技网站频繁出现的热词。

从舆论反馈看，博览会引发积极评价和热烈期待。舆论称博览会见证农业农村新变化，勾勒创业创新新图景，助推农业产业新飞跃，是创新的盛会、务实的盛会、激情的盛会。还有舆论寄望将博览会上的丰硕成果厚植进创新的沃土，浇灌出新时代越加鲜艳的“农业之花”，奏响乡村振兴强音。

12 月“三农”网络舆情分析报告

【舆情概况】

据监测，12 月北京“三农”网络舆情信息量共计 14 350 条，较上月减少 3 346 条。其中，微信舆情信息量 4 411 条，占舆情总量的 30.74%，涉及的微信公众号有顺广传媒、北京通州发布、延庆等；新闻媒体舆情信息量 4 226 条，占 29.45%，涉及的网络媒体有人民网、新华网、央广网等，涉及的报刊媒体包括《北京日报》《北京晚报》《北京青年报》《新京报》等，涉及的电视媒体包括北京卫视《北京新闻》《北京您早》等；微博消息 3 085 条，占 21.50%，涉及的主要微博账号有新华视点、财新网、北京晚报、北京通州发布等；客户端文章 2 071 条，占 14.43%；论坛帖文 479 条，占 3.34%；博客帖文 78 条，占 0.54%（图 1）。

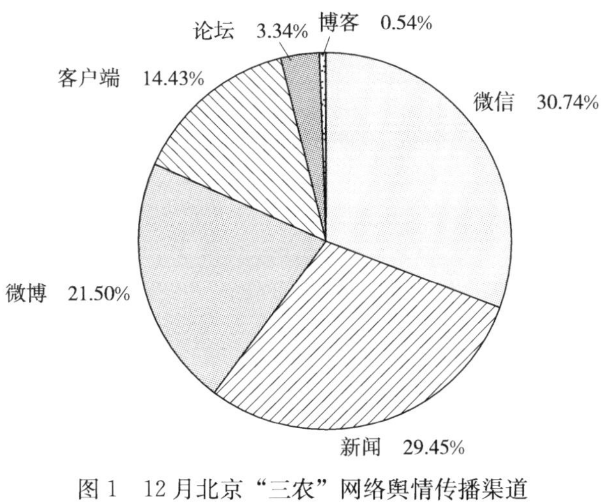

图 1　12 月北京“三农”网络舆情传播渠道

新闻舆情方面，12 月整体走势起伏明显。3 日，农业农村部通报《陕西省西安市鄠邑区、北京市通州区、黑龙江省农垦总局北安管理局排查出非洲猪瘟疫情》，迅速引发舆论扩散传播，当日新闻舆情量达 394 条，成为本月新闻舆情峰值（图 2），其中非洲猪瘟相关新闻信息量达 225 条。当日热点新闻有：

中国新闻网发文《北京、陕西、黑龙江三省市排查出非洲猪瘟疫情》，人民网、中青网等媒体转载107次；农业农村部官网通报《陕西省西安市鄠邑区、北京市通州区、黑龙江省农垦总局北安管理局排查出非洲猪瘟疫情》，《人民日报》《农民日报》等媒体转载54次；《北京商报》报道《北京快速有效处置通州非洲猪瘟疫情》，汉丰网等媒体转载11次。在各大主题领域中，有关“动物疫病”的新闻数量最多，占比达19.10%（图3）。从全月新闻媒体报道内容看，通州区、顺义区排查出非洲猪瘟疫情是关注重点，新闻排行榜TOP10中有3条信息与之相关。此外，农村环境整治、煤改清洁能源等信息也被媒体关注（表1）。

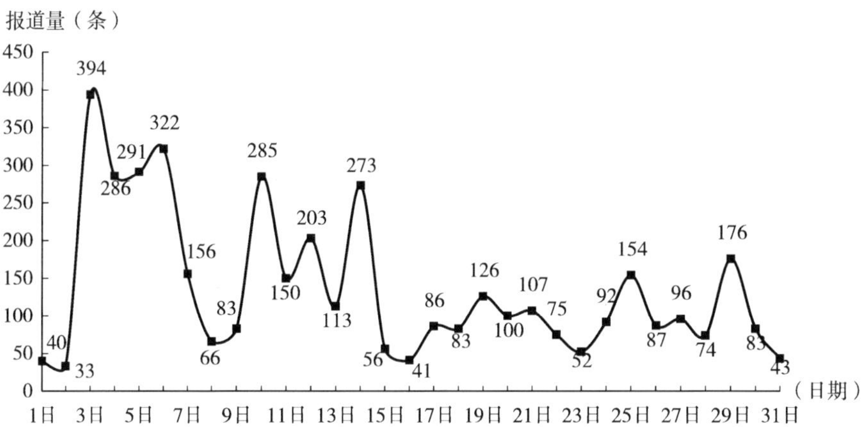

图2　12月北京“三农”新闻舆情走势

微博舆情走势12月上旬起伏明显，中下旬相对平稳。3日，在通州非洲猪瘟事件影响下，微博舆情量大幅增长，成为本月微博舆情峰值，当日微博量达293条（图4）。主要帖文有：《北京、陕西、黑龙江三省市排查出非洲猪瘟疫情》《通州迅速有效处置非洲猪瘟疫情》《陕西省西安市鄠邑区、北京市通州区、黑龙江省农垦总局北安管理局排查出非洲猪瘟疫情》《北京市通州区潞城镇贾后疃村土地确权造假》等。各大主题领域中，“都市型现代农业”领域微博数量最多，占比达18.93%（图5）。内容包括：《北京乡村振兴战略规划完成编制》《美丽乡村·北京蔡家洼村：快来！京郊百公里有片热带水果园》《改革开放让北京市农民收入年均增12.8%》等。微博排行榜TOP10中有6条信息涉及通州、顺义非洲猪瘟话题。此外，农村环境整治、北京乡村振兴规划等相关内容也被微博网民关注（表2）。

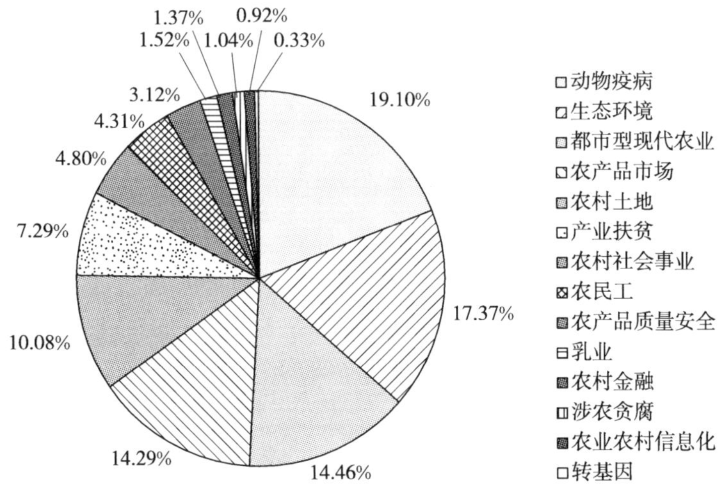

图 3 12 月北京“三农”新闻舆情话题分类

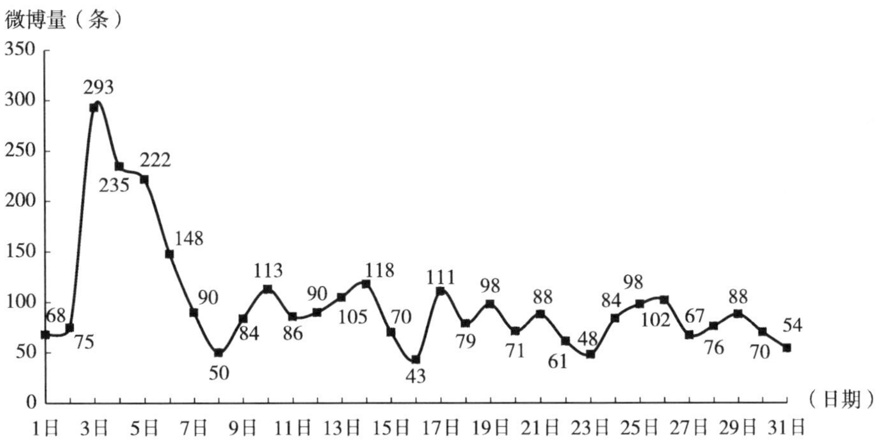

图 4 12 月北京“三农”微博舆情走势

微信方面，网民关注点主要集中在非洲猪瘟疫情以及北京拆迁、棚改等话题，排行榜 TOP10 中 4 条信息与非洲猪瘟有关，其他信息涉及北京拆迁、棚改、征地等话题。此外，顺义 4 个村庄规划获批也被关注（表 3）。论坛方面，网民关注点较为广泛，涉及非洲猪瘟、农村环境整治、农产品价格等各个方面（表 4）。

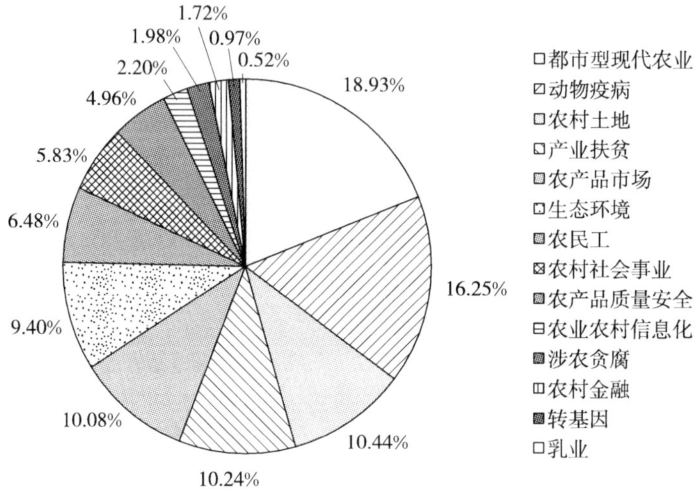

图 5　12 月北京“三农”微博舆情话题分类

【热点排行】

表 1　2018 年 12 月北京“三农”热点新闻 TOP10

排名	标　题	来源	时间（月-日）	转载
1	北京、陕西、黑龙江三省市排查出非洲猪瘟疫情	中国新闻网	12-3	107
2	北京：汲取秦岭违建别墅教训！	中央纪委国家监委网站	12-14	96
3	11 月份北京 CPI 同比上涨 2.4% 猪肉价格下降	中国新闻网	12-11	72
4	北京平原地区基本实现清洁取暖	《人民日报》	12-27	70
5	北京明年将改造提升 800 座公厕	《北京青年报》	12-14	69
6	四川省合江县、陕西省西安市长安区、北京市顺义区排查出非洲猪瘟疫情	农业农村部新闻办公室	12-5	67
7	陕西省西安市鄠邑区、北京市通州区、黑龙江省农垦总局北安管理局排查出非洲猪瘟疫情	农业农村部新闻办公室	12-3	54
8	北京市“煤改电”居民用户达 128 万户	《北京晚报》	12-14	52
9	全市 1 048 个村庄完成环境整治	《北京日报》	12-9	44
10	本市 2 963 个村实现无煤化	《北京青年报》	12-6	41

表 2 2018 年 12 月北京“三农”热点微博 TOP10

排名	标 题	账号	时间（月-日）	转发	评论
1	陕西省、北京市等三地排查出非洲猪瘟疫情	新华视点	12-3	886	607
2	四川省合江县、陕西省西安市长安区、北京市顺义区排查出非洲猪瘟疫情	新华视点/财新网/北京晚报	12-5	334	300
3	一位从北京入境的中国旅客携带的猪肉香肠呈现非洲猪瘟病毒阳性	财新网	12-27	96	88
4	北京通州一大型养猪场排查出非洲猪瘟	财新网/财新周刊	12-4	53	48
5	通州迅速有效处置非洲猪瘟疫情	北京通州发布	12-3	35	17
6	陕西省西安市鄠邑区、北京市通州区、黑龙江省农垦总局北安管理局排查出非洲猪瘟疫情	华商报	12-3	32	33
7	海淀区环卫中心稳步推进延庆区农村劳动力转移就业工作	海淀在线	12-4	26	13
8	美丽北京好去处 今冬第一波草莓采摘甜蜜来袭	北京昌平	12-20	17	42
9	全市 1 048 个村庄完成环境整治	北京发布	12-10	9	6
10	北京将出乡村振兴总体部署“四梁八柱”改善农村民生	千龙网 中国首都网	12-11	3	2

表 3 2018 年 12 月北京“三农”热点微信 TOP10

排名	标 题	公众号	时间（月-日）	阅读量	点赞
1	北京果断处置顺义区非洲猪瘟疫情	顺广传媒	12-5	10W+	1 632
2	通州迅速有效处置非洲猪瘟疫情	北京通州发布	12-3	92 649	278
3	四川省合江县、陕西省西安市长安区、北京市顺义区排查出非洲猪瘟疫情	陕西都市快报	12-5	35 585	101
4	延庆这个村“棚改”有了最新进展	延庆	12-17	23 313	35
5	山西临汾、北京顺义、四川泸州、陕西西安各排查出非洲猪瘟疫情	猪友之家	12-7	18 071	13
6	昌平两处征地公示完成！看看有没有您家？	昌平圈	12-17	16 559	20
7	昨顺义这个村非住宅开始拆迁，涉及 146 户！	北青社区报顺义版	12-25	13 415	10

（续）

排名	标　题	公众号	时间（月-日）	阅读量	点赞
8	补偿款达 2.24 亿元，房山这四个村征地补偿公示了	网聚房山	12-13	12 537	17
9	顺义这镇四个村庄规划获批复了！	顺义社区网	12-21	12 515	8
10	房山出了个千年古村！	青春房山	12-13	10 698	169

表 4　2018 年 12 月北京“三农”热点网帖 TOP10

排名	标　题	来源	时间（月-日）	点击	回帖
1	绿水青山助力京郊吃好生态饭	京华论坛	12-26	26 575	0
2	关于怀柔水库上游 9 村迁建	京华论坛	12-15	24 378	0
3	环保拆迁清退补偿 30%？这还不算最低的	京华论坛	12-27	20 658	0
4	乡村振兴，产业兴旺是重点	京华论坛	12-26	18 045	0
5	北京全市 1 048 个村庄完成环境整治	京华论坛	12-9	16 416	0
6	守好绿水青山迎来的就是金山银山	京华论坛	12-14	16 220	0
7	北京顺义元旦两超市菜价	锦州新闻网	12-30	16 101	12
8	非洲猪瘟哪来的？猪肉还能吃吗？答案在这里	搅沫沫	12-13	8 085	0
9	让村民精神“富”起来	中工网	12-29	5 595	1
10	顺义区通报村书记等违纪案	在线信息网	12-24	4 103	20

【热点分析】

舆论聚焦北京积极推进乡村振兴战略

12 月，北京市乡村振兴工作有序推进。12 月 8 日，市委书记蔡奇带领 16 个区和相关部门的主要负责人深入平谷区、密云区，就实施乡村振兴战略进行拉练式检查，并在密云区东邵渠镇政府主持召开现场推进会。北京卫视《北京您早》《北京日报》等媒体对此予以报道。舆论援引蔡奇的话称，要促进乡村产业、人才、文化、生态和组织全面振兴，努力走出一条具有首都特点的乡村振兴路子。《北京晚报》报道称，目前《北京市实施乡村振兴战略规划（2018—2022 年）》已基本完成编制工作，即将出台。未来几年，北京将全面推进落实“百村示范、千村整治”的要求，为建设美丽乡村、实现乡村全面振兴奠定坚实的基础。为助力乡村振兴，12月6日，北京市气象局出台《北京市气象局贯彻落实乡村振兴战略气象保障服务实施方案（2018—2022）》，舆论对此予以关注。《中国气象报》报道称，北京市气象局将全面提升北京市气象为农业服务的能力和水平。预计到2022年，北京市特色农业与生态气象观测站网形成体系，精细化农业气象灾害风险评估、预报、预警技术得到发展。此外，市气象局还将在北京生态涵养功能区研发气候生态舒适度、环境适宜度等评估技术及评估指标，服务首都美丽乡村建设。

北京市各区积极推进乡村振兴工作也被舆论关注。综合媒体报道称，延庆区召开会议，传达学习市领导“实施乡村振兴战略”主题现场推进会会议精神；顺义区领导到北小营镇、木林镇，就实施乡村振兴战略工作进行拉练检查；通州区委书记曾赞荣主持召开美丽乡村建设工作会议，传达学习市委书记蔡奇在乡村振兴现场推进会上的讲话精神；密云区“四位一体”全面推进乡村振兴工作。《京郊日报》称赞道，乡村振兴奔小康，北京快步向前行。北京卫视称，乡村振兴战略有序起步，建好首都“后院”。

此外，舆论对北京市积极推动一二三产业融合以及乡村产业高质量发展予以重点关注。《北京日报》报道称，全市已建成休闲农业园区1 200余个、民俗旅游接待户8 300余户，年接待游客4 000万人次以上，42个村有组织地盘活闲置农宅1 035套，培育了一批精品民宿，带动集体和农民年增收2 000万元。北京卫视《北京新闻》报道称，北京市农业“调转节”目标提前两年完成，创建北京农产品绿色优质安全示范区、农产品质量安全水平全国领先。北京涌现出的平谷区西营村、顺义柳庄户村等村庄推动产业振兴的典型案例也被媒体大量报道转载。《北京日报》称，这些村庄的成功探索，正在逐步破译首都实施乡村振兴战略的成功密码，通过先行先试、典型引路，开创了全面实施乡村振兴战略的良好开局。舆论评价，产业振兴为京郊乡村注入新动力。

北京多管齐下整治农村人居环境受关注

《北京日报》12月9日报道称，截至目前，全市已有1 048个村庄完成环境整治工作，计划到2020年年底前基本完成全市农村环境整治任务。舆论对各区积极推进农村人居环境整治工作予以关注。综合媒体报道称，延庆区已完成农村人居环境摸底调查工作，区农村工作委员会13日组织开展农村人居环境整治重点问题整改情况验收工作；通州区委书记曾赞荣带队拉练检查农村人居环境整治工作情况，区农村工作委员会牵头制定了《通州区提升农村人居环境推进美丽乡村建设专项行动实施意见》，2019 年年底前，全区将完成第一批村庄的建设任务，到 2020 年年底前，全面完成农村环境整治任务；顺义区 2018 年农村污水治理工程进展顺利；房山区加大力度整治农村人居环境，打造美丽宜居乡村；密云区将密云水库上游河道 72 家水产养殖场全部拆除；昌平区持续深入开展“疏解整治促提升”专项行动，打造高颜值村庄；怀柔区“四到位”强化农村垃圾治理。

舆论对北京改厕工作予以重点关注。《新京报》报道称，列入市政府“厕所革命”实事任务的 580 座厕所已经全部改造完工。市城管委拟将 800 座公厕品质提升改造继续列为 2019 年市政府实事任务。在 2020 年之前，北京市城管委将组织完成 1 081 个村庄三类以下公厕达标改造。《朝阳报》报道称，朝阳区已完成城乡结合部、背街小巷、农村等平房区 150 座公共厕所提质升级。《北京日报》报道称，2018 年下半年，北京共普查公厕 8 199 座，涉及 3 473 个村，发现急需改造的三类以下公厕 1 717 座。在升级改造中，市城市管理委员会将电热带缠绕管道技术、加装风道除臭设施、真空排导、气水冲技术等新技术运用到农村公厕中。舆论点赞道，农村小公厕有了大变化。

美丽乡村建设吸引舆论目光

12 月，北京美丽乡村建设工作正如火如荼开展。12 月 19 日，副市长卢彦到大兴区调研美丽乡村建设情况，舆论对此予以关注。从内容看，舆论从三方面关注北京美丽乡村建设。一是关注美丽乡村建设成果。《京郊日报》报道称，2018 年，全市确定了 1 081 个美丽乡村创建任务、71 个市级试点村，探索美丽乡村建设实践经验。目前，71 个先行试点村基本完成规划和实施方案编制。同时，制定了全市《美丽乡村建设导则》《村庄规划导则》等一系列工作导则、意见和标准等配套文件，1 010 个创建村启动规划编制，其中 884 个完成初稿。北京卫视《北京您早》对平谷区西营村、大兴区桑马房村、昌平区沙岭村等多个美丽乡村予以报道。二是关注各区积极推进美丽乡村建设工作。综合媒体报道称，朝阳区 5 个环境标杆乡创建试点乡的 23 个环境建设项目已于 7 月全部完工，半壁店、郎辛庄、郎各庄、东村、东窑等村主体工程已基本建成美丽乡村，剩余村庄已进入收尾阶段；通州区领导拉练检查美丽乡村建设、积极推进美丽乡村规划编制工作、进行美丽乡村调研行动；顺义区“美丽乡村”建设实施方案审议工作加快推进；昌平区召开加快美丽乡村建设现场推进会，加快推进美丽乡村建设有关工作；房山区大安山乡积极推进美丽乡村建设；密云区“五个创新”推进美丽乡村建设。三是关注北京“留白增绿”工作进展。《京郊日报》12 月 12 日报道称，2018 年顺义区“留白增绿”专项任务 390 亩已于近日全部完成。《北京日报》12 月 24 日报道称，截至 2018 年年底，全市完成了 229 个村周边共 4 651 亩的绿化美化，超额完成年度绿化任务。村庄内外共栽下乔木 25.7 万株、灌木 65.9 万株、地被 46.1 万米^2。《北京日报》12 月 6 日报道称，在完成 2018 年 1 371 公顷“留白增绿”专项工作的基础上，2019 年将继续实施 1 276 公顷的“留白增绿”任务。

北京有效处置通州、顺义非洲猪瘟疫情获肯定

12 月，农业农村部先后通报了北京市通州区、顺义区两起非洲猪瘟疫情，受到舆论高度关注。“存栏 2 461 头，死亡 26 头”“北京通州等 3 地排查出非洲猪瘟”“发病 85 头死亡 17 头”“2 天通报 4 起疫情”“北京又一例”等数字信息大量出现在报道标题中。新浪微博设立的＃通州猪瘟＃，＃顺义猪瘟＃等多个微话题阅读总量达 4 686 次。微信公众号“顺广传媒”发布的《北京果断处置顺义区非洲猪瘟疫情》阅读量突破 10 万次，微信公众号“北京通州发布”发布的《通州迅速有效处置非洲猪瘟疫情》阅读量达 92 649次。

疫情发生后，北京市委、市政府高度重视，市委主要领导立刻做出重要批示，市政府主要领导迅即赴现场调度指挥。北京市启动应急响应机制，果断有效处置，严防疫情扩散获舆论肯定。“疫点疫区生猪全部扑杀”“果断处置”“快速有效处置”“半径 3 千米范围内划为疫区”“启动应急机制”等语句被媒体广泛报道。《新京报》《北京日报》等多家媒体报道称，通州区立即启动应急响应机制，将该养殖场疫点周边半径 3 千米范围内划为疫区，实施了封锁，对疫点和疫区内全部生猪扑杀，坚决拔点灭源；顺义区迅速处置，对疫区实施封锁，坚决拔点灭源，12 月 5 日上午疫区内生猪全部扑杀并无害化处理。在有效处置疫情的同时，北京市全面强化了养殖、屠宰、运输等环节车辆消毒、人员进入养殖场所管控等措施，切实阻断病毒的传播链条，持续开展每日疫情排查报告，强化区域和部门联防联控力度，构建有效防控非洲猪瘟的长效工作机制。同时启动京津冀非洲猪瘟联防联控机制，将疫情及时通报天津市、河北省以及联防片区。

此外，12 月 11 日，北京市政府召开会议，认真贯彻全国加强非洲猪瘟

防控工作电视电话会议精神，对北京市非洲猪瘟防控工作进行再部署。人民网、《北京日报》等多家媒体对此予以报道。《新京报》援引市长陈吉宁的话称，北京要进一步压紧压实防控责任，落实属地责任，落实部门监管责任，强化驻区督导。网民纷纷发表评论，为北京迅速、果断处置非洲猪瘟疫情点赞。

【全国热点】

2018 年 12 月热点新闻见表 5。

表 5　2018 年 12 月热点新闻 TOP10

排名	标　题	来源	时间（月-日）	转载
1	奋力谱写决胜全面小康的“三农”篇章	《人民日报》	12-30	370
2	第一份农村土地承包合同　拉开农村改革序幕	《人民日报》	12-12	334
3	农业农村部：今年农民人均纯收入预计超过 14 600元	《经济日报》	12-31	332
4	胡春华：以浙江“千万工程”经验为引领　全面扎实推进农村人居环境整治	新华网	12-27	296
5	5.6 亿亩高标准农田是这样建成的	《人民日报》	12-2	252
6	首次全面实施海洋伏季休渔制度——坚持人与自然和谐共生	《人民日报》	12-8	249
7	农业农村部食堂不吃转基因？副部长回应：没特供	中国新闻网	12-19	247
8	我国将把农村改厕问题纳入生态环保督察检查	新华网	12-29	241
9	落实“三农”硬任务 走好乡村振兴路	新华网	12-29	230
10	农业农村部将加快推进农机社会化服务提档升级	新华网	12-19	226

舆论积极关注中央农村工作会议召开

12 月 28～29 日，中央农村工作会议在北京召开。会议总结交流各地实施乡村振兴战略经验，研究落实 2019—2020 年两年“三农”工作必须完成的硬任务，部署 2019 年农业农村工作。12 月 30 日，全国农业农村厅局长会议在北京召开，总结 2018 年工作，部署 2019 年重点任务。对此，舆论予以高度关注。截至 2019 年 1 月 2 日 14 时，1 421 家新闻媒体发布相关报道 6 193 篇，客户端 2 457 篇，论坛、博客 614 篇，微信 3 089 篇，微博 740 条。“新华社”

“中国政府网”等微信公众号文章《中央农村工作会议召开 习近平对做好“三农”工作做出重要指示》等，阅读量均突破10万次。

媒体关注点主要集中在以下3个方面。一是关注习近平总书记对做好“三农”工作做出的重要指示。“三农工作‘硬任务’，习近平这样指导部署”“习近平对三农工作做出重要指示”等语句广泛出现在报道标题中。舆论表示，习近平总书记对做好“三农”工作的重要指示，既有战略方向性，也有策略目标性，是统一思想、鼓足干劲的发令枪，是明确方向、持续发力的冲锋号，是今后一段时期做好“三农”工作的重要遵循。针对习近平总书记再提“农民安全感”，舆论表示，农民安全感是乡村振兴的基石。没有社会的安全感，农民就不得不“逃离”乡村，回乡创业就只能是一句空话；没有经济的安全感，幸福就失去了基础；没有社会保障的安全，消费升级就无从谈起。二是关注会议的积极意义。舆论称，中央开了一个事关亿万农民的重磅会议，超给力！三个数字给亿万人满满的幸福。新华社12月29日评论《落实“三农”硬任务 走好乡村振兴路》称，中央农村工作会议聚焦2019—2020年两年“三农”工作必须完成的硬任务，分析形势问题，部署工作重点，为确保顺利完成到2020年承诺的农村改革发展目标任务提供了重要遵循。《经济日报》12月30日文章《坚持农业农村优先发展》称，中央农村工作会议研究部署了坚持农业农村优先发展的政策措施，是事关脱贫攻坚和乡村振兴的又一次重要会议。会议为做好2019—2020年两年“三农”工作确定了基调，为加快实施乡村振兴战略指明了方向，是推进“三农”事业的响鼓重槌。三是关注农业农村部对会议精神的落实。30日，农业农村部召开全国农业农村厅局长会议。会议提出的关于2019年“三农”工作的五件大事、要事、急事、难事引发媒体积极报道。同日，韩长赋部长就中央农村工作会议精神的落实接受新华社、《经济日报》等媒体专访。韩部长概括的做好2019年农业农村工作“四个紧紧围绕”“五项硬任务”等话题成为媒体报道的热门标题。

网民通过新闻跟帖、论坛回帖、微博、微信等方式对此展开热议。有网民呼吁继续推进乡村振兴战略，有网民认为农村发展变化大，有网民希望好政策能落实好，有网民为农村更好发展建言献策，也有网民反映了当前我国“三农”工作中存在的问题。

第三章　专题分析报告

通州“泔水猪”舆情专题分析报告

一、舆情概述

2018 年 4 月 15 日，微信公众号“重案组 37 号”刊文《泔水猪是如何养成的？多家餐馆泔水“直送”养猪场》曝光北京市通州区北堤寺村一大院用泔水喂数千头猪，多辆货车夜晚进城，将多家餐饮店的泔水运往养猪场。

4 月 16 日，《新京报》刊发报道《多家餐馆泔水直接拉往养猪场》引发舆论广泛关注。当天，通州区农业局、区动物卫生监督所、区环保局、漷县镇政府等多部门联合现场调查。调查发现北堤寺村涉事养猪场共有 14 家养殖户，每家均发现用未经高温消毒处理的泔水喂猪的情况。初步统计，该养猪场所有生猪超过 3 000 头。通州区漷县镇政府发布消息称，相关动物检疫部门计划 3 日内做出检测结果，待检测后按照区农业局要求，对生猪进行无害化处理，并取缔清除该养殖场所。

2018 年 4 月 15～19 日中午 11：00，通州“泔水猪”事件相关舆情信息量共计 595 条。其中，电视 5 条、报刊 14 条、网络 327 条、微博 120 条、微信 34 条、移动客户端 57 条、论坛 16 条、博客 6 条、视频网站 16 条。

二、舆情走势

（一）新闻报道走势

解析：通州泔水猪舆情走势总体呈现先增后减的趋势。4 月 16 日，《新京报》以《多家餐馆泔水直接拉往养猪场》为题刊发调查报道，舆情声量陡增，经中国网、中国青年网、凤凰网、腾讯网、搜狐网等多家媒体参与转载，促使当日舆情声量达到本监测期内峰值，相关舆情转载量共计 263 条（图 1）。

4 月 17 日，舆情热度持续，当日信息量 242 条，较 16 日稍有下降。多家

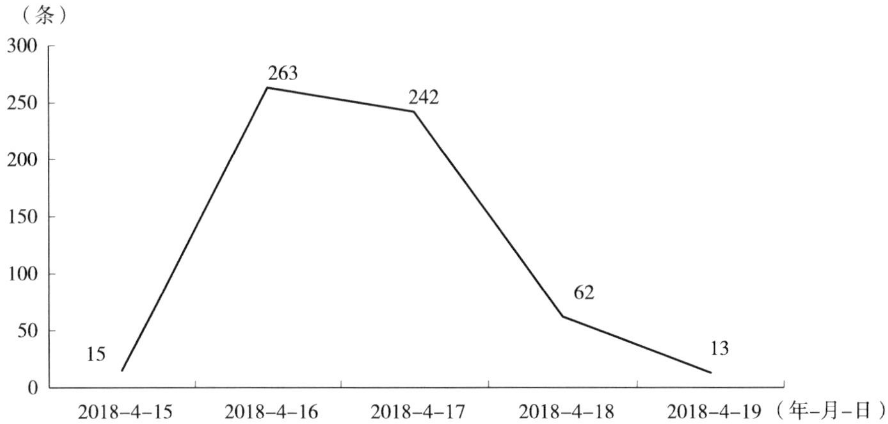

图 1　舆情走势

媒体就“泔水猪”事件发表评论性文章，就泔水猪的危害、监管及治理措施发表观点。当天参与报道的主要媒体有新华网、人民网、中国新闻网等，当日舆情声量达到本监测期内次峰值。

4 月 18 日后，舆情热度明显下降。预计后续舆论将逐渐趋于平息，媒体的关注方向也将转向问责、监管及监管部门针对“泔水猪”所出台的治理措施。

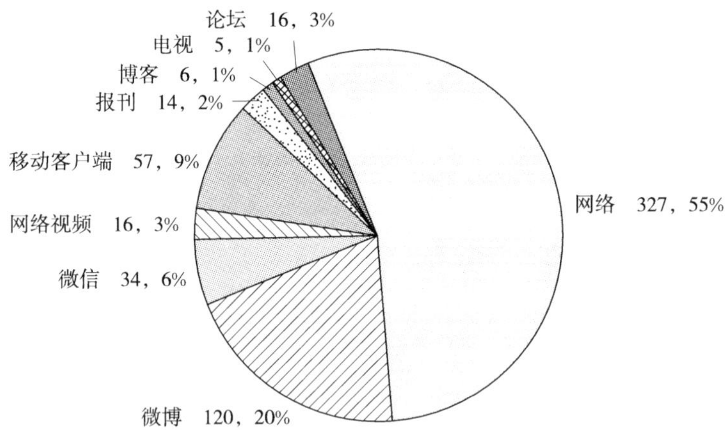

图 2　媒体分布

（二）媒体分布

解析：从媒体分布来看，传统媒体共监测到 362 条，包括电视、报刊、网络、视频网站；新媒体共监测到 233 条，包括微信、微博、论坛、博客及移动客户端。其中，报刊媒体共计 14 条，占比为 2%，但传统报刊在舆情传播中的引领作用仍不容小觑，凭借新闻报道的专业性和权威性成为舆情主要传播源（图 2）。如：4 月 16 日，《新京报》刊发的“多家餐馆泔水直接拉往养猪场”引发中国网、中国青年网、凤凰网、腾讯网、搜狐网等网络媒体转载。从传播范围来看，网络媒体在此次舆情传播中所占比例最高，327 条舆情信息占到总量的 55%。

三、舆情分析

（一）政府态度

4 月 16 日当天，通州相关部门联合现场调查，并发布消息称，后续将取缔相关养殖场所。涉嫌泔水私运的餐馆也被当地政府部门调查整改。

4 月 16 下午，朝阳区城市管理综合行政执法监察局对涉事餐馆单位立案调查。

4 月 17 日，据北京电视台《都市晚高峰》报道，通州区漷县镇农业部门负责人田凤香表示，接下来城管、工商、环保等执法部门，也将采取高限处罚，下一步针对检测结果对生猪进行无害化处理，同时取缔涉事养殖场。

（二）媒体观点

《新京报》：透过个案，进一步加大排查监管的力度固然是当务之急，但更该反思的则是，如何完善制度，让厨余垃圾正规回流渠道变得畅通和能动起来。包括北京在内的许多地方对餐饮厨余垃圾的处理，采取的是行政强制回收的办法，相对于这些垃圾具有可利用的经济价值，餐饮业主并未从中受益，恐怕才是渠道漏洞百出的根源。

《信息时报》：治理“泔水猪”，不能寄望于时紧时松的阶段性整治，而必须以法律手段，常抓不懈，加大执法执罚力度。同时可运用公开曝光和信用评级的手段，强化社会监督。多管齐下，“泔水猪”乱象才有望得到有效治理。

《燕赵晚报》：“泔水猪”乱象并非近年出现的新问题，而是早已有之且屡禁不止的“老毛病”。鉴于“泔水猪”背后存在着提供者、承运者及使用者的黑色利益链条，治理“泔水猪”就当追根溯源、多方用力、综合施策。

石家庄新闻网：徒法不能自行，治理“泔水猪”，不能仅靠企业的道德自律与行为自觉，也不能寄望于时紧时松的阶段性整治，必须警钟长鸣、常抓不懈，加大执法力度。同时，运用公开曝光和信用评级的手段强化社会监督。只有让不听劝告、不服监管、不尽责任、我行我素的违规者付出得不偿失的违法成本，“泔水猪”乱象才有望得以收敛和收手。

红网：发现一处、取缔一处，这点应成为“泔水猪”治理共识，但仅靠取缔养殖场来杜绝“泔水猪”，似乎无法从根本上解决问题。因此，要想真正进行治理有效，最应该干的就是首先要加强顶层设计、制定统一标准，对不合格、不达标的养殖场坚决喊停，并适当抬高养殖户违法成本，倒逼生猪养殖业也逐渐向科学化、规范化、专业化转型，减少“泔水”使用量。其次，政府部门应鼓励餐余垃圾处置机构发展，加大政策倾斜力度，减少“泔水”流向养殖场。此外，政府部门不仅要从严抓治理，更要加强对群众的科普，让群众知其害、明其弊，引导群众不再修建或租赁不合格养殖场，从源头上卡住“泔水猪”喂养的“脖子”，这点更为重要。

（三）专家观点

中国消费者协会律师团团长邱宝昌透露，北京市政市容管理委员会下发的《关于加快推进本市餐厨垃圾和废弃油脂资源化处理工作方案》主要是依靠企业自觉履行。

中国农业大学食品学院副教授朱毅指出，泔水喂猪容易导致人兽共患疾病或动物疫病的发生，城市饭店泔水成分复杂，餐巾纸甚至牙签都可能掺在其中。此外，泔水可能含有病菌和重金属，猪吃了之后，会在其体内残留，影响猪的健康。泔水猪仍未禁绝是利益驱使。养泔水猪的一般都没有资质，场地偏远。从城里运泔水，能帮餐馆省一笔处理费用；用泔水喂猪，也比饲料喂养成本低一半。

相关专家介绍，泔水猪的养殖环境恶劣，死亡率比正规饲养的猪要高30%～50%，而且容易感染沙门氏杆菌、大肠杆菌等10多种传染病，而且由于病原体寄生在猪的体内繁衍，还可造成多种人兽共患疾病的发生。

（四）网友观点

网友表示泔水喂猪在农村普遍存在

@莫名其妙的蛋：谁家养猪不是用泔水？咱农村都是这么养的。当然，泔水不够，饲料才来凑。

@张大龙：农村不一直都是吗？还算是土猪。

@温柔的菜刀V：小时候养猪都是这样的啊！家里剩菜剩饭加一点稻糠就喂猪了，总比吃猪饲料的强啊。

@疯狂充电宝：农村的猪，打点猪草，来点泔水，热水倒在桶里拌一拌，然后给吃就可以了。偶尔再弄点土跟大便拌一拌给猪吃一次。

讨论禁止“泔水猪”的原因

@华晨玉：饭店的泔水里有洗涤剂和餐巾纸啊，不像农村喂猪的啊。

@快乐的大黑喵：猪吃泔水没毛病，吃各种药才是问题。

@速效救心玩儿：另外，由于“泔水猪”肉质差，经营者只能通过非法渠道流入管理不规范的市场和一些小饭店、小餐馆及工地食堂等，由于逃避了动物检疫监督，可能导致带有病原体的猪肉被人食用，影响人体健康。

认为泔水喂猪能够废物利用

@一路顺风：喂泔水怎么了，废物利用不浪费。

@伟哥214426：废物利用有何不可，泔水经过高温哪来的病毒，总比吃添加剂的饲料猪好。但是喂泔水卫生要搞好。

吐槽其他猪肉安全问题

@兵哥250020985：我不知道泔水里有什么重金属，只知道吃泔水的猪肉好吃，猪肉里没有瘦肉精。

四、舆情总结

综合媒体报道，“泔水猪”事件属于突发公共卫生事件，与社会公众的健康息息相关，这也是短时间内被舆论集中关注的主要原因。但综合网友反馈来看，一方面反映出网友对于“泔水猪”的危害了解不深；另一方面也表明网友对于频繁发生食品安全的消极、抵触情绪。

“泔水猪”的利益是驱动商家违法的动机，而违法成本过低更是纵容了商家行为。因此，监管部门应从源头切断利益链，深入了解泔水猪的“来龙去脉”，并针对各个环节出台相应的监管措施才能根治这一隐患。

“有机蔬菜有玄机”舆情专题分析报告

一、舆情概述

2018 年 5 月 6 日晚，央视《焦点访谈》栏目播出“有机蔬菜有玄机”的报道，曝光了北京某超市售卖的有机蔬菜存在的问题。该新闻引发社会大量的关注和媒体转载。

北京市委、市政府对此高度重视，市委副书记、市长陈吉宁第一时间召开专题会议研究部署，要求对违规生产企业开展检查执法，依法停止相关的生产经营活动，并会同国家认证认可监督管理委员会对履职不到位的认证机构进行查处。市有关部门表示，任何企业都要严格遵守有关规定进行生产，政府部门将进一步严格监管，对存在违法违规行为的认证机构和获证企业进行严肃处理，确保市民吃得放心。另外，国家认证认可监督管理委员会已紧急叫停北京五岳华夏管理技术中心对外颁发有机产品认证证书。

5 月 8～10 日，该舆情事件引发全国媒体聚焦报道，传统媒体和新媒体纷纷予以大量转载评论。

截至 5 月 10 日下午 15：00，传统媒体和新媒体有关本专题的舆情量共计 2 410 条。其中，电视 24 条、报刊 33 条、网站 715 条、微博 332 条、微信 860 条、手机客户端 346 条、论坛 56 条、博客 8 条、视频网站 31 条、广播 5 条。

二、舆情走势

（一）新闻报道走势

解析：舆情走势呈先增后减的趋势，5 月 8 日达到舆论高峰，峰值为 883 条（图 1）。其中，引用央视报道而转发的《记者调查：高价“有机蔬菜”物有所值吗？真的更放心吗?》《央视调查高价有机蔬菜：有的种植不合规，有的用普通菜冒充》《“有机蔬菜”含农残　北京启动有机产品大排查》《央视调查

"有机"蔬菜：挂羊头卖狗肉 贴上标签身价暴涨10倍》等舆情关注量较多。

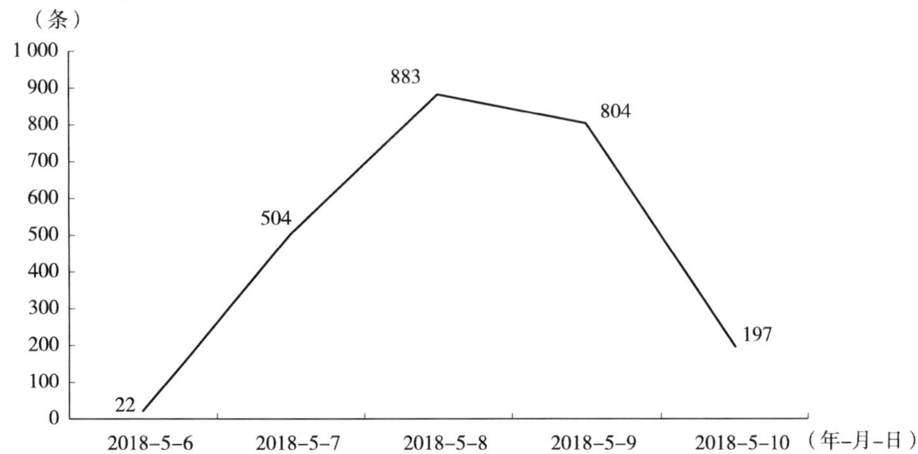

图1 舆情走势

另外，评论性文章工人日报发表的《有机食品不能沦为"有玄机食品"》、光明日报发表的《杜绝有机蔬菜造假须补监管漏洞》同样引发关注。

（二）媒体分布

解析：从舆情信息来源上看，传统媒体共监测到808条，其中包括电视、报刊、网络、广播、视频网站；新媒体共监测到1 602条，其中包括微信、微博、论坛、博客及移动客户端。综合来看，新媒体信息量高于传统媒体。微信来源舆情信息量860条，所占比例最高，达到36%（图2）。

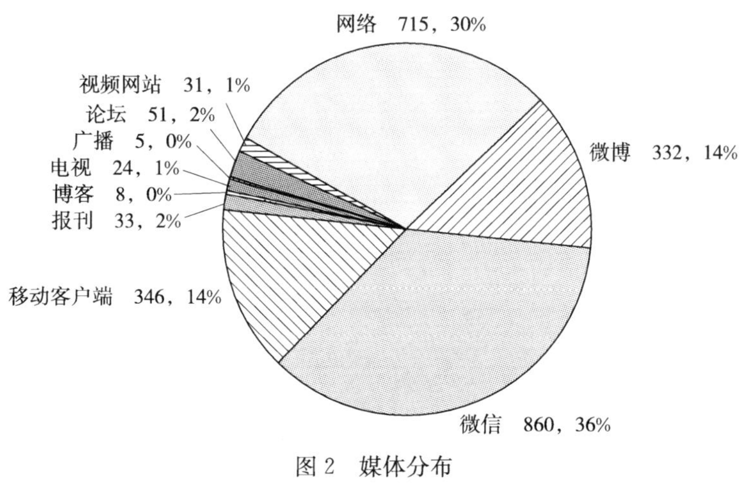

图2 媒体分布

三、舆情分析

（一）有机蔬菜问题：杂、乱、假

有机食品存诸多混乱：光明网称，通过记者的深入调查，发现“华丽高贵”的有机食品存在诸多混乱：一是把有机菜和普通菜混在一起卖的情况在许多超市都很常见；二是超市里售卖的标有有机标志的蔬菜无法确认来自哪里，但可以肯定它们不是认证码上显示的有机种植基地里生产的；三是在有机蔬菜的产地生产大棚里，发现了大量的化肥。

挂羊头卖狗肉：《法制晚报》称，据央视网调查报道，在一家知名全国连锁超市，记者看到，写着“有机蔬菜”的一排货架上，有机蔬菜与无公害蔬菜等被混在一起销售。而针对某品牌的有机胡萝卜、芹菜、番茄等蔬菜，记者根据有机码信息追溯到生产基地，却被告知基地没有胡萝卜，番茄和芹菜还未成熟。

农残超标：据央视网的调查报道，检测结果证实，记者购买的几种所谓“有机菜”均检出有机生产标准所禁用的农药残留。这种做法严重侵害了消费者的合法权益，也损害了有机食品认证制度的公信力。

（二）原因分析：重认证、轻管理

5 月 8 日，《信息时报》题为《有机蔬菜不能成为“投机蔬菜”》的报道称，有机食品的真实性问题已经成为市场上的一大隐患，究其根源，很大程度上在于“重认证、轻管理”。一些认证机构只是忙于收钱发证，疏于后期的跟踪检查，每年一两次的抽查也多为走走过场，有的甚至有意睁只眼闭只眼，为违规企业签字背书。

（三）政府态度：及时处置

查处履职不到位的认证机构：针对央视的报道，北京市委、市政府高度重视，市委副书记、市长陈吉宁第一时间召开专题会研究部署，要求对违规生产企业开展检查执法，依法停止相关生产经营活动，会同国家认证认可监督管理委员会对履职不到位的认证机构进行查处。5 月 7 日，相关部门已迅速派出工作组对报道中涉及的认证机构、获证企业的生产基地和包装车间进行检查。

涉事机构不得颁发认证：5月7日，国家认证认可监督管理委员会网站也发布公告，对涉事认证机构北京五岳华夏管理技术中心发出风险预警，令其暂时不得对外颁发有机产品认证证书。公告指出，根据新闻媒体重大舆情反映，北京五岳华夏管理技术中心认证的有机产品存在不符合认证要求的风险。自即日起，该中心不得对外颁发有机产品认证证书，待调查结束后再依法进行处置。

（四）保障举措：专项排查

全市将进行专项排查：近期全市将安排专项排查，重点是生产企业的种植基地、商超和认证机构，强化对有机、绿色农产品质量的全链条管理。任何企业都要严格遵守有关规定进行生产，政府部门将进一步严格监管，对存在违法违规行为的认证机构和获证企业进行严肃处理，确保市民吃得放心。

市商务委员会发通知要求大型连锁超市迅速排查和自查：针对连锁超市有机蔬菜和普通蔬菜混放销售问题，市商务委员会立即行动，印发通知要求各区商务委员会和物美、超市发、京客隆、永辉、家乐福等20余家大型连锁超市迅速开展排查和自查。市商务委员会、市工商局、市食品药品监督管理局和市质量技术监督局联合对全市连锁超市进行大排查，督促指导连锁超市按照有机产品国家标准规定，严格在专区或专柜陈列销售，做到标识清晰、醒目。

（五）媒体建言

《信息时报》：有机食品不能沦为“有玄机食品”或“投机食品”，必须让其名副其实。这需要有关部门切实负起责任，加强监管，严厉处罚违规企业，提高他们的造假成本。同时，有必要落实认证机构的连带责任，倘若存在把关不严、纵容造假行为，便吊销其认证资格，倒逼认证机构当好“守门人”。

《光明日报》：认证机构缺乏有效监督，严惩机制乏力，是目前有机食品认证乱象的更深层原因。要让虚假的“有机”食品无机可乘，认证工作首先需要各级相对应的食品监督部门来完成，不给一些违规认证机构可乘之机。同时，有机食品认证过程要阳光透明，在蔬菜种植和销售环节做好两次抽检的记录，以便于有据可查。另外，认证工作需落实到具体人员，制定出对违规认证的严惩措施，建立责任追究制，并严格执行。

《新京报》：消费者多花了钱，却没有买到相应的品质与安全，是上当受骗。这提醒监管部门还需加强监管，对于相关商家该惩罚的还得惩罚，否则有机蔬菜这个标签会越来越没有效力。

（六）网民观点

综合网络声音，选取代表性的网民评论，主要观点分布如图 3 所示。

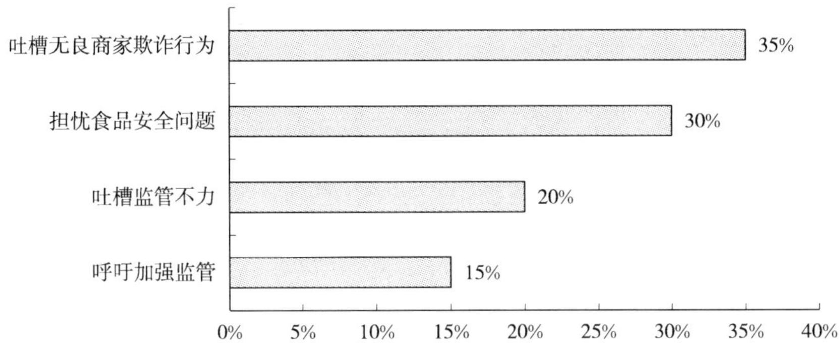

图 3　网民观点分布

1. 吐槽无良商家的不法行为（35%）

@易封情舒 7101：真希望国家多治理一下这些黑心商贩。

@天津西门大官人：高端欺诈手段！

@狮子王 tj：变着法地忽悠你。

@解老师在日本：华联超市一挂羊头卖狗肉，就是这样吧？

2. 担忧食品安全问题，有机蔬菜公信力下降（30%）

@利平维修：可别相信是否有机了，只要是菜就吃吧，药不死人就行！

@学智海：多年前我就知道是骗人的。

@新长征人练红宁：现在好多东西不好吃了，如豆浆、番茄、黄瓜等不知道为什么。

3. 网民吐槽政府部门监管不力（20%）

@悠悠小竹子：曝光了才行动是不是有点晚了。

@军皮少校-simon：别总在出了事儿再做马后炮，那样怎么赢得市民的信任，毕竟你们每个月都拿钱，一个月都不差。

@晴朗的美：现在有机蔬菜摊点遍地开花，央视记者做新闻可以去农大检测，普通市民就得人家说是就是了吧？央视曝光前有过排查么，或只是临时监管措施？

@纸上速评：乱象明目张胆，当然也不全因为顾客心大，法治严明的地方，顾客心大也买不到假货，全链条的造假背后，监管部门和认证机构难辞其咎。不符合标准的企业为何能拿到有机认证？然而再往上游一查，涉事的认证机构资历更牛，号称中国有机食品发展史上成立最早的有机食品认证机构之一，最早由原国家环保总局批准成立，堪称行业老大哥了。

高利润不可能独吞，假有机的成本再低，寻找保护伞的成本不能少，所以暴利之后，往往都有监管漏洞，法治灯下黑，老百姓就成了冤大头，是权力打开了第一道玄机之门，乱象才能纵横驰骋。

4. 呼吁监管部门加大监管力度（15%）

@蓝梦团队—开疆扩土：希望今后这样的事情越来越少。

@巴内达作物营养：那些造假的，不符合有机蔬菜的生产种植者不应该为利益这样做，也使真正的有机蔬菜名誉遭到损失。所以希望标注有机蔬菜的能真正达到有机蔬菜的标准，不再有人造假。

四、舆情总结

结合各方观点，该事件导致食品安全问题再度提上重要议程，有机蔬菜公信力下降使市场失去对有机蔬菜的信心，网友针对该事件的态度非常明确，谴责“无良商人”是一方面，声讨监管部门失职也是一方面，从舆论氛围上看谴责“无良商人”的言论占据大多数，但是对有关部门监管不力的评论也不少。针对央视的报道，市长陈吉宁第一时间召开专题会研究部署，从舆情应对角度上看，其反应速度非常之快、果断处置，将该舆情的潜在危机一并抹去。最后媒体用大篇幅报道正面新闻及后续处置新闻，该舆情事件得以平息。

五、重要新闻摘录

1. 有机蔬菜有玄机

日期：2018－05－06　新闻来源：CCTV－1《焦点访谈》

链接：http：//tv. cctv. com/2018/05/06/VIDEX5RlquznwfUgVHd0enJw180506. shtml

在一家知名全国连锁超市，记者看到，这里销售的蔬菜有两种规格，一边是散装的所谓普通菜，一边冷藏货架上的则是盒装的所谓精品菜。一排货架的上方写着“有机蔬菜”几个字，但据了解，货架上摆放的却并非全都是有机菜，有的是无公害蔬菜。记者购买了某品牌的胡萝卜、芹菜、番茄等几个品种的有机蔬菜，然后分别输入其有机码进行查询。追溯信息显示的这些蔬菜的具体产地，是通过有机认证的种植基地。有机认证机构客服人员表示，具体产地是“北京顺义龙湾屯史中坞村西”。走进蔬菜大棚查看，大棚工作人员介绍，基地没有胡萝卜，番茄、芹菜都还没有成熟。调查过程中无意间发现了大量的化肥堆放在有机种植基地的耕地里。在这里，既没有看到在超市里购买的那几样有机蔬菜，也没有看到这里出产的蔬菜在哪里进行包装加工。来到总公司，几个车间正在紧张地进行蔬菜包装。这里的工作人员介绍，他们一天一宿会包几万盒，送往各个超市。尽管工人师傅们声称，他们包装的菜是产自公司本地有机基地的有机菜，但是在有机种植基地采访时，确实没有看到这么多种成熟的菜。记者将在超市中购买的这几种带有“有机标”的蔬菜送权威检测机构检测，结果均检测出多种有机生产中禁用的农药残留。

2. 北京市针对央视《焦点访谈》节目“有机蔬菜有玄机”报道迅速开展调查

日期：2018－05－07　新闻来源：BTV－1《北京新闻》

链接：http：//tv.cntv.cn/video/C10097/3e0811ddd4a34ec892815179b55644e7

2018年5月6日晚，央视《焦点访谈》栏目播出有机蔬菜有玄机的报道，曝光了某超市售卖的有机蔬菜存在的问题，北京市委、市政府对此高度重视，市委副书记、市长陈吉宁第一时间召开专题会议研究部署，要求对违规生产企业开展检查执法，依法停止相关生产经营活动，并会同国家认监委对履职不到位的认证机构进行查处，近期将在全市安排专项排查，重点是生产企业的种植地、商超和认证机构，强化对有机绿色农产品质量的全链条管理。今天，相关部门已经迅速派出工作组对报道中涉及的认证机构、获证企业的生产基地和包装车间进行检查，市有关部门表示，任何企业都要严格遵守有关规定进行生产，政府部门将进一步严格监管，对存在违法违规行为的认证机构和获证企业进行严肃处理，确保市民吃得放心。

3. 市商务委员会等对大型连锁超市售卖有机蔬菜迅速开展排查和自查

日期：2018－05－08　新闻来源：BTV－1《北京您早》

链接：http：//www.baidu.com/link?url＝Z7wtKqyxbLTFYMVj_t2gir8IK8CpLz_uKJCRTpEbwVdgeAi_dvfQ1_pbpxTNvGXq886qoYeAVOja3FLzr6n9GByOIVC8J－dMO－65ECsFE9a&wd＝&eqid＝f8fb72c40002456100000055af400d6

5月6日晚，央视《焦点访谈》栏目播出有机蔬菜有玄机的报道，曝光了某超市售卖的有机蔬菜存在的问题。5月7日，副市长殷勇召开专题会议，研究部署相关整改工作，针对连锁超市有机蔬菜和普通蔬菜混放销售问题，市商务委员会立即行动，印发通知，要求各区商务委员会和物美、超市发、京客隆、永辉、家乐福等20余家大型连锁超市迅速开展排查和自查。市商务委员会副主任孙尧："按照市领导的要求和部署，商务委员会第一时间采取行动，下发通知给各区的商务部门和大型商超企业，要求各区商务部门和商超进行自查。市商务委员会会同工商局、食品药品监督管理局和质量技术监督局，联合进行大检查、大排查，督促指导商超企业按照国家有机产品的相关规定，分专区陈列，做到标识清晰。"

4. 全市启动有机产品大排查

日期：2018－05－08　新闻来源：《北京晚报》

链接：http：//bjwb. bjd. com. cn/html/2018－05/08/content _ 246530. htm

超市里打着有机标识的蔬菜未必真"有机"，央视《焦点访谈》一则报道揭开了有机蔬菜背后的玄机。针对央视的报道，北京市快速做出反应，市商务委员会、市工商局、市食品药品监督管理局和市质量技术监督局联合启动对全市连锁超市的大排查。国家认证认可监督管理委员会也在昨晚发布公告，对涉事认证机构北京五岳华夏管理技术中心发出风险预警，令其暂时不得对外颁发有机产品认证证书。近期全市将安排专项排查，重点是生产企业的种植地、商超和认证机构，强化对有机、绿色农产品质量的全链条管理。任何企业都要严格遵守有关规定进行生产，政府部门将进一步严格监管，对存在违法违规行为的认证机构和获证企业进行严肃处理，确保市民吃得放心。

5. 本市紧急排查商超有机蔬菜

日期：2018－05－09　新闻来源：《北京日报》

链接：http：//bjrb. bjd. com. cn/html/2018－05/09/content _ 246682. htm

近日有媒体曝光某超市售卖的有机蔬菜存在问题，据悉，国家认证认可监督管理委员会已紧急叫停北京五岳华夏管理技术中心对外颁发有机产品认证证书。与此同时，本市也迅速要求有关部门对物美、超市发、京客隆、永辉、家乐福等20余家大型连锁超市开展排查和自查，确保市民的食品安全。目前，本市食品药品监督管理局、商务委员会、工商局、质量技术监督局等各有关部门也紧急展开行动，一方面对违规生产企业开展检查执法，依法停止其相关生产经营活动，并将会同国家认证认可监督管理委员会对履职不到位的认证机构进行查处。另一方面，近期本市还将在全市安排专项排查，重点检查生产企业的种植地、商超和认证机构，强化对有机、绿色农产品质量的全链条管理。

6. 北京：“有机蔬菜”是否真有机?

日期：2018-05-09　新闻来源：CCTV-12《热线十二》

链接：http：//tv.cctv.com/2018/05/09/VIDEljQ8Vq2ynERjwi5EPuSQ180509.shtml

在一家知名全国连锁超市看到，销售的蔬菜有两种规格，一边是散装的所谓普通菜，一边冷藏货架上的则是盒装的所谓精品菜。记者购买了某品牌的胡萝卜、芹菜、番茄等几个品种的有机蔬菜，然后分别输入其有机码进行查询。追溯信息显示的这些蔬菜的具体产地是通过有机认证的种植基地。在有机认证书上标注的产地，却没有这些菜，这些蔬菜的真正来源是哪呢?就在记者进行调查的过程中又无意间发现了大量的化肥堆放在有机种植基地的耕地里。记者调查下来发现，这里的有机蔬菜不仅不合规，包装也存在问题。健康的有机蔬菜，却成了人们担心的问题菜。希望有关部门能够引起重视，也希望相关的问题能够尽快解决。

7. 卖的是“有机”，比的是诚信

日期：2018-05-09　新闻来源：《北京晚报》

链接：http：//bjwb.bjd.com.cn/html/2018-05/09/content_246827. htm

超市里打着有机标识的蔬菜未必真“有机”，央视《焦点访谈》前几天的一则报道再一次揭开有机蔬菜背后的玄机。针对央视的报道，北京市委、市政府高度重视，市委副书记、市长陈吉宁第一时间召开专题会研究部署，要求对违规生产企业开展检查执法，依法停止相关生产经营活动，会同国家认证认可监督管理委员会对履职不到位的认证机构进行查处。时至今日，有机菜生产、认证的监管仍旧需要加强监督和管理。有关部门不能发了证、盖了章就“刀枪入库马放南山”。否则，花高价买了假有机菜的消费者会丧失对市场的信任，受伤害的是那些老实守法生产真正有机菜的好企业。蔬菜是老百姓过日子的必需品，管好菜篮子是细水长流的工作。发展有机食品诚然很重要，但更重要的是产销企业要讲诚信，要认真对待自己肩负的责任，要对得起消费者的信任。

8. 有机食品不能沦为“有玄机食品”

日期：2018-05-09　新闻来源：《工人日报》

链接：http：//media.workercn.cn/sites/media/grrb/2018_05/09/GR0303.htm

近日，央视记者在一家知名全国连锁超市看到，这里销售的蔬菜有两种规格，一边是散装的普通菜，一边是冷藏货架盒装的精品菜。有机菜的价格普遍比散装普通菜高出五六倍甚至十多倍，但购买的人不少。近年来，消费者对于有机食品趋之若鹜。在不少人心目中，有机就是生活品质和环境友好的代名词，意味着更天然、环保、健康、安全。然而，现实中，有机食品背后却大有玄机，想买到真正的有机食品并不容易。有机食品不能沦为“有玄机食品”，保证有机食品名副其实，才能有效维护消费者权益，促进行业健康发展。这就需要有关部门切实负起责任，加强监管，依法查处相关企业的违规行为，提高造假成本。同时，要厘清认证机构的责任，一旦发现其把关不严、纵容造假，也要让其付出必要的代价，甚至取消其认证资格，倒逼认证机构当好“守门人”。

9. 杜绝有机蔬菜造假须补监管漏洞

日期：2018－05－10　新闻来源：《光明日报》

链接：http：//epaper. gmw. cn/gmrb/html/2018－05/10/nw. D110000gmrb_20180510_3－02. htm

超市里打着有机标签的蔬菜价格比一般蔬菜价格高五六倍，但它们真是有机的吗？近期，媒体记者根据有机码查询，找到有机蔬菜的产地，发现所查询的胡萝卜有机蔬菜基地里并没有种植；而番茄、芹菜这两样蔬菜还没成熟。在有机蔬菜大棚，记者还发现了种植有机蔬菜不允许使用的化肥和农药。

身价倍增是一些蔬菜急于披上“有机”马甲的原动力。生产企业受利益驱使，挂羊头卖狗肉，侵犯了消费者利益，理应受到惩戒和谴责。而认证机构缺乏有效监督，严惩机制乏力，是目前有机食品认证乱象的更深层原因。要让虚假的“有机”食品无机可乘，认证工作首先需要各级相对应的食品监督部门来完成，不给一些违规认证机构可乘之机。

“北京市农民丰收节”舆情专题分析报告

一、舆情概述

经党中央批准、国务院批复，自2018年起，将每年农历秋分设立为中国农民丰收节。9月23日是秋分日，我国迎来首个“中国农民丰收节”。

9月13日，农业农村部举办新闻发布会，精心谋划了“1+6+N”的庆祝活动。其中，“1”是在北京有一个主会场，“6”是立足体现中国农耕文明的区域特点选择了6个分会场，“N”就是策划了100多个系列活动。“中国农民丰收节”组织指导委员会对外发布“5个100”名单，包括100个品牌农产品、100个特色村寨、100个乡村文化活动、100个乡村美食、100个乡村旅游线路。

中共北京市委农村工作委员会、市农村工作委员会在节日期间，评选发布20名“京郊农业好把式”、30个“北京农业好品牌”，推介30项“北京乡村特色好活动”、40个“北京乡村休闲好去处”，各区同步开展一系列特色庆祝活动。

从9月13日至10月12日，一个月的时间，北京农民丰收节舆情共计4 227条。其中，电视45条、报刊274条、网络2 308条、微博239条、微信631条、移动客户端605条、论坛68条、博客15条、广播20条、视频网站22条。

二、舆情走势

（一）新闻报道走势

解析：舆情走势呈先增后减的趋势，9月23日达到舆论高峰，峰值为1 022条（图1）。当天，北京主会场活动开幕。新华网、北京电视台、《北京日报》《农民日报》《北京晨报》等进行大量报道。

舆情走势——重要节点

9月13日，新华网刊文《农业农村部将组织“1+6+N”的庆祝活动喜迎

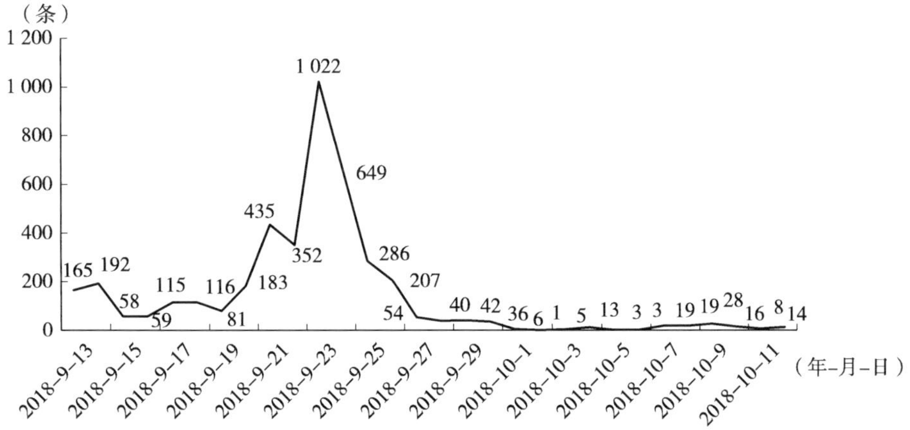

图 1 舆情走势

首个中国农民丰收节》，农业农村部副部长屈冬玉提出“1＋6＋N”的庆祝活动，“1”是在北京有一个主会场。

9 月 15 日，农民日报、人民网等登载“100 个乡村文化活动名单”“100 个乡村美食名单”。

9 月 17～22 日，新华网、中央电视台《北京日报》《北京晚报》《北京青年报》《北京晨报》《农民日报》《京郊日报》、中国广播网等纷纷对北京首届“中国农民丰收节”系列活动的启动进行报道。

9 月 23 日，北京主会场活动开幕。新华网、北京电视台、《北京日报》《农民日报》《北京晨报》等进行大量报道，当日新闻量达到峰值。

9 月 24 日，新闻量较 23 日有所下降，京郊农民庆丰收，推介乡村游线路等主题仍获得北京电视台、《北京日报》《农民日报》等多家有影响力的媒体的报道。

9 月 25～28 日，各区举行丰收节表演活动，《农民日报》《京郊日报》《中国科学报》进行报道。

9 月 29 至 10 月 12 日，活动为国庆长假乡村游助力，《新京报》《北京晚报》《劳动午报》《京郊日报》等进行报道。本时段，媒体报道量维持平稳态势。

（二）媒体分布

解析：总体来看，网络媒体来源的舆情所占比例最高，2 308 条舆情信息占到总量的55%（图2）。如：9月13日，新华网发文“农业农村部将组织‘1+6+N’的庆祝活动喜迎首个中国农民丰收节”；9月22日，新华网刊文“56个民族农民代表首次在京共庆丰收节”；9月23日，央广网发文“首届‘中国农民丰收节’北京主会场举办精彩庆祝活动”等报道。网络即时、交互、共享、传播范围广的特点在这里得到充分体现，人民网、光明网、新华网、腾讯网、新浪网等重要网络媒体集中传播，而传播内容多以转载传统媒体新闻报道为主。

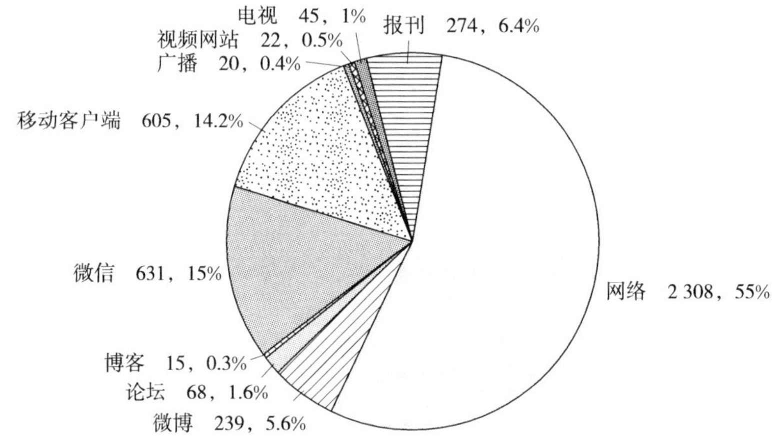

图2　媒体分布

从舆情信息来源上看，传统媒体共监测到2 669条，其中包括电视、报刊、网络、广播、视频网站；新媒体共监测到1 558条，其中包括微信、微博、论坛、博客及移动客户端。综合来看，传统媒体发布的信息量高于新媒体。

三、舆情分析

（一）国家高度重视“农民丰收节”

习近平向全国亿万农民祝贺中国农民丰收节。9月23日是秋分日，我国将迎来第一个中国农民丰收节，中共中央总书记、国家主席、中央军委主席习近平代表党中央，向全国亿万农民致以节日的问候和良好的祝愿。习近平指出，设立中国农民丰收节，是党中央研究决定的，进一步彰显了“三农”工作重中之重的基础地位，是一件影响深远的大事。

国务院副总理胡春华出席活动并致辞：在农村改革40周年、实施乡村振兴战略开局之年设立中国农民丰收节，充分体现了以习近平同志为核心的党中央对“三农”工作的高度重视和对广大农民的亲切关怀。要深入贯彻习近平总书记关于实施乡村振兴战略的重要论述，按照党中央、国务院的决策部署，以办好丰收节为契机，大力弘扬中华农耕文明，彰显乡村价值，营造全社会关注农业、关心农村、关爱农民的浓厚氛围，充分调动亿万农民重农务农的积极性、主动性、创造性，全面汇聚推进乡村振兴、打赢脱贫攻坚战的强大合力。

56个民族优秀农民代表来京参加丰收节。在首个“中国农民丰收节”到来之际，全国56个民族优秀农民代表受农业农村部邀请来京参加丰收节庆祝活动。这是56个民族的农民代表首次在京齐聚一堂，与首都农民共庆丰收节。

（二）活动解读及重要发言

农业农村部副部长屈冬玉：“1＋6＋N”的庆祝活动，其中，“1”是在北京有一个主会场，“6”是立足体现中国农耕文明的区域特点选择了6个分会场，“N”就是策划了100多个系列活动。“‘1＋6＋N’是农业农村部提供一个基本范式来引导各地，这是这次活动思路上的创新、工作方式上的创新。”

屈冬玉说，要把庆祝活动重心放到县、乡、村，做到农民主体、政府引导、因地制宜、突出特色，让农民满意，也让市民满意。屈冬玉表示，中国农民丰收节引入了全民购物节的概念，阿里巴巴、京东、苏宁等电商策划了相关活动，特别是针对不同的贫困地区，促进产销衔接。线上线下以后要互相支持，生产端和消费端要建立可持续的信赖关系。

他还表示，农民丰收节是要帮农民创造价值、提升价值、振兴文化。农业农村的振兴要靠多渠道、多主体、社会各方来支持，策划各项活动，都是为了达到这个目的。

农业农村部部长韩长赋：中华农耕文化历史悠久、源远流长。中国农民丰收节作为一个鲜明的文化符号，赋予新的时代内涵，有助于宣传展示农耕文化的悠久厚重，传承弘扬中华优秀传统文化，推动传统文化和现代文明有机融合，增强文化自信心和民族自豪感。

丰收节组织指导委员会办公室主任、农业农村部市场与信息化司司长唐

珂：农民是丰收节的主体，丰收节能否办成功，关键在于能否把广大农民的积极性调动起来。要充分发挥地方创造，将活动重心下沉到县、乡、村，真正让农民成为节日的主角。

联合国粮食及农业组织总干事何塞·格拉齐亚诺·达席尔瓦：我相信中国农民丰收节会对世界农业可持续发展带来灵感和贡献。衷心祝贺中国农民喜迎第一个中国农民丰收节。联合国粮农组织很自豪能与中国并肩作战。

（三）媒体热评农民丰收节

人民网：丰收的内涵，不单单是指农业丰产和农民增收，还应包括其他能满足农民美好生活向往的内容。北京多年来以美丽乡村建设为主要抓手，持续提升京郊农民的安全感、获得感和幸福感，为农民丰收赋予了丰富的涵义。

新华网：首届“中国农民丰收节”，全国各地各族农民展现着丰收的果实，庆祝丰收、享受丰收。全社会共享丰收的喜悦，并期待着乡村全面振兴、农业强、农村美、农民富早日实现。

中国农业网：首届“中国农民丰收节”将于9月23日开幕，期间北京市将通过评选发布20名“京郊农业好把式”、30个“北京农业好品牌”，推介30项“北京乡村特色好活动”、40个“北京乡村休闲好去处”四大板块内容，呈现务实、节俭、喜庆、共享的节日氛围，引导城乡共促乡村振兴、共建美丽乡村、共享美好生活。

《劳动午报》：9月23日，首届“中国农民丰收节”全面启动。北京在全力服务保障好全国主会场活动的同时，以首善标准、紧密结合传统节日文化，精心策划并组织开展了一系列庆祝活动，为节日期间游客到乡村休闲度假、共享乡村振兴新成果，进行了有效预热、奠定了较好基础、营造了有利氛围。

《农民日报》：9月23日，京郊大地处处洋溢着首届中国农民丰收节的喜庆氛围。北京各涉农郊区举办了丰富多彩、各具特色的节日庆典活动，吸引了广大首都市民的眼球和脚步，在这个特殊日子里纷纷前往感受农民丰收的喜悦，也提振了广大农民群众增收致富的底气和信心，鼓舞他们用勤劳的双手续写幸福美好生活新篇章！

千龙网：本届活动以弘扬传统农业文化、带动顺义农户增收致富、打造身临“收获金秋·梦回田园”的意境、拓宽视野、感受金秋之魅力为目的。举办一届具有“节点、亮点、看点、卖点”丰富多彩的系列节庆文化活动，打造首届中国农民丰收节的顺义名片，提升知名度和影响力，丰富节日期间群众文化娱乐生活，提高新时代广大人民群众幸福感。

(四) 网友观点

网友对此次活动表示支持与肯定

@中厥执允：将迎来第一个中国农民丰收节，北京的大兴西瓜、平谷大桃、北京鸭位列全国 100 个农产品品牌，在这丰收的季节，我们共同分享丰收的喜悦！

@微风佛柳 59066964：锣鼓喧天，鞭炮齐鸣，人山人海，赞伟大的丰收节！

@冷兵器 19：农民丰收节体现了对农民、农村、农业的重视，希望越来越好！

网友祝福祖国繁荣强大

@一代天骄成吉思汗 154123794：祝福祖国，国泰民安，繁荣昌盛。

@刘金生 201802：中秋国庆和中国农民丰收节到来前夕，门头沟有了过节的气氛。夜晚景观照明，烘托了节日的氛围。美丽靓丽门头沟，让我们门头沟儿女深深眷恋你，更加热爱你！祝门头沟的父老乡亲节日快乐，阖家幸福！祝伟大祖国更加富强，人民更加幸福！

四、舆情总结

监测时段内，“农民丰收节”取得的成果受到公共媒体的集中关注，其中电视和报刊的传播以中央级媒体为主，网络媒体中，主要新闻网站和央级媒体参与积极性高。“农民丰收节”受到国家高层领导的高度重视，进一步彰显了“三农”工作重中之重的基础地位。为体现农民主体、乡村文化，让农民受益，让全社会参与，京郊各区举办了一系列喜闻乐见的庆祝活动。房山区设计了多条“秋收节”旅游观光体验线路；平谷区农民丰收节在平谷区金海湖镇正式拉开帷幕；丰台区在王佐镇怪村举办首届“太平丰年・怪村农民丰收节”活动等。总体看，农民丰收节一方面带热了乡村旅游业的发展，另一方面，通过节日提供的大平台，实现产销精准对接，帮助生产者和消费者互相发现价值。

五、北京各区举办丰富的农民丰收节活动

海淀：9 月 22 日至 23 日，海淀区首届农民丰收节暨第十七届金秋田园体验季在苏家坨镇柳林村的弗莱农庄举行。首届丰收节以“海淀聚丰采金秋收硕果”为主题，采取线上招募与线下邀请相结合，共计 80 个家庭的 260 余人参加了两天的农事体验活动。

顺义：在北京首届“中国农民丰收节”上，欧菲堡酒庄、北京国际鲜花港、意大利农场、兴农天力农业园作为顺义分会场，举办特色农产品展卖、非物质文化遗产民间表演和特色农事体验等活动，打造“中国农民丰收节”的顺义名片。

延庆：旧县镇农民趣味运动会，井庄镇百人旱船大赛，刘斌堡乡第二届虎文化节，永宁镇沐禾“丰收节”庆典……这些带有浓厚乡土特色的活动结合“品果鲜、赏菊花、住民宿、享采摘”等新兴农业休闲旅游，在延庆北京首届“中国农民丰收节”期间，为游客献上乡土特产的同时，也展现出延庆农民特有的文化底蕴。

怀柔：9 月 21 日，怀柔区首届农民丰收节暨第六届长城板栗文化节在九渡河镇黄花城水长城旅游区开幕，持续到 10 月 8 日。活动现场除了设置摊位展销怀柔区农产品外，还支起大锅，现场炒栗子供游客品尝，并有非遗大师表演面人、葫芦镶嵌、毛猴制作、灯笼制作等传统技艺。

平谷：平谷农民丰收节于 9 月 23～24 日在平谷区风景秀丽的金海湖景区举办。平谷农民丰收节集仪式感与体验性于一体，推出开幕式活动表演、主题互动展示及体验、产品展销等一系列丰富多彩的活动，活动期间还专门设立了互动抽奖环节，奖品有参展商提供的特色农产品、美食商家提供的美食、农科创企业提供的名优农产品，合作方提供的平谷一日游等各类大奖。

大兴：大兴区以首个“中国农民丰收节”为契机，与北京电视台生活频道强强联手，于 2018 年 9 月 9～30 日推出“新国门　新大兴”纪念改革开放 40 周年大型系列活动。大兴区通过举办一系列具有大兴特色的农耕文化、民俗文化活动，以节为媒，让亿万农民一起晒丰收，社会各界一起话丰收，全民参与一起享丰收，并由 BTV 生活频道围绕“东方新国门”和“京南古苑囿”两个主题，精心制作短视频用于融媒体宣传。

密云：结合首届“中国农民丰收节”和中秋佳节，北京市密云区溪翁庄镇

金叵罗村金樱谷合作社、老友季精品民宿、飞鸟与鸣虫食农教育农场将共同举办首届“我要回农村”主题乡村嘉年华文化活动，突出“城乡共享”理念，让村庄热闹起来，让都市人体验田园生活的美好。

房山：有着中国重要农业文化遗产京西稻作文化系统房山贡米保护区和多项区级非物质文化遗产的房山在“房山秋收节”基础上举办首届“中国农民丰收节”系列活动。其中，有以观赏稻田美景、品稻作文化为主题，十渡镇西河村将举办西河“水稻文化节”；还有以多种时令蔬菜采摘活动为主题的“百菜总动员”将在北京泰华芦村种植专业合作社举办；农事体验方面，以“薯”文化为主题，尚大沃联福生态亲子农场将举办沃联福“薯国争霸”，十余处分会场将以饱满的热情迎接游客的到来，共庆丰收的同时，助推房山农民由农业丰收向增收转变。

丰台：今年的农民丰收节期间，丰台区郭庄子村会场和怪村会场将举办丰富的乡村特色活动，邀请市民和村民一道，体验劳动、品味丰收。

通州：首届中国农民丰收节期间，通州区在潞城镇的北京国际都市农业科技园和于家务乡的花仙子万花园设置两大会场，分别组织形式多样的庆祝活动，邀请市民前往通州品美食、采蔬果、观花海。

六、重要新闻摘录

1. 农业农村部将组织“1+6+N”的庆祝活动喜迎首个中国农民丰收节

日期：2018－09－13　新闻来源：新华网

链接：http：//www.xinhuanet.com/2018－09/13/c_129952954.htm

农业农村部精心谋划了“1+6+N”的庆祝活动，全面展示地方特色，让全国各地都能享受到农民丰收的喜悦。农业农村部副部长屈冬玉介绍，“1+6+N”的庆祝活动，其中，“1”是在北京有一个主会场，“6”是立足体现中国农耕文明的区域特点选择了6个分会场，“N”就是策划了100多个系列活动。经党中央批准、国务院批复，自2018年起我国将每年农历秋分设立为中国农民丰收节。这是第一个在国家层面专门为农民设立的节日。

2. 56个民族农民代表首次在京共庆丰收节

日期：2018－09－22　新闻来源：新华网

链接：http：//www.xinhuanet.com/2018－09/22/c_1123471261.htm

在首个“中国农民丰收节”即将到来之际，农业农村部邀请了全国56个民族优秀农民代表在北京市通州区于家务回族乡参加了北京首届“相聚花仙子，欢度丰收节”活动。农业农村部有关负责人在22日举行的欢度丰收节活动上介绍，作为北京市组织的29项丰收节活动之一，首届“相聚花仙子，欢度丰收节”以“庆祝丰收、弘扬文化、振兴乡村”为宗旨，突出地方民俗特色，弘扬悠久厚重的农耕文化，展示农村改革发展的巨大成就。

3. 北京延庆　葡萄文化为主题　迎接农民丰收节

日期：2018－09－22　新闻来源：CCTV－1《朝闻天下》

链接：http：//una. uuwatch. cn/info/55830326

在北京的延庆，当地以特有的葡萄文化为主题，组织多项活动迎接首个农民自己的节日，分享丰收的喜悦。延庆区的农民丰收节在世博园主会场开幕仪式基础上设立了多个分会场，内容涵盖第二届延怀河谷葡萄文化节、第十届菊花文化节，2018年京张优质农产品推介会以及各镇的全民享丰收系列活动，通过丰富多彩的活动，把丰收节办成了为期一个月的以丰收为主题的文化旅游节。

4. 北京“四好”喜庆首届“中国农民丰收节”

日期：2018－09－23　新闻来源：《农民日报》

链接：http：//szb. farmer. com. cn/nmrb/html/2018－09/23/nw. D110000nmrb_20180923_2－04. htm? div=－1

从中共北京市委农村工作委员会、市农村工作委员会获悉，评选发布20名“京郊农业好把式”、30个“北京农业好品牌”，推介30项“北京乡村特色好活动”、40个“北京乡村休闲好去处”，再加上各部门、各区特别是基层紧密结合传统节日文化开展的各具特色的庆祝活动，北京市在首届“中国农民丰收节”期间，将逐步呈现出务实、节俭、喜庆、共享的节日氛围，有效引导城乡共促乡村振兴、共建美丽乡村、共享美好生活。

北京市高度重视首届“中国农民丰收节”。作为全国首届“中国农民丰收节”组织指导委员会的成员单位，将在全力服务保障好全国主会场活动的同时，以首善标准紧密结合传统节日文化，精心策划并组织开展好一系列庆祝活动。

5. 京郊如此多娇 城乡共庆丰收

日期：2018－09－23　新闻来源：《北京日报》

链接：http：//bjrb. bjd. com. cn/html/2018－09/23/content_284027. htm

经党中央批准、国务院批复，自2018年起，将每年农历秋分设立为“中国农民丰收节”。这是第一个从国家层面为农民设立的节日，充分体现了以习近平同志为核心的党中央对“三农”工作的高度重视，对广大农民的深切关怀。

为了庆祝首个“中国农民丰收节”，按照中央农村工作领导小组、农业农村部等 11 个部门印发的通知要求，北京市紧密结合实际特别是传统节日文化，紧紧围绕“农民丰收、城乡同享、共促振兴”的主题，严格按照“务实、简约、喜庆、共享”的要求，将组织开展一系列各具特色的庆祝活动，现将各区及有关部门推荐的活动集中推介给广大读者，欢迎大家走进美丽乡村、共享丰收喜悦，城乡携手共促乡村振兴、共享美好生活！

6. 首届“中国农民丰收节”北京主会场活动开幕

日期：2018－09－23　新闻来源：BTV－1《北京新闻》

链接：http：//una.uuwatch.cn/info/55834990

首届中国农民丰收节北京主会场庆祝活动在全国农业展览馆举行。在精彩的表演中，中国农民丰收节北京主会场的庆祝活动正式拉开了序幕，活动现场，来自朝阳、通州、顺义和大兴等区的 300 多名农民代表，与全国十佳农民代表及各少数民族优秀文明代表欢聚一堂，共同庆祝属于自己的节日。

北京市农村工作委员会协调联络处处长任荣：“除了为市民提供丰富多彩的食物之外，我们还特别注重利用郊区优美的自然环境，丰富的乡村文化来为市民休闲打造更多的休闲产品。”

7. 中国农民丰收节主场活动开幕　胡春华出席

日期：2018－09－24　新闻来源：CCTV－7《聚焦三农》

链接：http：//una.uuwatch.cn/info/55841390

首届中国农民丰收节主场活动 9 月 23 日在北京举行。中共中央政治局委员、国务院副总理胡春华出席活动并致辞。胡春华强调，在农村改革 40 周年、实施乡村振兴战略开局之年设立中国农民丰收节，充分体现了以习近平同志为核心的党中央对“三农”工作的高度重视和对广大农民的亲切关怀。活动期间，胡春华还为 2018 年度全国十佳农民颁发证书，农民劳模代表、北京市农民代表等参加了主场活动。

8. 金秋庆丰收　喜悦满京城　首届中国农民丰收节：金色北京大市集开市

日期：2018－09－24　新闻来源：BTV－1《北京您早》

链接：http：//una.uuwatch.cn/info/55836672

由北京市农村经济研究中心主办的首届中国农民丰收节金色北京大市集在朝阳区开市，活动将一直持续到 10 月 8 日。在此期间，市民在位于朝阳区王四营的北京盛华宏林粮油批发市场就能买到来自北京 13 个郊区的特色农产品。此次大市集邀请了 30 多位北京金秋特色时鲜农产品的商户进场展销，实现了京郊农产品与市场的有效对接。

9.“美丽乡村 筑梦有我”大型新闻公益行动　讲述丰收故事　品味乡村振兴

日期：2018－09－30　新闻来源：BTV－1《北京您早》

链接：http：//una. uuwatch. cn/info/55858290

9 月 23 日，我国迎来了首个“中国农民丰收节”。丰收时节，“美丽乡村·筑梦有我”大型新闻公益行动 2018 年度首场月度主题活动——“讲述丰收故事、品味乡村振兴”，为首届“中国农民丰收节”系列活动之一，旨在与农民朋友们一起庆丰收、话丰收、享丰收。

活动现场，发布了 30 个“2018 年北京农业好品牌”、20 个“2018 年京郊农业好把式”和 40 个“乡村休闲好去处”。同时，为了让广大市民更深入了解京郊农民的丰收故事、品牌故事，推动乡村旅游业发展，北京广播电视台主持人还深入好品牌农产品生产基地和乡村旅游好去处实地体验，带回翔实的报道，通过主持人的宣传推广，让更多的市民对农业好品牌、新农人和乡村旅游有所了解。

10. 百万人走进“北京最美的乡村”

日期：2018－10－08　新闻来源：《北京晚报》

链接：http：//bjwb. bjd. com. cn/html/2018－10/08/content _ 286276. htm

在刚刚过去的国庆假期中，113 个“北京最美的乡村”再次成为乡村休闲度假的热点。从中共北京市委农村工作委员会获悉，10 月 1～7 日，有近百万人次走进乡村游览，比去年同期增长 20%以上。

9 月 23 日是首届“中国农民丰收节”，北京在全力服务保障好全国主会场活动的同时，也精心策划并组织开展了一系列庆祝活动：宣传推介了 30 项“北京乡村特色好活动”、40 个“北京乡村休闲好去处”，还发布了北京农民丰收节休闲体验地图等，为节日期间游客到乡村休闲度假进行了有效预热。

“非洲猪瘟”舆情专题分析报告

一、舆情概述

2018 年 11 月 21 日晚，房山区在疫情排查时发现该区两个养殖场出现异常死亡，疑似非洲猪瘟疫情。11 月 23 日，农业农村部新闻办公室发布消息“北京市房山区排查出非洲猪瘟疫情”，就此非洲猪瘟正式登陆北京，11 月 23 日上午 8 时正式启动红色舆情应急措施实行专项舆情数据报送，随后 12 月 3 日通州、12 月 5 日顺义相继拉响红色舆情应急警报。

2019 年 1 月 12 日、14 日、20 日，经评估验收合格，北京市房山区青龙湖镇和琉璃河镇非洲猪瘟疫区、通州区非洲猪瘟疫区、顺义区非洲猪瘟疫区相继解除封锁。

在此次舆情监控期内，全网涉及北京地区相关舆情 19 868 条，经过筛选北京地区有效舆情信息 8 166 条，其中涉及房山区 3 397 条、通州区 2 228 条、顺义区 1 056 条、仅提及北京地区相关舆情 1 485 条。

二、舆情走势

（一）新闻报道走势

从舆情走势图上看，整体的曲线波动明显，呈现阶段性“跳跃”，11 月 23 日、12 月 3 日、12 月 5 日官方陆续发布申明，12 月 3 日舆情声量成为“非洲猪瘟”事件峰值（图 1）。

11 月 23 日，农业农村部官网通报《北京市房山区排查出非洲猪瘟疫情》称，经确诊，北京市房山区青龙湖镇、琉璃河镇各有一个养殖场排查出非洲猪瘟疫情，引发舆论广泛关注，促使当日舆情声量为本监测期内次峰值。

12 月 3 日，农业农村部通报北京市通州区一规模养殖场排查出非洲猪瘟疫情，引发舆论关注，促使当日舆情声量为本监测期内峰值。

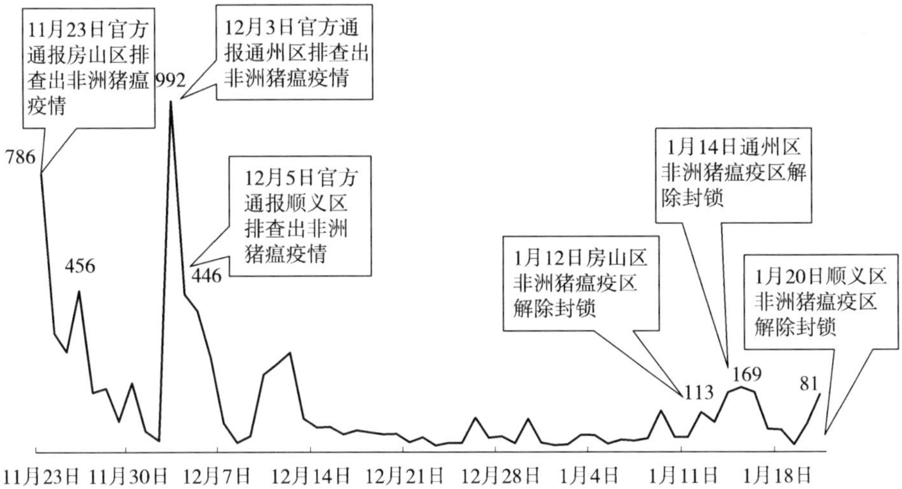

图 1 北京地区非洲猪瘟舆情走势

12 月 5 日，农业农村部新闻办公室通报北京市顺义区排查出非洲猪瘟疫情。

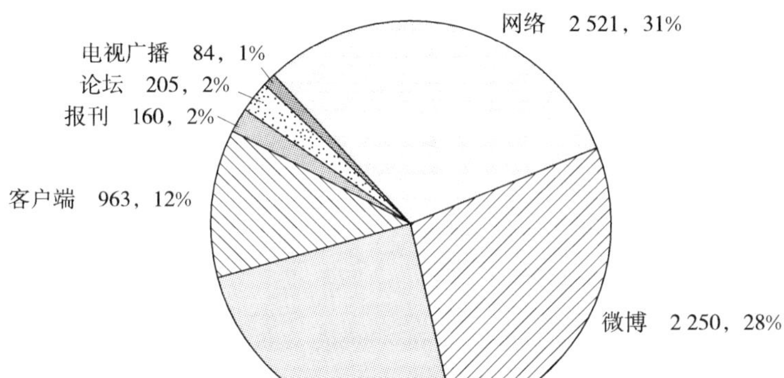

图 2 北京地区非洲猪瘟舆情分布

（二）媒体分布

从舆情分布图上看，网络媒体、微博、微信成为本次舆情传播的主要渠道，占比分别为 31%、28%、24%。

网络方面，11 月 23 日，农业农村部官网发文《北京市房山区排查出非洲猪瘟疫情》引发舆论广泛关注。人民网、新华网等 513 家新闻媒体共发布相关报道 1 132 篇。

微博方面，新浪微博设立的#北京发现非洲猪瘟#等 5 个微话题合计阅读量达 49.2 万次。@中国日报官微发表“我国非洲猪瘟病毒或从格鲁吉亚、俄罗斯、波兰传入”一文，转载量 70 次，评论量 11 条。

微信方面，公众号“北京房山”在 11 月 23 日发布《农业农村部出台非洲猪瘟疫情防控八条禁令》，第一时间发布准确信息，稳定人心。随后，该公众号相继发布《北京市市长陈吉宁：全力以赴做好非洲猪瘟防控处置工作》《莫要慌，非洲猪瘟不传人!》《非洲猪瘟防控小贴士》等 8 条微信文章，累计阅读量达 10.3 万次。

三、舆情分析

（一）官方重要措施

1. 疫情排查发现阶段：相关部门高度重视，联动媒体科普知识，稳定民众情绪

11 月 21 日，房山区在疫情排查时发现两个养殖场出现异常死亡，分别是存栏 1 325 头生猪、死亡 49 头的鑫聚隆源养殖有限公司和存栏 429 头生猪、死亡 37 头的北京文凯养殖中心，初步判定为非洲猪瘟可疑疫情，立即向区动物疫病预防控制中心报告，并采集样品送市动物疫病预防控制中心实验室进行检验。经中国动物卫生与流行病学中心确诊，送检样品为非洲猪瘟。11 月 23 日，农业农村部官网通报《北京市房山区排查出非洲猪瘟疫情》，引发舆论广泛关注。央视新闻频道、财经频道、中文国际频道《新闻直播间》《朝闻天下》《中国财经报道》《中国新闻》等栏目对此予以播报。人民网、新华网等 513 家新闻媒体共发布相关报道 1 132 篇，客户端 750 篇，博客、论坛 67 篇，微博 997 条，微信 1 142 篇。“北京首发两起”“非洲猪瘟进北京”“猪瘟杀入京”“首都沦陷了”“86 头生猪死亡”“存栏生猪 1 325 头，死亡 49 头”“形势严峻”等语句广泛出现在报道标题中。

12 月 3 日，农业农村部发布消息称，农业农村部于 12 月 2 日 20 时接到中国动物疫病预防控制中心报告，经中国动物卫生与流行病学中心确诊，北京市通州区一规模养殖场排查出非洲猪瘟疫情。12 月 5 日，农业农村部新闻办公室发布消息，四川省泸州市合江县、陕西省西安市长安区、北京市顺义区排查出非洲猪瘟疫情。顺义区种猪场存栏生猪 2 461 头，发病 53 头，死亡 26 头。

疫情发生后，相关部门高度重视。其中，农业农村部立即派出督导组现场指导应急处置；北京市委、市政府高度重视，市委书记蔡奇立即做出批示，要求全面排查，迅速做好疫情管控，防止扩散。市长陈吉宁连夜召开专题会议，部署防控措施并赴现场指挥调度。人民网、《新京报》《光明日报》等多家媒体对处置情况予以关注。“坚决果断”“全力以赴”“处理妥当”等成为报道关键词。《北京晚报》等多家媒体报道称，北京市对落实非洲猪瘟防控措施进行了再动员、再部署，采取加强全市进京路口及疫区进出口管控、全面强化疫情排查、加强京津冀联防联控等措施，并督导相关区有效落实。

在对疫情公开发布方面，《房山新闻》栏目制作播出《一场没有硝烟的战斗——权威专家回应非洲猪瘟疫情防控热点》节目，对此次非洲猪瘟疫情进行全面深度报道。微信公众号“北京房山”在 11 月 23 日发布《农业农村部出台非洲猪瘟疫情防控八条禁令》，第一时间发布准确信息，稳定人心。随后，该公众号相继发布《北京市市长陈吉宁：全力以赴做好非洲猪瘟防控处置工作》《莫要慌，非洲猪瘟不传人!》《非洲猪瘟防控小贴士》等 8 条微信，累计阅读量达 10.3 万次。

11 月 23 日上午，农业农村部就非洲猪瘟疫情防控相关情况举行新闻发布会，通报近期非洲猪瘟疫情及防控情况，回答记者提问。针对“非洲猪瘟疫情是否会传染人”“现在食用猪肉是否安全”等公众关注的问题进行科普、释疑。央视、新华社、人民网、中国新闻网、中工网、北京时间、千龙网、北京青年报等媒体对本次发布会进行解读报道，共监测到相关报道 438 篇，其中题为《病原猪肉不会流入北京正规市场》的报道，转载量 61 篇。

2. 疫情中期阶段：防控有效，总体可控

疫情发生后，农业农村部副部长于康震赴福建省莆田市、北京市房山区督导非洲猪瘟防控工作并分别组织召开座谈会，对非洲猪瘟防控有关工作进行再部署、再安排，表现出了坚决防止疫情扩散的决心。北京市委、市政府高度重视，市委主要领导立刻做出重要批示，市政府主要领导迅速赴现场调度指挥。北京市启动应急响应机制，果断有效处置，严防疫情扩散。通州区发现疫情后，立即启动应急响应机制，将该养殖场疫点周边半径 3 千米范围内划为疫区，实施了封锁，对疫点和疫区内全部生猪扑杀，坚决拔点灭源；

顺义区迅速处置，对疫区实施封锁，坚决拔点灭源，12月5日上午疫区内生猪全部扑杀并无害化处理。在有效处置疫情的同时，北京市全面强化了养殖、屠宰、运输等环节车辆消毒、人员进入养殖场所管控等措施，切实阻断病毒的传播链条，持续开展每日疫情排查报告，强化区域和部门联防联控力度，构建有效防控非洲猪瘟的长效工作机制。同时启动京津冀非洲猪瘟联防联控机制，将疫情及时通报天津市、河北省以及联防片区。在此阶段，防控措施成为媒体关注的重点，“疫点疫区生猪全部扑杀”“果断处置”“快速有效处置”“半径3千米范围内划为疫区”“启动应急机制”等语句被媒体广泛报道。

3. 疫情后期阶段：构建长效防控机制，确保猪肉市场供应保障

12月11日，全国加强非洲猪瘟防控工作电视电话会议在北京召开，中共中央政治局委员、国务院副总理胡春华出席会议并讲话。他强调，要认真学习贯彻习近平总书记重要指示精神，落实李克强总理批示要求，按照党中央、国务院的决策部署，加强非洲猪瘟防控处置，进一步落实各项防控措施，构建长效防控机制，确保生猪产业健康发展、市场供应稳定。中国经济网、经济日报、凤凰网、千龙网、中国网、中国新闻网、新华网等媒体对本次发布会进行解读报道，共监测到相关报道106篇。

4. 疫情结束阶段：北京各区相继解除封锁

2019年1月12日、14日、20日，经评估验收合格，北京市房山区青龙湖镇和琉璃河镇非洲猪瘟疫区、通州区非洲猪瘟疫区、顺义区非洲猪瘟疫区相继解除封锁，农业农村部要求当地畜牧兽医部门继续加强疫情监测排查，采取积极的防控措施，防止非洲猪瘟疫情再次发生。

（二）媒体观点

《北京日报》：北京坚决果断处置房山非洲猪瘟疫情

疫情发生后，农业农村部立即派出督导组现场指导应急处置。北京市委、市政府高度重视，北京市委书记蔡奇立即做出批示，要求全面排查，迅速做好疫情管控，防止扩散。市长陈吉宁连夜召开专题会议，部署防控措施并赴现场指挥调度。本市按照应急预案要求，采取积极有效措施，坚决果断处置，有效控制了疫情。

千龙网：北京市迅速有效处置通州区非洲猪瘟疫情

疫情发生后，北京市委、市政府高度重视，通州区立即启动应急响应机制，快速有效处置疫情。在有效处置疫情的同时，北京市全面强化了养殖、屠宰、运输等环节车辆消毒、人员进入养殖场所管控等措施，切实阻断病毒的传播链条，持续开展每日疫情排查报告，强化区域和部门联防联控力度，构建有效防控非洲猪瘟的长效工作机制。

（三）专家观点

中国农业科学院畜牧兽医所朱红飞研究员提醒北京消费者注意以下 3 点：

非洲猪瘟是由非洲猪瘟病毒感染引起的猪的一种急性、热性、高度接触性传染病。从科学角度讲，只在猪之间传播，不感染人。

病原在 60℃ 温度持续 30 分钟即可杀灭，建议大家在食用肉食时充分煮熟，确保安全。切菜时生熟砧板分开使用。要勤洗手，多注意个人卫生。

购买猪肉时，要通过正规渠道购买经过检疫的猪肉，不要购买来历不明的猪肉及其他猪肉产品。

北京市食品科学研究院院长、中国肉类食品综合研究中心主任王守伟表示，非洲猪瘟不是人兽共患疾病，不会传染人。同时，高温可杀灭非洲猪瘟病毒，60℃持续加热 20 分钟即可灭活。

中国动物卫生与流行病学中心副主任黄保续：2018 年之前，我国一直没有非洲猪瘟。分子流行病学研究表明：传入我国的非洲猪瘟病毒属基因Ⅱ型，与格鲁吉亚、俄罗斯、波兰公布的毒株全基因组序列同源性为 99.95%左右。我国与发生非洲猪瘟国家人员交流、货物贸易往来频繁，走私活动屡打不绝；边境地区野猪数量和种群密度持续增加，疫情传入的风险比其他国家更高。目前，农业农村部正在会同有关部门加强联合溯源调查，并采用分子流行病学方法分析，以进一步查明来源途径。

非洲猪瘟不是人兽共患疾病，不会感染人，不影响食品安全。非洲猪瘟发现以来有近一百年历史，全球范围内没有出现人感染非洲猪瘟的情况，所以大家可以放心地消费食用经过检疫的猪肉。

北京市重大动植物疫情应急指挥部办公室提示：非洲猪瘟只传染猪不传人。非洲猪瘟防控期间，为加强防控，发现生猪不明原因死亡不依规上报、擅自处置、私屠滥宰、用餐厨剩余物饲喂生猪等违法违规行为，欢迎市民举报。

农业农村部畜牧兽医局副局长冯忠武表示：目前北京市正在按照应急预案的要求，各项应急处置措施正在有序有效进行之中。北京猪肉市场 9 成生猪和猪肉靠外地供应，不会因为这起疫情影响北京的猪肉市场的供应。

（四）网友观点

综合全网来看，网友评论主要集中于新浪微博、今日头条等新媒体平台。网友观点随着事件进程共分为 4 个阶段。舆情发酵期，即疫情出现时，网友对于非洲猪瘟的相关知识还不够清晰，同时疫情并没有大规模影响正常生活，网友多以观望事态发展、讨论非洲猪瘟为主；舆情暴发期，由于通州、顺义相继暴发疫情，在整体舆论环境中有“疫情失控”的潜在危机，网友对疫情恐惧心理开始滋生，消极、负面的情绪相继产生，同时网友对相关部门处理该事件的能力产生质疑；舆情回落期，随着相关部门和专家学者针对疫情控制、疫情属性内容发表言论，同时政府部门同步公布应对措施，给舆论环境注射了一针强心剂，将部分网友引导至“本阵营”，网友观点形成对冲；舆情平息期，随着正面舆论持续宣传，网友观点逐步趋于理性，以自主转载相关科普信息、讨论预防措施等为主。

（1）第一阶段：网友保持观望态度。

@董纯熙：画重点，传猪不传人，不必恐慌。

@孝义事儿：人民要理智，不能以谣传谣，要相信权威。

@小帅几 al ：非洲猪瘟是蜱虫传播的，它可以轻而易举地通过边境，这是传染病学和流行病学的东西。还有非洲猪瘟不感染人，非人兽共患疾病，所以猪肉没有问题，可以放心吃，相反不安全的牛羊肉可是很危险的哦。

@A 冷暖自知 17：一定要找到猪瘟的来源，阻止以后其他形式的病毒。狠查！加强力度！支持政府！

（2）第二阶段：舆论升级，网友“讨伐”职能部门。

@五月荷花 8：监管部门要严格监管大饭店的剩余饭菜，做到统一销毁。

@振我中华 52213385：堵住进口的各类肉的这一关，现在的上架，人们都愿意买进口的肉，你知道什么原因吗？那是真的便宜。

@清风沁月 12：希望相关部门加紧排查，保证国民吃上安全的猪肉。

@十年未来 2016：500 万头才能控制住疫情。那么直接损失将在三四百亿元，而养殖场所在隔离消毒后还要在至少 4 个月内不能养殖，差不多就是要少养一茬，间接损失也是三四百亿。两者算下来损失也不小了，当然希望不要发展到那么严重。

（3）第三阶段：舆论对冲期，正面与负面观点产生舆论碰撞。

@杨鸿锦：没有大面积流行总体可控，为相关部门的工作点赞。

@D蛋悠悠：别的地方我不知道，双流新津那边大猪小猪全部烧死，政府按照大猪1 200元，小猪400元的价格给养殖户赔付。

@十年未来2016：控制住就好，一定要避免大面积传播。

@用户6697137634：现在北方因为非洲猪瘟，生猪不准外运。因局部地区猪瘟，生猪养殖大幅亏损，环保严管引发的禁养、限养，使得大批养殖户陷入经营困难或退出养殖。政府应为广大的养殖户解决这次危机，现在生猪供应是北松南紧，政府应统一协调而不是一味的隔离、禁止，生猪现在不能调运，就地宰杀，冷链运输白条猪，就不会存在传染的问题。本人认为这样运输费用降低，减少传染风险，是一个两全其美的方法。

@澳洲亲亲袋鼠纸尿裤联创：我想问问这非洲猪瘟是怎么来的？进口各种产品引来的猪瘟，一有猪瘟就大肆捕杀，给养殖户补贴了吗？养殖户老老实实养猪，能承担多少损失？一年到头就靠猪卖点钱，这倒好，没病的都卖不出去，政府能给养殖户一个交待吗？

（4）第四阶段：网友观点趋于理性。

@IvenbChang：高温蒸煮没事啊，吃正常途径的一般都没事儿。

@丿晓丨明：通过正规渠道购买的猪肉和猪肉制品均检疫合格，消费者可放心购买食用，不必担心。

@梦在远方123567：没事的，新闻里说了，不传染人的。

@缘来是MI吗：非洲猪瘟传猪不传人，人没有必要那么恐慌，从正规渠道购买的猪肉可以放心食用。况且该病毒在60℃下只要10分钟就可以被杀死。

四、舆情总结

从舆情角度上看，在舆情发酵阶段，即疫情出现时，相关部门快速反应，通过官方渠道发布消息“坚决果断处置非洲猪瘟疫情”，并配备科普信息，使官方与民众所知信息完全对等，尊重民众的参与权、知情权，有效扼制谣言的传播；11月23日，农业农村部连续发布消息，对该疫情的进展及时公布，引发网友热议并对疫情展开探讨；但随着通州、顺义地区疫情突发，网友恐慌心理开始滋生，情绪逐渐失控。相关部门以及专家学者及时通过媒体将疫情的相关知识对公众进行科普，使疫情现状“可控”、处置措施“有效”成为舆论的主旋律，促使民众心理逐步趋于理性，使得“非洲猪瘟”事件可能造成的舆情风险降至冰点。从舆情走势图上可以看到，2018 年 12 月 7 日至 2019 年 1 月 11 日整体的舆情走势平稳，网友关注度逐步降低。最后，官方发布解除疫区封锁信息，该事件退出公众视野。